大家，走进大家

镇江人身边的百家讲坛

市民大讲堂

文化盛宴

中共镇江市委宣传部编 第1辑

集萃

江苏大学出版社

图书在版编目(CIP)数据

文化盛宴:市民大讲堂集萃.第1辑/中共镇江市委宣
传部编.—镇江:江苏大学出版社,2009.6
ISBN 978-7-81130-071-0

Ⅰ.文… Ⅱ.中… Ⅲ.社会科学-文集 Ⅳ.C53

中国版本图书馆 CIP 数据核字(2009)第 101279 号

文化盛宴——市民大讲堂集萃(第1辑)
───────────────────────────
编　　者/中共镇江市委宣传部
责任编辑/林　卉
出版发行/江苏大学出版社
地　　址/江苏省镇江市梦溪园巷 30 号(邮编:212003)
电　　话/0511-84440890
传　　真/0511-84446464
排　　版/镇江文苑制版印刷有限责任公司
印　　刷/丹阳市教育印刷厂
经　　销/江苏省新华书店
开　　本/787 mm×1 092 mm　1/16
印　　张/16
字　　数/290 千字
版　　次/2009 年 6 月第 1 版　2010 年 5 月第 2 次印刷
书　　号/ISBN 978-7-81130-071-0
定　　价/32.00 元
───────────────────────────
本书如有印装质量问题请与本社发行部联系调换(电话:0511-84440882)

市民大讲堂

市民大讲堂

镇江人身边的百家讲坛

大家，走进大家

珍贵签名

一票难求

网络同步直播

现场速记

本书图片摄影：季翔　等

序一

王　蒙

当今时代，人们日益认识到文化作为民族凝聚力和创造力源泉的作用，认识到文化是综合国力的重要因素之一，人们丰富精神文化生活、扩展与深化自身精神资源的愿望越来越热切。

镇江拥有名闻遐迩的京口三山：金山、北固山、焦山，有影响深远的甘露寺、招隐寺、竹林寺。白娘子水漫金山、刘备招亲、梁红玉击鼓战金兵、岳飞圆梦、杜十娘怒沉百宝箱等与镇江有关的美丽传说和历史故事，至今脍炙人口。镇江历史上人文兴盛，这里孕育出大书法家米芾，李白、杜牧、范仲淹、王安石、苏轼、陆游、辛弃疾等才士名贤亦曾来此寻幽探胜，寄情抒怀。"洛阳亲友如相问，一片冰心在玉壶"，"春风又绿江南岸，明月何时照我还"，"何处望神州，满眼风光北固楼"等千古绝唱吟咏的都是镇江这个美丽的地方。这里还是《文心雕龙》、《昭明文选》、《梦溪笔谈》的创作地。镇江市举办"市民大讲堂"、"文心讲堂"可谓恰逢其时其地，成就一番盛事。

我粗略地翻看了一下这个大讲堂的篇目，发现演讲者多是国内知名学者，所选题目也很吸引人。如李工真的"人口问题与现代化"、姚淦铭的"老子智慧与人生成功"，等等。作为"文心讲堂"的参与者，我亲眼看到了镇江听众对于讲堂的热爱，感受到了他们求知的真诚。"市民大讲堂集萃"的出版，将进一步延伸讲堂的影响，留下一个文化人物云集镇江的美好记忆。

谨为之祝贺，并祝讲堂继续办下去，越来越好，惠泽一方！

序二

张洪水

文化是一个城市的灵魂。看一个城市的文明程度，不仅要看物质文明，更要看精神文明，看我们的文化底蕴，看我们干部群众的精神风貌。建设新镇江，必须在致力于城市建设、经济发展的同时，努力建设好我们的精神家园，让我们的灵魂跟上时代发展的步伐。

有一位学者曾经说过：就企业而言，培训是企业送给员工的最好福利；就城市而言，知识是政府送给百姓的最好的精神食粮。我们镇江是一座文化底蕴非常丰厚、非常饱满的历史文化名城。镇江历来崇文尚学、尊师重教，近些年来，已经有越来越多的市民开始从单纯追求物质财富，转向追寻城市的文脉、呼唤人文的回归。在探索精神文明建设新思路的今天，作为一座城市的党委和政府，我们有责任、有义务结合广大市民百姓的需求，努力构建学习型社会，让社会的公平性、开放性成为社会教育的特性，使全民都能获得终身受教育的机会。

正是出于这样的考虑，镇江市委市政府开设了"市民大讲堂"。这个讲堂定位为"镇江人身边的百家讲坛"，以弘扬传统文化、传播思想精髓、普及科学知识、倡导人文精神为宗旨，坚持格调的高品位和内容的多样性。计划每月一讲，常年坚持。将陆续邀请国内一流的名家学者，为市民宣讲人文精神、民族文化、道德修养、艺术鉴赏、健康心理等。

希望我们大家共同努力把这个讲堂办成一个文化的殿堂，办成一个没有围墙的城市大学，办成一个永不消散的精神盛宴。让知识在这里汇集，让思想在这里迸发，让灵感在这里召唤，让智慧在这里涌动，让先进文化得到有效的传播，使其成为我们镇江人引以为豪的文化品牌和亮丽的城市名片。

（作者系中共镇江市委常委、宣传部长）

目 录

汶川大地震的人文思考

主讲人：钱文忠　时间：2008年6月20日

◇ 钱文忠

1966 年生于江苏无锡，复旦大学历史系教授，华东师范大学东方文化研究中心研究员，香港汉语基督教文化研究所研究员，季羡林研究所副所长。季羡林先生关门弟子，中国仅有的几位专业研究梵文、巴利文的学者之一。曾留学德国汉堡大学印度与西藏文化学系，主修印度学，副修伊朗学、藏学。著作有:《瓦釜集》、《末那皈依》、《季门立雪》、《天竺与佛陀》、《同故新知》、《人文桃花源》，译作有:《唐代密宗》、《道·学·政——论儒家知识分子》、《绘画与表演》(合译)。

核心导读

　　包括地震在内的天灾人祸，其实一直在我们身边不断发生，但似乎都没有造成全民性的情感伤痛，此次汶川大地震成为全中国人民的共同见证，形成中华民族的共同记忆。这次地震中所表现出来的精神内容是丰富的、多方面的，它的启示力量，它所包含的思想、道德、审美内涵等，都需要我们去珍视并把抗震精神转化为一种民族的精神财富。

——钱文忠

很荣幸能够接受这个邀请来到古城镇江，来向大家请教。来之前，我曾经想过讲什么，有很多题目可以选择。因为镇江这块土地上历史上曾发生过太多的故事，也出现过太多的人物，这些故事和人物都注定早已铭刻在中国文化传统和中国历史当中。

我曾一度很犹豫选择什么样的题目来作为今天讲演的主题，但是我想大概从5月12日以来，我们已经不适合再有任何题目来作为思考的主题和对象。因为发生了这么大的一场灾难，而我们这个民族在这场灾难面前焕发出了一种特殊的精神，我想也许这正是我们这个时代的非常宝贵的财富。也许，因为这样的财富恰恰是我们的传统当中优秀成分的一种特殊体现，所以，我今天就选择这样一个题目，这是我自身经过的一个思考。

我们大家都知道，2008年5月12日14：28，新中国成立以来危害最大、伤害范围最广的一场地震，在川北大地爆发。

这场地震是否应该定名为汶川大地震？

现在学术界已经出现了争论。据我所知，在地震发生的那一刻，我们的温家宝总理的专机刚刚降落在北京，他正坐车赶往他在中南海的办公室，接到发生地震的报告，我们的温家宝总理根本就没有回到办公室，马上调头再次回到那架专机。而在这个过程当中，连温总理也不知道震中具体在哪里，所以我们运用了一个办法，也就是唐山大地震时运用的办法，就是先去寻找哪里的通讯完全中断。我们国家有一个非常好的通讯管理枢纽，通过这个管理枢纽，我们发现是在北川地区通讯全部中断。当温家宝总理的专机起飞的时候，他甚至不知道自己这架专机能不能降落，他只是想尽早地接近灾区。所以关于这一场地震的震中在哪里，是不是应该定名为汶川大地震，震中到底在哪里，现在有不少的说法。

为什么说这次地震是危害最大的？

我们知道，一个人生活在这个世界上，就算再长命也只能有一百多年的时间，但是像汶川大地震这样的地震，在人类的历史上，不是百年一遇，不是千年一遇，不是万年一遇，也不是十万年一遇，汶川大地震恐怕是几十万年一遇，甚至百万年一遇的地质学意义上的地震。

刚才我遇到镇江电视台的江副台长，他刚刚从四川回来，他说："汶川大地震彻底改变了川北地区的地貌。"换句话说，川北地区的山不再是山，川北地区的河不再是河，川北地区的森林也许今天已经成为一堆黄土。像这样改变地貌的地震，在人类历史上是罕见的。喜马拉雅山也好，青藏高原也好，都是地震形成的，我们的九寨沟、张家界也都是地震形成的。能够改变地貌的地震，它的危害性绝对不是伤亡几万人，造成几百亿的损失所能够概括的。

很多人去过川北，因为那里是去九寨沟的必经之路。但是大家今天再到川北去，如果你使用 GPS 定位的话，它的定位已经完全错误了，GPS 会告诉你前面 20 公里有一座山，但是当你开车过去却发现前面有一个湖泊；GPS 告诉你前面 2 公里应该小转弯，但是到了那里你却发现前面有一个大转弯，所以我说这场地震是新中国成立以来伤害范围最广、程度最深的地震。

这场地震从发生的那一刻起，就不仅受到全世界中华儿女的关注，而且也成为全世界善良人们关注的焦点。这场地震发生以后，借助于媒体我们见过这样的话："天地不仁，以万物为走狗。"也就是说，在这场灾难面前，人们的震惊已经没有办法用现代汉语里面的语汇去描绘，所以我们只有回到传统，找到了老子的这句话。

地震发生至今已经过了一个多月了，尤其是在地震过后的前两周，我们会有一种感觉，什么感觉呢？地震改变了自然的地貌，地震同时也改变了我们每一个人的时间观念和生活习惯。这样的事件在任何一个民族的历史上都是少有的。

> 地震改变了自然的地貌，地震同时也改变了我们每一个人的时间观念和生活习惯。这样的事件在任何一个民族的历史上都是少有的。

为什么说它改变了我们的时间观念呢？

因为从地震发生以后，我们就发现，对于时间只能以小时、以分、以秒来计算，我们再也不能以平常的节奏来感觉我们习惯了的作业和我们习惯了的生活。现在我们不能再说"时间过得太快了"，因为我们明显地觉得好像每一秒钟都悠长得像几个世纪，时间对于我们来说并不快；但是如果说时间走得太慢，事实上每一天又短暂得仿佛闪电。一切都在改变，改变的不仅仅是地貌，而是我们之所以成为人的某种根本的尺度和标准。这场地震，改变了一切，也使得一切都在聚合。1976 年我们经历过唐山大地震，但唐山大地震没有这么大的震感。这次，除了三个省没有震感报告以外，中国的所有行政区，包括香港、澳门、台湾都有震感，甚至邻国日本、韩国也有震感。这场地震撼动了大半个中国，但是同时也将 13 亿中国人聚合成了一个完整的整体。每个中国人的心

> 地震发生以后，我们就发现，对于时间只能以小时、以分、以秒来计算，我们再也不能以平常的节奏来感觉我们习惯了的作业和我们习惯了的生活。
>
> 一切都在改变，改变的不仅仅是地貌，而是我们之所以成为人的某种根本的尺度和标准。

中都装进了成千上万个人，每个中国人的身上都背负起成千上万的责任。

我们在这场地震当中看到了太多感人的东西。但是这场地震当中也不是没有卑劣的人格，现在这些人逐渐也被媒体曝光，比如那个"范跑跑"，我的校友。我将在明天的《新民晚报》上发一篇文章，题目就叫"范跑跑，请你慢点跑！"。

现在看来，灾难并没有完全过去，救援和重建仍然在继续，死亡和生存的数字在地震的那刻都被归零了。在地震发生的那一刻，在这片土地上有多少人存活，有多少人死亡？都是未知数，但是从地震发生直到现在，这个数字都在交替上升着，我们不断发现，这个人我们找到了，那个人在某个医院里被救活了，又突然发现抢救出来的人又去世了……所有这些把我们传统的逻辑和技术习惯全部打破了。

那么，作为一个人文学者，面对这样的一场灾难，我们能够做些什么？

我想，我们所能做的首先是对这场地震进行一种人文意义上的思考。灾难是不幸的，但是这场灾难必将激发出中国文化中很多高尚的精神和优秀的传统。这些精神在平时很难看到，但是这场灾难把它激发出来。所以，灾难虽然不幸，我们都希望灾难尽早结束，灾难尽早过去，但是我们谁都不会希望，这场灾难所激发出来的高尚的民族精神，所激发出来的高贵的民族品格也随着这场灾难的结束而结束。我们希望灾难短暂，但是我们希望灾难所激发出来的民族精神永存。如果灾难过去了，这场灾难所激发出来的让每一个中华儿女所感奋的精神也随之消失了，我想这将是一场更大的灾难；而这场灾难的危害性恐怕将远远超过汶川大地震。

我写了一本书，大概在 7 月 1 日以前会出版。对这场地震，我用这样的角度来进行观察：我寻找在这场地震当中，我们的话语当中哪些词汇出现得较多？哪些词汇最让我们感动？哪些词汇能够穿越时空、穿越省界乃至国界？这些词我把它叫做关键词。

关键词之一：生命

在这次汶川大地震当中，我们可以发现，第一个关键词毫无疑问是"生命"。大自然在施暴的时候，它的力量是巨大而可怕的。在汶川大地震当中，如此多的生命在瞬间消失，诸位可能大部分还没有到过那个现场，即使到过的话也会到得比较晚，不在第一时间，因为那时，为了防疫的需要，当地已经戒严了。如果当初去看到，一块预制板被吊起的时候，下面是密密麻麻的孩子的尸体，当一幢楼房的第一层被清掉的时候,全部的工作人员都痛哭流涕,为什么?这是一个幼儿园,所有的孩子都在午睡,没有一个逃出来。人们在哀悼和震惊之余,首先体认到的是生命的可贵,不需要苍白的语言来证明。所有人即刻就会明白:生命,只有生命才是最高的价值!

这场灾难发生以后不久,就有很多短信在流传,无非就是告诉大家,不要在意股市的升降,不要在意职位的高低,也不要太在意房子的大小、车子的好坏了,因为你还活着,因为那几天你不在汶川,你现在首先应该体认到生命的可贵。

然而,体认到这一点是非常的困难。因为我们生活在如此的现实当中,我们的心智和关注点随时会受到诱惑而改变。但无论如何,这场地震让我们认识到,生命是最高的价值,灾区人民争取生命的所有努力,都在揭示这条真理,所以我讲,如果要讲英雄,那么,首先是灾区的人民,每个活下来的灾区人都是无愧的英雄。

我告诉大家一个例子。有一对结婚没多久的年轻夫妻,在这场地震当中被砸在废墟里面,丈夫当场死亡,临死之前他护住了新婚的妻子,因为被埋得比较深,那个幸存的妻子就在等待救援,大家知道她是用什么方式活下来的吗?她是靠把自己的大腿砸断,靠这个大腿流出来的鲜血维持生命。但是血液有血小板,会凝固,她需要不断地把伤口弄破才能够喝到鲜血,才能活下来。

在现场还有一个事例。有一个母亲,被发现的时候身子蜷缩着,已经去世了,但是她的怀里还有一个孩子,这个孩子非常小,还不会走路,大家认为这个孩子不可能存活,但是挖出来的时候大家惊讶地发现这个孩子竟然活着,没有受到任何的伤害。医生赶紧把孩子身上的襁褓解开,给孩子做检查,这个时候发现了一部手机,手机上有母亲的临终遗言,她说:"孩子,你要是还活着,你要知道妈妈是多么爱你!"看到这条短信的时候,在场的所有军人都号啕大哭。这说明什么?说明这位母亲对生命的执着。这条短信告诉我们,即使母亲走了,但母亲的生命并没有结束,生命仍然在延续。

在这漫长而短暂的将近一个月的时间里,我相信,全世界听到的中华人民共和国上空最有力的声音就是"生命"。我们的领导人一再强调,救人是第一位的,救人是重中之重。

我们已经习惯了这样的称呼:领导人、党和国家领导人、军队领导人、地方政府领导人。我们已经习惯用这样的称呼,我们遗忘了另一个称呼:领袖。我们现在很少再称呼哪一个人领袖了。但是在这一刻,当我们的领导人把人民的生命置于第一位,把人民的生命视为共和国的最高价值的时候,所有的人都会认为这样的领导人是当之无愧的我们的领袖。为什么温家宝总理在救援的前三天一再强调,这是抗震救灾的关键时刻? 为什么胡锦涛主席在赶赴灾区以后一再强调,现在到了抗震救灾的危急关头? 为什么总理使用"关键"这个词? 为什么主席使用"危急"这个词? 其实,"关键"也好,"危急"也好,他们的着眼点只有一个: 拯救人的生命! 因为前三天的 72 小时被认为是抢救的黄金时间,被埋在废墟底下的人假如没有受伤或只受了轻伤,在 72 小时内被挖出来,存活的概率还很高;过了 72 小时,就算没有任何的受伤,出来以后死亡的概率也提高了,这个我后面会讲到。所以总理讲的"关键"也好,主席讲的"危急"也好,都是拿生命来衡量的。过了 72 小时以后就很危急了,因为后面再抢救就越来越难了。

我们知道 2008 年的 5 月 16 日,胡锦涛主席来到绵阳市北川中学现场——这是一个损失惨重的中学。现在统计出来的中学生死亡人数有 6 000 人,其中仅北川中学一个学校就有 1 000 多人。胡锦涛主席来到北川中学废墟的那一刻,正发生着五点几级的余震,胡锦涛主席是冒着生命危险,亲眼看着救援人员抢救被埋的 300 多名师生的。胡锦涛主席说,当务之急仍然是救援,只要有一线希望,我们都要千方百计救人。

2008 年 5 月 12 日深夜,温家宝总理赶到都江堰,他在地震发生后 2 小时 10 分钟抵达灾区上空,30 分钟以后飞机降落在地震灾区。人类历史上从来没有任何一个国家领导人以那么快的速度到达地震现场。5 月 12 日深夜,温家宝总理到了都江堰聚源镇的聚源中学,这个中学学生伤亡也极大,有 100 多名学生被埋在废墟下,温家宝总理在讲话中说道,只要有一线希望,我们就要尽全部力量救人,废墟下哪怕还有一个人,我们都要抢救过来。而就在 5 月 12 日深夜,在聚源中学的操场上,发生了非常感人的一幕,因为当时没有新闻媒体到达,所以没有留下这一幕的镜头: 当看到学校操场上摆放着 50 多具被扒出来的学生和教师的遗体的时候,温家宝总理对着遗体三鞠躬。

5 月 14 日,温家宝总理再次来到北川,当时的道路上有很多滚石——这一次的地震不是我们所理解的一般意义上的山崩,诸位没有看见过那么大的滚石,那些石头像房子那么大,随时都会滚下来。而这次地震中还出现了这么一种情况,由于地震产生的山体挤压,像房子这么大的石头像子弹一样从山体里被挤压出来——温家宝总理在去北川的途中好多次遇险,有几次那些巨大的石头,就差点砸在温家宝总理身上。这个情况我们的媒体没有报道。温家宝总理到达北川中学时,他讲:抢救人的生命是这次抗震救灾工作的重中之重,要抓紧时间,只要有一丝生还的希望,就要用百倍的努力。这些话他们事先都不可能商量，他们的讲话中最关键的就是救人，就是为了生命，我们绝不轻言放弃。

为了生命，整个民族都在提供支持。张扬生命的价值，将生命置于至高无上的地位，是这次抗震救灾的汇聚点，是这次抗震救灾的最亮点，是这次抗震救灾所激发出来的我们民族的最高意识。什么是人权？人权当然很复杂，但无论它有多么复杂，只要人活着，生命的存在就是最高的人权，其他一切都必须围绕着这个中心运行。

过去每当我们遇到灾难时，都会有这样的报道，某某人把国家财产看得比自己的生命还要重要，某某人为了抢救国家财产，不惜付出生命。请问诸位，在这次抗震救灾当中，诸位听到过这样的字眼吗？诸位听到过某某人为救国家财产放弃生命吗？诸位听到过国家财产高过生命的宣导吗？我可以告诉大家，一次都没有。我想这是一种进步，是一种了不起的进步。这当然不是漠视或者否认国家财产的重要性，毫无疑问国家财产是重要的，但是，在人的生命面前，其他的任何事物都是身外之物，只要生命在，就能够再创造出失去的财产，只要生命在什么都在。

媒体宣传上用词的改变，反映了我们民族意识的巨大改变。我们这个民族上到国家领导人，下到普通老百姓，终于开始认识到人的生命是至高无上的。我们不再提倡为了抢救国家财产去牺牲生命，我们提倡的是利用国家的一切财产和力量抢救每一个生命。思路完全改变了。也就在这思路更新的时候，我们的民族凝聚在了一起。为了生命，全中国不惜代价，为了生命，全中国不计付出。在那么小的一个区域里，集中了14万中国军人，集中了将近80位将军。这是一个什么概念？如果要算成本的话那是没有办法算的，但是没有人在计算，没有人在乎这个。

即便我们知道，随着时间的推移，找到存活者的概率越来越小；即便我们知道，人被埋的时间越长，抢救出来的人生存的概率就越小，但是整个中国依然不放弃，整个中国依然在拼命努力。

大家知道，全世界最有经验的地震抢险队伍是日本的，因为日本被

为了生命，我们绝不轻言放弃。

张扬生命的价值，将生命置于至高无上的地位，是这次抗震救灾的汇聚点，是这次抗震救灾的最亮点，是这次抗震救灾所激发出来的我们民族的最高意识。
生命的存在就是最高的人权，其他一切都必须围绕着这个中心运行。

我们不再提倡为了抢救国家财产去牺牲生命，我们提倡的是利用国家的一切财产和力量抢救每一个生命。思路完全改变了。

为了生命，全中国不惜代价，为了生命，全中国不计付出。

地震震惯了,前一段时间日本东京发生了 7.2 级地震,只有几个人伤亡,因为在震前 10 秒钟电视台发布了预告。日本无论是装备,还是其他相关条件都是世界上一流的。但是,日本救援队这一次在北川和青川没有救出一个人。为什么? 太难了! 日本救援队的队长回到日本以后就辞职了,因为他觉得自己没有提供实质的帮助。其实这不是他的错,而是实在太难了。

这次汶川大地震中出现了很多的生命奇迹。医学理论上关于被埋人员生存期限的概念不断被挑战、不断被突破。请问假如不是以生命为最高价值,会有那么多的奇迹发生吗?唐山大地震时有一位妇女存活了 30 多天后被挖出来,她是被砸在医院地下室里,旁边有很多葡萄糖水、生理盐水,她是凭借这些才得以维持生命的。唐山大地震中生存时间比较长的人绝大多数都是被埋在矿井里,矿井并没有倒塌,矿井内有水,情况和这次汶川大地震的情况完全不一样。汶川大地震之后被抢救出来的人存活时间之长,让世界医学界感到震惊。

抗震救灾还没有结束,但是,已经提出了太多太多值得我们感念和深思的课题。这些是我们从这场不幸的自然灾害中所剥离出来的巨大的精神财富,我们必须用大力气去发掘、去研究。我想最重要的一点就是:这场惊天地、泣鬼神的抗震救灾告诉了我们,应该怎样对待自己的同胞,应该怎样对待自己的民族和国家。我们要用发自内心、融入血液的生存大爱来对待自己的同胞、民族和国家,这与其说是一个理论问题,还不如说是活生生的行动。只有在爱每一个具体的同胞的基础上,才能建立起真正的牢固的爱国主义。在一部分人漠视、藐视甚至仇恨另一部分人的国度,在以斗争为最高价值的国度,是绝对不可能有真正的爱国主义的。这场抗震救灾中,中国已经向全世界证明,人民的生命安全是中国的最高价值;中国已经向世界证明,政府存在的底线就是保障人民的生命安全。

汶川大地震最终会过去,但是每一个人都会希望,在抗击汶川大地震过程中彰显出来的民族精神——将人的生命视为最高价值的这样一种精神,能够融入我们民族的血脉,代代相传,永不断裂。

关键词之二:感恩

在汶川大地震中,第二个关键词就是"感恩"。我相信,在抗震救灾的日子里,所有中国人的心里都装着那一方遥远而美丽的土地,13 亿人都有同一份牵挂。电视媒体、平面媒体在这样的时刻只能有一个选择，那就是尽量全面、快速地将灾区的情况告诉所有的人，而事实上媒体确实也做到了这一点。我经常批评媒体，但是在这次抗震救灾中，我却说不出一句批评的话，因为我们的媒体太快了！

地震发生的时候，我正好在参加胡锦涛主席访日活动。当时我接到太太的电话，她在上海的一座大厦里工作，她说："地震了！"接过这个电话，我马上就在中国的网络上看到了最详细的报道。这不仅最大限度地保障了人民的知情权，同时，也以最短的时间和最快的速度在政府和人民之间建立起信任的桥梁。媒体的功绩是谁都不能抹杀的，中国人应该对不怕疲劳、日夜奋战在第一线的媒体抱有感恩的心情。

大家别以为媒体是没有危险的，大家别以为媒体所面临的危险仅仅是滚石，据我所知，在这次抗震救灾当中，最早牺牲的一位当地宣传部的干部就是为了保护一位记者。那位记者为了拍摄部队将灾区的伤员运上直升机的镜头，站得离直升机非常近，这位干部发现了危险，由于螺旋桨工作时产生的巨大声响，记者听不到他的提醒，所以他扑上去把记者推开，自己却被螺旋桨击中，当场死亡。

我想对媒体抱有一份感恩之情是必须的，而且我也知道，媒体从业人员不会觉得自己可以坦然接受这样的感恩，因为他们比我们更早、更直接、更多地看见太多的感恩场景。

我想，谁也不会忘记这样的几个场景，终其一生恐怕都难以忘记。

第一个，敬礼娃娃。一个小男孩叫郎铮，他今年只有不到4岁，家住北川县城，地震中他所在的北川县幼儿园严重垮塌，那个时候幼儿园的孩子全部在睡午觉。当他被救援部队抢救出来的时候，这个孩子已经满脸是血，多处受伤，而这个躺在担架上的不到4岁的孩子做出了一个感动全中国人的动作：他艰难的举起右手向解放军同志敬礼。当时，大家都不知道他敬的是什么礼？刚开始大家误认为他行的是少先队礼，实际上他行的是军礼，后来了解到，他的父亲是一位军人，从小教他军礼，他那个时候已经严重受伤，没有办法把手放在这里（手势），只能把手举到这里（手势），我想这应该是被巨大灾难激发出来的来自天性的感恩之情。

这位可爱的小男孩的父母本来以为失去了他们的儿子，整个北川县幼儿园全部塌掉。他的父亲一直奋战在抗震救灾的第一线。震后的20多个小时，他们怎么会知道自己的儿子被救呢？因为当时的灾区已经完全没有电视，不可能有任何画面，小男孩的父亲是在报纸上看到儿子敬礼的照片，这才知道自己的儿子还活着。小男孩的伤很重，他右手的手指被截掉了几个，我想这个3岁孩子的感恩足够说明问题。

在上海,默默地生活着一位非常了不起的英雄。他就是上海消防总队的一名普通的班长,叫周庆阳。上海消防总队在队长成飞少将的率领下最早赶到灾区,是从废墟中救出生存者最多的一支队伍。因为第一批进去的部队几乎都是徒手操作,而400多位上海消防官兵随身携带了设备。最早进入灾区的切割机就是上海消防总队带去的,我们江浙一带的消防装备都是一流的,买的都是最好的设备,所以他们救的人最多。周庆阳就是这400多名消防官兵中的一员,他和他的战友救出了很多被埋的人。我们在电视画面上看到,他不顾余震的危险,也不顾随时可能被建筑物埋到下面的危险,用一台吊机把自己的双脚绑住,半个身子探到废墟中去救人。不过在这里我想讲的却不是这位了不起的英雄,而是他所救出的一位不知姓名的大妈。我不知道大家是不是注意到这样一个电视镜头:一个消防战士,就是周庆阳倒吊着把自己的身子探入一个倒塌的楼房里,他的汗在不停地流,这个时候我们突然看见周庆阳从废墟里居然抽出了一条毛巾,我不知道大家有没有看到这个镜头?废墟里有一位50多岁的妇女,她已经被埋超过100个小时。我们可以想像,此刻的她,就算没有受伤,也已虚弱不堪了。可是这位灾区的大妈,此刻想到的却是抢救她的战士没有办法擦汗,她的第一个动作是用尽了自己最后的力气从身上摸出一块毛巾递给周庆阳。这位大妈没有受伤,但是救出来以后就去世了,没有能够活下来。

救人者和被救者同样都在感动着中国。虽然到现在我还不知道这位大妈的名字,但我会永远记住,她在生命的最后关头从废墟当中递出来的那块毛巾。

还有一张照片,一位灾区的老大娘,手举着一个硬纸板,上面写着一个毛笔字:谢!我们不知道背后的故事,这个字恐怕是老大娘请别人写的,写的相当不错。我们也不知道这个老大娘花费了多大的精力从满地的瓦砾当中找出纸张和笔墨。

在整个救援过程中,有无数这样的感恩故事。我们平时都认为,中国人好像不大懂得感恩,但是在这场灾难面前,我们看到了中国人血脉当中的感恩之心。在这场灾难当中,被救者和救人者都表现出感恩之心。

5月18日,中国青工委和中央电视台举办了"爱的奉献"大型募捐活动。大家有没有注意到,这个活动中,有一个人,一条汉子,非常壮实,他手上举着一个捐款牌,上面写的是3 000万元现金,他当场宣布再追加7 000万元!大家还记得这个人吗?后来我经过了解,才知道这个人就是唐山荣城钢铁公司的董事长——张祥青,他本人就是唐山地震留下的孤儿,后来靠收废品、废钢铁起家,企业慢慢发展成一个"钢铁帝国"。就在汶川大地震发生的当晚,他已经捐出了1 000万元的现金,所以这个钢铁公司实际上共捐出了 1.1 亿元的现金。1979 年他曾经得到帮助，现在他在回报社会，以一颗感恩之心涌泉相报，当然我们不应该只在意捐款数量的大小，我们不是因为他捐了 1.1 亿元就对他特别赞美，我在意的是这 1.1 个亿背后的一颗谦卑感恩的心。

　　假如我没有记错的话，有一支救灾队伍在今年年初的冰雪灾害救灾中就已经出现过，汶川大地震之后，这支队伍的原班人马又出现在抗震救灾的第一线，这是一支志愿者队伍，由唐山的农民自发组成。他们都经历了唐山大地震，他们说："我们都是农民，有的是力气，我们当年受过恩，今天来报答。"多么朴实的话！这批人在抗震救灾的第一线干的是最苦的活——搬运救灾物资，他们在分发救灾物资时，几十个小时不睡觉。

　　这样的感恩的例子实在太多。它能够促使我们进行一种什么样的人文思考？汶川大地震改变了我们对感恩的理解，它告诉我们，不能把感恩简单地理解为给予回报和接受付出，不能把感恩仅仅理解为接受方或者弱者所应有的一种情怀。我们原来认为作为一个强者，作为一个给予者，我要有什么感恩之心呢？在我们原来的理解当中感恩应该是弱者的事情，应该是接受帮助的人的事情。汶川大地震告诉我们，感恩是一种恩惠，感恩是一种涌动，感恩是一种循环，感恩应该是人类大爱奔流不息的洪流。人类因为有了感恩的滋养而有了格外的深度和显得更加高贵。我想我们每一个人都可以相信，无数的小郎铮长大以后心里也会洋溢着感恩之情，一旦他方出现危难，他们也一定会不畏艰险、挺身而出。

　　我这么说并不是盲目乐观，而是有无数活生生的例子作支撑的。在灾区有许多被救的人，他们擦干了血迹之后，马上成为救援的人。在这次抗震救灾当中，发生了一件神奇的事：一位贵州的男孩叫蒋宇航，在北川打工，打什么工呢？高速公路收费站的收费员，"5·12"那天中午他正在家里午睡，被困在六层楼里，他的母亲知道之后千里迢迢赶到汶川，当她赶到废墟的时候，居然正好是她被埋超过一个星期的儿子被抢救出来的一刻。他就是被我刚才讲到的周庆阳抢救出来的。蒋宇航

汶川大地震告诉我们，感恩是一种恩惠，感恩是一种涌动，感恩是一种循环，感恩应该是人类大爱奔流不息的洪流。人类因为有了感恩的滋养而有了格外的深度和显得更加高贵。

有这样的怀着感恩和大爱的被救者，我们这个民族就充满了希望。

被围在垮塌的六层楼中，一个星期之后被救出来，他现在已经在灾区成为一名志愿者。

在这场巨大的灾难中，所有的救援者都是当之无愧的英雄，所有坚持到最后一刻被救出来的人，也都是当之无愧的英雄。我们的温家宝总理掷地有声的话语传遍了全世界，这番话令全世界震惊："是人民在养你们，你们看着办！我不管你们做什么，我只要十万人民的安全。"这是总理的话。对这个话可以有很多理解，实际上温家宝总理并不知道电话那头的人是谁？我想他就是要求电话那头的人拿出感恩之心，因为是人民养育了你，你应该感恩，应该拿出大爱之心。有这样的怀着感恩和大爱的救援者，有这样的怀着感恩和大爱的被救者，我们这个民族就充满了希望。

关键词之三：悼念

在汶川大地震当中，还有一个关键词，完全突破了我们传统的思维定式，也彻底改变了全世界对这个词的理解，这个关键词就是"悼念"。很多人都有过悼念死者的经历，很多人也经历过全国性的悼念活动，经历全国性悼念活动应该是在 1976 年毛泽东去世的时候，32 岁以下的人都没有这样的经历。

为什么这次汶川大地震的悼念活动如此让我们感动？为什么这次悼念活动能够激发出如此强烈的凝聚力和爱国之情呢？我想，每一个人，都会举出各自的理由，而且这些理由未必完全相同。但是，能够感动 13 亿中国人乃至全世界，并且使人们的内心自然喷发出如此崇高的情感的，一定还有更深层次、更具普遍意义的理由。

这次悼念活动是在开辟新的历史，它使我们共同见证了一个伟大的悲情的历史时刻。国务院决定将 2008 年 5 月 19—21 日定为全国哀悼日，在汶川大地震发生一周之后，时间"静止"，行人伫立，喇叭、汽笛齐鸣。还有一点，大家可能没有给予特别的注意，在通知当中有明确的关于防空警报鸣响的规定，这样组成的安魂曲响彻中国大地。中国人全体默哀 3 分钟，举国上下共同哀悼在汶川大地震罹难的同胞。这是改变和书写中国的伟大时刻，中国第一次为不幸遇难的人民进行全国性的哀悼。

多少年来，我们一直在讲，人民是国家的主人；多少年来，我们一直在讲，只有人民才是历史的主人，但是，只有到了今天，只有到了 2008 年 5 月 19 日，人民才真正成为国家礼仪的主体。我们的领导集体为了平民的生命低下头颅深切哀悼,这在中国的历史长河中是绝无仅有的,对此全世界都给予了极高的评价。为死难的人民哀悼,顺应民意,赢得民心,证明了中国政府确实将人民的生命视为国家的最高价值和最大财富,将保护人民的生命安全视为共和国最神圣的使命;也只有在这一刻,执政为民的政治理念不再仅仅是报纸上的宣传,就在这一刻它成为一次具体的行动,对于这个决策无论给予多高的评价都当之无愧。

然而,它的重要意义还不止于此,全国悼念日的设置表明:中华民族已经认识到形成并强化全民集体记忆的重要性,并且开始为之而努力。我们都知道,人们之所以成为夫妻,之所以成为家人,之所以成为同一个地方的人,比如我们都是镇江人,我们都是中国人,并不仅仅是因为血缘,我们原来把血缘看得太重了。生活在一个区域里的人不一定都有血缘的关联。如果有一个孩子、一个孤儿,被某一个家庭领养,他跟这个家庭完全没有血缘关系,他从小生活在这个家庭里,成为这个家庭的一员,对这个家庭有感情不是血缘,是因为有太多的共同记忆。我们共同为家里的长者过生日,共同为父母亲庆祝生日,共同到医院里看望生病的长者,甚至共同为长者送行,共同迎接一个新生命的到来,共同面对苦难,我们同在一张桌子上吃饭,我们在困难的时候也许分喝过同一瓶水,这些都是一种共同记忆,而一个民族的凝聚力就是靠这样的共同记忆形成的。

汶川大地震给我们留下了太多鲜活而悲壮的集体记忆。我们曾共同看见,那一只伸出废墟紧攥着断笔的小手,外墙已经崩塌,孩子的手都在外头,几十只手,几十条腿伸在外面。我们看见了一个孩子捏着一支断笔的镜头,我们看见了一排失去主人的崭新的书包,这是我们的共同记忆。我们听见了那一个个为了保护孩子而牺牲了的教师的最后的声音,那也是我们的共同记忆。我们都知道,现在灾区学生损失惨重,但是,教师损失更惨重。在这次地震当中,除了北大历史系毕业的“范跑跑”以外,到现在没有听说有第二个教师跑掉,众多的教师牺牲了。在挖掘的时候,起码有20～30位教师胸口以下都护着学生,他们胸口以下都有四五个死掉的学生。也有的老师在挖掘出来的时候是趴在课桌上的,而课桌下的学生活了下来。我们也都看见,我们的国家主席和国务院总理,不避余震的威胁,在山路上、瓦砾中行进,我们也都看到,我们的军人嘴边满是泡,身上满是尘埃,他们奋战在每一座倒塌的废墟上,挺进在每一条损毁的道路上,这是我们的共同记忆。我们也看见,我们的医疗救援队队员不顾疲劳,坚持在拯救生命的手术台前,这是我们的共同记忆。

我们知道,在第一时间,抢救出来的灾区群众截肢比率特别高——现在我们已确认的死亡人数近7万人,还有1.8万人失踪,这些人基本上也是死亡了。但是大家不知道当地还有十几万截肢的人——但是第二天,全国的医生,特别是江、浙、沪、武汉一带的医生携带着最简单的药品赶到以后,灾区的截肢率大降。在第一时间,是选择生命还是选择肢体?毫无疑问是选择生命。而到了第二个阶段,生命基本上能保住,那么重要的就是要保护人的身体。好多的截肢手术都是第一时间在废墟上进行的。因为有的人被扒出来了,已经看到了,但是腿被压住了,预制板吊不开,腿已经坏死,必须进行现场截肢,这也成为我们的民族记忆。

我们也看见了数不清的志愿者背负着物资,扶着伤员出现在每一个危险的地方,这也是我们的共同记忆。

在这场巨大的灾难面前,中华民族的脊梁挺直,中国民族的精神升华,形成了我们最珍贵的集体记忆。这是我们这一代人都不会忘记的记忆,一个民族正是因为有这样的记忆才能形成、发展、壮大、振兴,才能永远屹立于世界民族之林!

5月19日全中国人民低下头颅哀悼。

灾难终将过去,但是,如何使灾难激发出来的宝贵的集体记忆,在和平、宁静、富裕、有序的生活里永不消减?这是历史给我们民族提出的一个课题,是中华民族每一个成员都必须严肃面对和深刻思考的问题。这样的集体记忆是我们民族的一笔宝贵的精神财富,它是用将近10万个鲜活的生命换来的。愿我们能够永远守住我们宝贵的集体记忆,愿凝聚中华民族、提升中华民族灵魂的集体记忆永不失落!

谢谢大家!

[现场互动]

主持人：谢谢钱文忠教授！生命、感恩、悼念，钱文忠教授用这三个关键词表达了对汶川大地震的哀思，也颂扬了我们中国人在灾难面前的可贵精神。灾难应该结束，但是我们不可以遗忘，而是需要将它转化为人文思考，更好地生活在当下和今后，我们再次用掌声感谢钱文忠教授的精彩演讲。谢谢！那么，接下来的时间，钱文忠教授将和观众朋友们做现场的互动和交流。大家都知道钱文忠教授除了有很多的身份以外，他还精通日语、法语、梵文和巴利文，我们请他用梵文说一段话，可以吗？

钱文忠：大家对我有误解，主要是因为崔永元大哥。我毕业于北大的东方语言系，北大的东方语言系是北大唯一的五年制院系，我是学语言的，在语言方面经历了特殊的训练，但是不可能到精通的水准，我最精通的是上海话。

我认为听懂梵文的人多是麻烦，也没有必要，我们中国佛教的传统太悠久了，应该有人懂梵文，但是不需要太多，太多也没用。现在有好多的人文学科，实际上它们只要做到承前启后就可以了。这种专业别断了，断了以后就麻烦，将来就要到国外去学，如果国外也断了那就没了。现在这个年代这样的专业确实很少，这个专业在中国的高等教育历史上只有1960年和1984年招了两届。梵文本身也是一种语言，从严格意义上讲，梵文是英语、德语、法语、意大利语、希腊语的祖先。

主持人：据说梵文需要唇齿口的技巧，很难，对吗？

钱文忠：没有那么玄，其实也很简单。就像外国人学我们中国人的语言一样，也会感觉很难。梵文都是佛经里的语言，在现实生活当中已经没有办法再用了，比如"我坐火车到镇江来"，用梵文就没有办法说了。今天这里有很多年轻的朋友，刚才张部长讲镇江是一个非常崇文重教的城市，在这里我用梵文送一句话给大家，这句话字面的意思实际上是：人的一生时间是很有限的，但是我们应该学习的知识是无限的。类似于我们中国的"寸金难买寸光阴"的意思。

主持人：在《玄奘西游记》中，您多次讲到我们镇江，为什么？

钱文忠：是的。关于玄奘的最重要的传说是玄奘在金山寺长大。

听众：钱文忠教授，你好！纵观世界上很多的国家，包括一些经济情况还不如我们的国家，都有全民的医疗和教育，您认为我们能不能利用这次机会，在全国范围推行免费的医疗和教育，或者在重灾地区试点先行？

钱文忠：这里面有两个概念，一个是免费医疗，一个是免费教育。据我所知，全世界医疗和教育完全不花钱的国家是没有的。我们中国也是施行9年义务教育，9年义务制教育实际上应该说是由政府和全民来负担的，中国的医疗保险制度我实在不太敢讲，我不常去医院，但是中国面临着的一个最大的问题就是中国的人口量太大。我可以告诉你这么一件事情，1800年以前，中国是世界上GDP最高的国家。那时康乾时代刚刚结束，我们之所以在鸦片战争之后打不过欧洲，因为中国在那时候国力就已经很落后了，是落后在人均上，不是落后在总量上。我们生在这一代不是我们选择的结果，我们的祖父母之辈，他们受的难要比我们多得多，他们的牺牲换来了我们这一代的今天，也许我们这一代和下面几代还要为了我们的后代接着牺牲。

也许，在30年、50年以后，中国人可以读书不花钱、医疗不花钱，但这不是我们这一代人的事，我们只能为下一代能够享受这样的条件去牺牲。

我在教育界是一个经常发出不和谐声音的人。现在教育界强调老师对学生要爱，要表扬，不能批评；要进行素质教育，不要进行应试教育。对此，我坚决反对。为什么？因为我自己是教书的，我知道应试是素质当中一种最基本的素质。任何一个社会，包括中国，都有不公平，任何一个社会都有无数的不公平现象，但是高考制度还是一个最接近公平的制度。如果你连考试都解决不了，你告诉我你素质有多高？我认为考试是最基本的素质。为什么这么说？现在中国的孩子苦，你去看汶川大地震中那些孩子的书包，他们的书包跟都市里孩子的书包一样，里面的书本有十几斤。孩子们牺牲了童年吗？牺牲了。但这是没有办法的，谁叫我们这个民族在近200年来落后呢？你落后了就必须往前赶，你一落后就说明你资源不够，资源不够，人才也不够，在这种情况下，唯一的办法就是拼教育。拼教育是拼什么？拼学生。拼学生是拼什么？拼学生的生命。只有牺牲几代人，现在中国还远远没有到过好日子的时候。

我们这个国家、这个民族容易稍微强大一点就自大。刚刚觉得自己长得像一只驴，就说自己长得像大象。我们可以把免费教育和医疗当成一个美好的理想，但是这不一定是我们这一代人能够享受到的。我们这一代人不能享受，并不意味着我们下一代不能享受；反过来，就算我们这一代享受了，也并不意味着我们的下一代也能够享受。

中国是人类历史上的特例，举不出第二个国家，像中国这样连续经历了30年的高速、和平的发展。改革开放以来中国没有经历大的变动，一直在发展，我们好像已经把发展视作理所当然了，我们好像已经习惯了，前天赚2块钱，昨天赚5块钱，今天赚10块钱，明天我们应该赚20块钱，我们已经习惯了未来一定比今天好的思维定式。

其实未必啊！我觉得这次灾难告诉我们，我们应该有一种忧患意识，应该居安思危，我们应该有一种节约意识，甚至应该有一种牺牲意识。当然，谁都不愿意牺牲，我就最讨厌牺牲，但是摊到了我们这一代人，就得牺牲。我们父母这一代人就是牺牲，他们也不愿意牺牲，但是摊到他们了。我想我们这一代乃至下一代恐怕还是应该以牺牲为主要价值判断标准，我是这么看的。

听众：很多人说，80后是好吃懒做的一代，您怎么看这个问题？

钱文忠：我觉得，认为80后好吃懒做没有责任心，不愿意牺牲，不勇敢，这是不对的。这次地震中的志愿者主要是80后甚至90后的，包括我的很多朋友、学生都是80后、90后，他们都在第一时间往那儿赶。80后的确有很多毛病，比较懒散，比较没有群体意识，没有办法，现在都是独生子女，爸爸妈妈、爷爷奶奶、外公外婆6个人对付一个，这些都是事实，从我接触的学生来看，80后、90后普遍有这个毛病。但是有这个毛病不等于他们有别的毛病，比如对知识的了解，他们就比我们这一代强，比如到了地震救援一线之后，对当地的通讯恢复，80后起了很大作用，因为好多年轻人有专业技能。

每一代人都有每一代人的毛病，但是应该看到，这次灾难实际上改变了人们对80后、90后的看法，包括我在内。这次大地震中，灾区的孩子告诉我们：千万不要以为10岁的孩子就不成熟。大家看到，一个11岁的孩子背着自己的妹妹步行几十里把她救出来；我们看到，很多学生跳下去再救学生出来；我们也看到，很多孩子跑出来告诉大家还有多少人被困在山里没有被救出来。

每一个时代的人都有每一个时代的特色，每一个时代的人也都有自身的毛病。我是1966年出生的，我还不算太老，但我跟我的学生比，某些方面就是不行，比如对电脑和网络的运用能力，对国际化生活的习惯程度。1985年我出国留学的时候23岁，到德国后我完全不适应，而现在的孩子出去留学就很少有什么不适应。可能好吃懒做是80后的毛病，但是80后也有很多优点，人都会有点儿毛病，这个无所谓。

听众：刚才钱文忠教授说到，因为我们中国人口多，资源少，那么就要拼教育，就要拼学生的生命（我所说的生命是时间）；但是这次汶川大地震之后很多家长强烈地感觉到，只要孩子能够健康地好好地活着就是很幸福了，对孩子学习的要求降低了。

钱文忠：不会的，不信走着瞧。家长在一年以内也许会这样，但一年以后就不再会了。现在国家已经给了汶川新的计划生育政策，因为汶川有很多的小孩子走了，所以允许他们的父母再生一个，我甚至觉得汶川会更加强调教育。

父母对孩子的学习要求低不是地震的原因，而是政策的原因。对灾区给予什么样的援助我都认为是对的，给予什么样的帮助我都认为是对的，但是，在高考制度上过于倾斜是不对的。这种情况如果持续 2 ~ 3 年会使灾区的父母和孩子产生惰性。现在北大、清华、复旦等大学都已经在中央媒体上表示招生政策向灾区倾斜。我也知道，除了四川大学以外，四川所有的大学都已经明确表态，把所有的机动名额留给汶川，这就意味着今年参加高考的汶川孩子都能被录取，因为人数少了，我觉得这叫作过分援助。如果这样下去的话，持续两年，那倒真可能产生惰性。因为经过巨大的灾难，看到自己的孩子幸存下来，父母就会纵容孩子。每一个人都会如此，孩子生了一场病我们都不会第二天就叫他读书，刚刚生完病心疼，但是过了一个星期之后，就该干吗干吗了。

诸位千万不要认为外国人不读书。日本的孩子要考进东京大学、早稻田大学，没有不付出的，没有在 11 点之前睡觉的。我刚才说的牺牲生命不是指你非要读到吐血，而是指要牺牲孩子的一些青春岁月。你知道瑞典小学六年级在教什么吗？还没教到乘法，瑞典学生高中毕业时平面几何刚刚教了一点点。美国的孩子高中毕业后就可以申请哈佛等大学，而现在中国的学生，我们这些平民百姓的孩子，如果不比美国孩子有早 5 ~ 10 年的知识积累，他就不可能有这个读书的机会。

我现在挺担心的，我真的担心我们所谓的素质教育。请问在座的家长，你们的孩子素质很好，好到什么地步呢？小提琴会拉，钢琴会弹，但是考不进大学，你干不干？我想没有一个家长会干的。或者你的孩子画画的不错，还能够踢球，跳舞，升旗的时候是队长，但是考不取大学，你愿意吗？所以我讲应试能力是一种素质，而且是素质当中最基本的要求，如果你连公平竞争都赢不了，你还告诉我你有素质？如果你连高考制度这一关都冲不过去，你说自己有很高很高的素质，我真的觉得不能相信。

听众：我是江苏大学的一名学生，几天前我刚结束了为期 10 天的志愿者活动，通过跟汶川大地震受难者的接触，我觉得他们的生存状态值得关注。您认为政府在以后的一段时间如何为他们提供物质和精神方面的援助呢？

钱文忠：这个问题非常好，中国政府在这次抗震救灾中，也有一个以往抗震救灾中没有的关注点，就是灾区受灾群众的精神世界和精神状态，我们提出了要进行精神救助。唐山大地震的时候人救过来就不错了，还管你的精神？现在中国进步了。崔永元、白岩松他们到当地去是为了让大家觉得生活会更美好。我的一些朋友都去了，但是我有一个担心，就是担心救助过度。老是采访那几个热点，有的时候你不能老提,不断的让人回忆灾难的那一刻对他是一种伤害。人的痛苦只能够自己扛过去,这句话听起来很残酷,但是很现实。第一批援助的人出发点非常好,但是心理援助是一门技术,现在应该给灾区人民一种陪伴,要成为他们的倾听者,而要避免过度安慰。就好像我们小时候碰到一点麻烦事,比如说考试没有考好,妈妈天天来安慰,安慰到后来你肯定烦,这个不能过度,包括运送到灾区的物资也是这样。

听众:人性是向善的,这次汶川大地震中,人们所表现出来的感恩之心,是否和佛教所讲的因果报应有关?

钱文忠:您是不是认为存在着普遍的人性?很难说!真的很难说!我有一句话被评为今年网络上最牛的话,这句话是:人与人之间的差别不比人与猪之间的差别大。有人不爱自己的母亲吗?就有人不爱自己的母亲。比如那个"范跑跑",他公开这样说的,现在北大的党委书记就说他以有这样的学生而感到羞耻。我觉得不一定有普遍的人性。

您认为感恩的人性是不是有佛教和因果?我相信因果,但是不相信报应。因为我们看过太多好人活不长,坏人活千年的例子。因果和报应这两件事情得分开说,而且我觉得因果报应也有比较好的一面。传统社会中好多人不敢做坏事,认为这么干,将来要遭天打雷劈。那时候自然科学发展水平比较低,这样认为还有可能。现在的人认为,我不出去你怎么劈我?我觉得佛教的因果是对的。

唯物主义的基本原理认为,宇宙是无限的。宇宙是无限的,而人的一生就算活300年,也是有限的,有限加有限加有限,永远小于无限,这是基本的逻辑题,人的智力不可能穷尽一切。也就是说,永远有一个未知的部分存在着。你怎么能说,所有的东西都是无稽之谈?你可以说我没有见到,我没有亲身体验,但是不能很轻率地把一些很神秘的东西直接指为迷信,甚至指为反动。现在这一点已经被公布了,我的老师季羡林就公开写文章,说他年轻的时候见过鬼。你说他要编什么故事吗?老人家98岁了要编什么故事啊?他说他在年轻的时候碰到了,他说自己是一个留洋的学生,不能迷信,所以不能说。当然这也许是季先生的一种幻觉,但是你不能说他这是胡扯,无论如何,因果我是相信的。

[新闻链接]

梵文小生

钱文忠为什么这么受欢迎呢？一是他年轻，是《百家讲坛》最年轻的演讲者，且相貌周正可亲、风度儒雅、机智幽默；二是他口才好、记忆力好、学术根底深厚。他所讲述的玄奘生平，有很多材料来自于梵文。据了解，他是目前中国懂梵文的学者中最年轻的。在他之上懂梵文的学者，最年轻的也有70多岁了，也就是说中国目前70岁以下懂梵文的学者只有钱文忠一人。看到这么年轻的一个小伙子在讲台上，不看讲稿，引经据典，娓娓道来，事件发生的时间、地点、人名、物名件件讲得滴水不漏，清清楚楚，还不时引用梵文的读音，顿时把电视机前的男男女女迷住了。第一期12讲播出不到一半，钱文忠就成了名满天下的学者了。由于中央电视台来不及后期制作，第一期播出后需暂停，观众纷纷打电话到中央电视台问下期什么时候开讲。钱文忠的《玄奘西游记》分三期，每期12讲，一共36讲。5月、7月播完了24讲，9月是最后12讲。每次讲完，中央电视台都会出一套光碟。7月，第二期刚讲完不久，盗版市场就抢在中央电视台之前出了钱文忠的《玄奘西游记》光碟，可见其红火的程度。

关门弟子

钱文忠出生于江苏无锡，中学期间估计是个顽皮的学生，以至于老师担心他考不上大学，建议他填写志愿的时候报低一点，结果他以文科外语类第二名考取了北大。据了解，钱文忠1984年考进北大后不久，就在校园内被视为天才学生，在北大校园很有名声。他在高中期间就和季羡林有通信往来，表示自己对梵文有兴趣，想跟季羡林先生学梵文。季羡林在"文革"前的60年代初期只招收过一次梵文班，之后就中断了。数度通信往来，季先生觉得竖子可教，就在东语系办了一个梵文班，连同钱文忠在内一共招收了8个学生。这8个学生中途或改行或出国，甚至还有去做了空姐的，坚持到底的只剩下钱文忠一人。

据钱文忠说，他成为季先生弟子是行了三跪九叩拜师礼的，到北大后就到季先生家请益。之后季先生再也没有亲自指导过学生，钱文忠就成了关门弟子。

学问"玩主"

钱文忠在名师指点熏染下，18岁就写了一篇很有分量的学术文章《试论马鸣〈佛本行经〉》，在北大不到两年，钱文忠就被送到德国去留学，在德国留学不到两年就获得了博士候选人资格。回国后遭遇变故，1990年离开北大在社会上游荡了5年，这5年他下海做生意，干过各种工作。1995年王元化先生到北京开会，当时还在世的周一良先生特地慎重其事地托付王先生"帮帮"这个青年。王先生回到上海后，和王元化从没机会见过面的季羡林又打电话来托付此事。王先生将他介绍给了复旦历史系。这样，游荡在外的钱文忠才重返大学校园。

下海的经历让钱文忠在经商赚钱方面也得以一展长才，所赚的钱足以供养他"玩"学术以度余生。钱文忠的私人藏书有6万册之多，他不但有房、有车，还有专职司机，这在教授中很罕见。其实，他所感兴趣的不仅仅是读书、做学问，对各种名牌以及时尚也很精通，至于文物考古更是他的看家本领。有一次一位从事玉器生意已经20年的商人，引发了钱文忠谈玉器的兴致，古今中外，玉的历史，目前的行情，他简直是无所不知，玉器商人听得目瞪口呆，佩服得五体投地，过了不久就拿了几块价值上百万的玉来请钱文忠鉴定。

听钱文忠私下聊天是很大的享受，钱文忠朋友圈里有句名言："只要钱文忠在，快乐就有了保证。"随你提起什么话题，他简直无所不知，而且准保知道的比你多。他善于绘声绘色地讲各种故事，不时让听众笑得人仰马翻。听钱文忠闲聊，笑出眼泪，笑得肚子痛，是必然的事情。因此他的朋友说，钱文忠私下聊天比在《百家讲坛》还精彩。此人博闻强记，能力之强，令人叹为观止。有一次，在等待客人的过程中，他把别人放在饭桌上的一本同学纪念册翻看了几分钟，酒宴开始后，钱文忠就聊起他刚翻看这本纪念册，说里面某人用英文写的文章，中间有句子是不通的，他随口把这段文章引述了一下，然后指出为什么写得不对，接着又说到纪念册里披露出当时恋爱的有几对。

钱文忠祖籍是无锡钱氏家族，钱穆、钱钟书、钱三强、钱伟长都是吴越钱氏这个家族的。因此，常听到有人问：是否钱家的脑袋在遗传上就和常人不同？

最早在媒体上介绍推荐钱文忠的，居然是香港。十多年前香港出过一本刊物叫《香港书评》，该刊第六期就以专辑重点推介钱文忠，标题是：《钱文忠——中国学界的希望》。

"学问对我有审美价值"

1983 年,17 岁的钱文忠开始和季羡林先生通信,1984 年通过高考进了北京大学梵文巴利文班。这个班一共只有八个人,先后有两个人转系,再后来几乎全部搬到德国,最后只剩下钱文忠一人还以此为专业,主修印度学,副修伊朗学、藏学。

"冷"到不能再"冷"的专业,钱文忠却乐在其中。对此,他比较有名的一句话是:"学问对我有审美价值。"直到今天,不论是学术、古玩还是藏书,等等,他都能"玩"得转。钱文忠说:"我确实喜欢'寓学于乐',我认为这是一种不错的态度,也很符合'游于艺'和'好之者不如乐之者'的古训,不是吗?我想,人活在世上是非常短暂的,不能什么都要。没有'舍得'的心态,会很累的。"

藏书堆满了好几间房间

钱文忠有太多藏书。"具体数字我自己也不知道,因为从来没有整理过,可能有几万册。我的书堆满了好几间房间,有时候想用而根本找不到,实在是悲喜交加。我最近会找一个尽量大的空间,把这些宝贝书安顿好。"他每日夜间阅读,每天手抄古籍,不多不少,200 字。

做传统学问,尤其是国学,钱文忠谨遵王元化先生的告诫:"不参加互助组,也不参加合作社。"学问要"从容含玩,沉潜往复"。他自己比较偏向于个人修为,做学问、教书、读书不过是个人的存在方式,至于如今流行"普及国学"、打造"国学大师"的做法,他的看法是:"其心可佩,其志可嘉;想法可笑,效果可疑。"

"不熟悉我才关注什么奢侈品"

钱文忠有一段时间没有从事和学术有关的工作,他偶尔也会和朋友谈论时尚和奢侈品,这一点也往往成了生活、时尚类报刊的关注焦点,其喜爱的品牌也常被罗列。

有人因此认为他是学术界的"时尚先生"，对此，钱文忠说："不熟悉我的人也许太关注我这方面的喜好，我的喜好没有任何特别，更没有那么严重。有一段时间，我的生活被迫和学术没有什么关系。这不是我选择的，而是我不得不接受的结果。其实完全不值得一谈，这是我私人的事情。学者和时尚有什么关系吗？我实在不知道。"

◇纪连海

　　北京市骨干教师，北京市西城区学科带头人、兼职历史教研员。1986年7月毕业于北京师范学院历史系，获历史学学士学位。1998年首都师范大学历史系首届历史教育学硕士研究生班结业，2001年首都师范大学计算机系计算机专业毕业。长期从事高中历史教学工作。与人合著有：《〈普通高中课程标准实验教科书历史1(必修)〉教师教学用书》、《高中中国古代史教案》、《中国古代史教案·全一册》等。

在历史中审视与反思

主讲人：纪连海　　**时间：**2008年7月25日

核心导读

　　历史就是供人借鉴的。我们看清楚历史,就知道自己该怎么做了。说白了,在历史中要学会审视和反思。

——纪连海

虽然是第一次来镇江，但我并不感到陌生。

很多民间传说故事都和镇江有关，历史上还有很多关于镇江的英雄故事，应该说来到这个城市非常荣幸，我明天还会在这里继续讲，今天讲的与明天讲的完全不同，今天讲的是"在历史中审视与反思"。

经常会有人问我说："老师，我不明白学历史到底有什么用？"你说历史有用吧又没用，你说没有用吧又有用。为什么说没有用呢？跟听相声似的，听完一段故事今天就不用吃饭了？那不行，一顿不吃饿得慌。但有的时候你会发现学历史还是很有用的，可以陶冶情操。什么叫陶冶情操？说白了，学历史就是学会审视和反思。

今天上午还有人在问我：老师，我也听你讲了那么多历史人物了，在《百家讲坛》中我听你讲得最多，今天一个，明天一个，你最喜欢的人物是谁？你是喜欢和珅还是喜欢刘墉呢？我告诉你，我谁都喜欢又谁都不喜欢。为什么这么说呢？我学的是历史，我给你讲一个人的悲欢离合，是想通过这个人的悲欢离合给你带来一些东西。

每个人在历史上的定位是不一样的。和珅是一个贪官，刘墉有的人说他是一个清官，有的人说他是一个智者。这个定位是怎么出现的？我们想做一个什么样的人？我们今天处在一个什么样的社会？处在一个什么样的时代？很显然跟过去是不一样的。我们这些生于60年代以前的人是有信仰的，我们的信仰很难被别人所改变。有信仰就可以让我们活得精彩。人最怕的是没有信仰，没信仰是非常糟糕的一件事。恐怕有人被吓着了："你不要对我们进行党课教育。"我没有义务对大家进行这种教育，但我认为大家都应该有信仰。

在历史中审视与反思，这个题目很大，我今天只想讲两个小时，那我就以和我们江苏有关系的一些人和事来做一些解释，做一些审视，做一些反思。

我们江苏在历史上是非常有名的，当然有人会说，您说的有点儿不对，我觉得在现代更有名气，你看我们党和国家的领导人，到现在一共有四代，我们江苏占俩儿，修的桥都叫润扬大桥、润泰大桥，当然不都在咱们扬州，不都在咱们镇江，但要注意到我们江苏。我不是到哪儿说哪儿的人好，人是有地域之分的。说到这儿我就会想到，在明朝，在清朝中期，特别是乾隆、嘉庆、道光那个时代，我们江苏是以出清官而闻名于世的，比如说清乾隆年间的大清官王诗，虽然他儿子是贪官，但他是大清官；比如说日后我们这儿又出现了刘墉，这是响当当的清官；陶澍不但是清官，而且是空前绝后的一个，一个能发现人才的人。陶澍的故事在南京广为流传，有一次，他将船上装满了东西，逆长江而上回老家，结果被一个人告了，报到朝廷说他这十几条官船装的都是黄金和白银,皇帝气得下令截了,结果他的船没到武汉就被截了,但这十几条船上没别的,全是清一色石头,装的都是雨花石。当然我们现在可以说:那多有眼力啊!他不是穷嘛,他把钱全用到灾区去了。陶殊手下的第一人才是林则徐,诸位一听,这是中国近代睁眼看世界的第一人。睁眼看世界的第一人他也得有人栽培啊!这就是一个反思,我们得学会发现人才。

我们今天讲的主角是父子俩,以这父子俩作为例子来解释我们的命题——在历史中审视与反思。在中国历史上,父子都担任宰相官职的被称为父子宰相,老百姓比较习惯于这种称谓,清朝父子连续做宰相的有几个家族,其中有安徽父子宰相张英、张廷玉,也有山东父子刘统勋、刘墉。山东人眉飞色舞,说我们也姓刘,我们是刘家的后代。去年我有一封信,从美国来的,字我一个不认识,他说他是刘墉的后代,准备在山东日照修一个刘氏父子宗祠,对内叫宗祠,对外叫纪念馆,让我当纪念馆的馆长。我哪有时间去山东当馆长?你看这就是我刚才讲的那个话题,你说为什么人家都觉得自己是刘墉的后代,多少多少代都引以为荣?而不说是和珅他们家后代?不过这年头也有例外,这年头不一样,比如有人说西门庆是我们这里的人,连西门庆这样的人也有人抢!所以我感觉到危机。

我们引以为荣的还是历史上我们家祖上是清官。单就有个话题,我们的电视剧里塑造了一些好人,乾隆朝的好人一个是刘统勋父子,另外一个就是纪晓岚。我就不明白了,难道别人就没干过好事?如果我们中间有人怀疑的话,很自然会问到下面这个问题:我们凭什么认可他们?凭什么认可刘统勋?凭什么认可刘墉?这就是我们所要审视和反思的问题:刘统勋——刘墉他爸爸——这个人是什么人?凭什么他在历史中就有这一地位?他解决了什么问题?他做人做得好啊。好在哪呢?皇帝喜欢他,一天都离不开他;他做人做得好啊。好在哪呢?老百姓喜欢他。这样的官儿越多越好。

那这里就出问题了,一个人能做到皇上和老百姓都喜欢,你做一个试试,你做一个中层领导干部,你要让上级一天都离不开你,也要让下级一天都离不开你,这不是凡人能做到的。这就是需要审视和反思的地方。刘统勋到底做了啥能让上下级都喜欢?你如果看到刘统勋的传记,你会说:唉哟!他是这么讨好上级的,又是这么讨好下级的呀!

我们来看看刘统勋到底干什么?刘统勋无非就干了两件事:一个是讨好皇帝,一个是讨好百姓。咱们看看他和皇帝之间究竟发生了什么事。

讲他和皇帝发生了什么事，你必须清楚皇上是怎么继位的。皇上是谁？乾隆皇帝，乾隆皇帝继位那叫一个"惨！"大清国也是悲惨至极了，我没看到过这么丢人的！末代皇帝溥仪，一三岁小孩儿，往那儿一坐，坐那儿哇哇哭，他父亲就说："完了，就完了！"后来不就灭亡了吗？乾隆的爸爸是谁？雍正。他到底是合理继位还是非法篡位？下回请阎老师来，阎老师一定会说雍正是合理继位的；您再请金庸来，金庸老先生一定会说是非法篡位的；您请我来，我说是无诏夺位的。当然我们各说各的理，但有一个问题，他的继位引起了争议，有人不满意。即使他是合理继位的，中间也有很多阴谋，雍正皇帝继位后把他所有的哥哥，除了跟他好的3个，全都弄死了，所以我们说有问题。

有问题怎么办？你们说小布什是篡位的，小布什的选举有问题。他不怕你们议论，你们都不是史学家，你们议论完了就完了，他怕的是史学家，如果历史学家在史书中写上雍正皇帝继位有问题那麻烦就大了。满朝文武大臣里头谁写历史书写得最好，就把他找来："你给我把书改得好好的！"本来每篇都挨着的，本来是皇帝夸十四阿哥好的，从第1篇到第100篇都是夸十四阿哥好的，到第101篇就夸四阿哥是好了，哗啦！就把前面的撕了。后人一看，雍正就是合理继位的。但是被金庸老先生一看："这不对啊！"金庸老先生调过来看："凭什么光有你的记录没有别人的记录？你夸四阿哥好啊，你总得给十四阿哥留一篇啊！"但是现在雍正皇帝要找这么一个人把史书改了，想来想去，这个人一定得有威信，想来想去就找到张廷玉。张廷玉就是涂橡皮的，"拿橡皮涂字"后给皇帝一看，皇帝说好啊，这回我不愁蒙阎老师了，有你我就是合法继位的；我怎么对待你呢？我儿子归你管，你死了以后我愣把你的灵位送到劳动人民文化宫去，那边叫太庙。

这事我说给您听听。转眼之间，话说有一天雍正皇帝夜晚办着公突然之间死了，谁都没注意就死在圆明园了。那一大伙人在那哭啊，哭得最热闹的是雍正的儿子，哭得可伤心了，你就没问他：为啥哭啊？是不是你爸爸死了伤心啊？不是，他死了就死了，可是谁接班啊？文武大臣说："哭啥啊，不就想当皇上嘛，想当皇上容易啊，找我啊！"张廷玉说，上那个屋，那时叫炕，把炕掀起来，底下有一个盒儿，黄布包着的盒儿，把盒儿上的锁打开，那里面有个黄布包着的包，最后是一个圣旨。这一下大家都懵了："唉哟！我跟了先皇那么多年不知道有这么一回事，传位给爱新觉罗·弘历！"因为这是我张廷玉告诉你的，我这有圣旨，得冲我跪，是我张廷玉念的圣旨告诉你你当皇帝的。

但正史上不是这样写的，正史上写的是先皇雍正先下了这道圣旨，然后才死的。

这是1748年张廷玉写的。皇上还生气,你不乐意?我还让你再跪一次呢,我告诉你你先别乐,圣旨是两者合一,先皇告诉我还有一道圣旨呢,那道圣旨在哪儿?在"正大光明"匾后面有个盒子,你得把这个盒子和那个盒子对上才行,坐轿子是来不及了,外面有头驴,弘历你骑驴去了,手上托着圣旨,从圆明园走到紫禁城。还是张廷玉念啊,又得给张廷玉下跪,你见过皇上给大臣下跪吗?张廷玉是什么东西,你让我堂堂皇帝给你跪两回,没办法,我爸爸还有一道圣旨呐,等张廷玉死后把他的灵位放到劳动人民文化宫(太庙)去。

我刚才说这句话不是玩的,整个大清朝的296年历史中,您算算,在太庙里供着的汉族大臣就张廷玉一个人。你进正殿,正殿有一面墙,墙的正面第一张图片是努尔哈赤。墙的背面第一个是努尔哈赤他爸爸,第二个是他爸爸的爸爸,第三个是他爷爷的爸爸。你看东面的墙,上面都是图片,图片下面有一桌子,桌上摆的都是灵位,这些都是他们家族立过功的人。西面墙上摆的都是武将,但无一例外都是皇族。你不能光摆皇帝他爸爸啊,皇帝他叔叔就不摆啦,皇上有叔叔,皇上的爹也有叔叔吧,就得摆两边,这么多人里头摆一个张廷玉算什么啊!皇上一想:气死我了,我爸爸简直给我留了一活爹啊!

雍正皇帝对手下大臣的过度信任已经完全影响到了皇权。封建社会皇帝要解决的关系有几个?两个。一个是皇权和相权的关系。雍正是皇帝,张廷玉是丞相,再说了,这圣旨我还告诉你,这圣旨是张廷玉我写的,那印在兄弟我这呢,我完全可以写别的。这太危险了!这对于一个国家是非常要命的。乾隆皇帝想解决,他首先得把张廷玉弄下去,皇帝往那一坐,这半边都是张廷玉家亲戚,那半边是武将家亲戚,所以话说到这儿你就知道刘墉他爸爸刘统勋的德性。皇上不大高兴,他高兴得了吗?你看朝廷的大臣除了姓张就姓鄂,不就想摆布他吗?你听我的,明天你如此这般,这行吗?死马当活马医,反正你被架空了,咱再架空一次试试罢。

皇上坐这儿,这边坐着张先生,那边坐着鄂先生,开言说:"我昨天上街了,我听着街上的这些个老百姓风言风语,他们说现在的朝廷不是爱新觉罗家的,而是山东张家的,我知道张先生您是好人,断然不会干这种驾空皇上的勾当,但这些江湖小民的嘴厉害,我觉得您是不是避避嫌?我给你出一个主意,咱们3年之内所有姓张的都不能再升官,你们家哪个姓张的死了,朝廷天天死人是正常的,姓张的死了一个我提拔一个其他姓的。"张廷玉想:哟!这要收拾我了,我明天还不来了,我一不来,这朝廷就都请假了。便说:"皇上,明天我有病告假了。拜拜!"张廷玉走了。

张廷玉走了,大家都散了,刘统勋留那儿了。刘统勋想:这怎么办?他走他得请假啊！等着他的信。第二天张廷玉的信来了：臣身体不适请假了。先皇墨渍未干，尸骨未寒，让你张廷玉辅佐弘历，现在这弘历屁股没坐稳，你就有病请假了，你对得起谁啊？满朝文武大臣提拔了，既不姓张又不姓鄂，所以纷纷指责张廷玉的勾当。这一下张廷玉坐不住了，赶紧求皇上，70多岁一老头儿面对一20多岁小孩儿，哭啊！哭完了，皇上心动了，写了一首诗，诗的意思是：我不处理你了，这圣旨也不收回了，你死了以后还是给搁到太庙去。

张廷玉回到家真有病了，他对儿子说："皇上给我写一诗，你赶紧帮我把诗裱了，挂上；第二件事替我写一封信谢皇上，说我有病请两天假，你把信送去。"刘统勋事先就交代好，张廷玉的儿子一上朝把信一递，皇上拍案而起：有你这么当奴才的吗？我给你写诗能来，我写完诗你就不能来了，帮我把我爸爸的两个圣旨全撤了。

张廷玉搬家这天，正是乾隆皇帝的大儿子病死的第七天，这叫一七。过去中国人是很讲究这些的。皇上正给自己的儿子跪着哭呢，张廷玉过来了，说："皇上你慢慢哭着，我走了，拜拜。"皇上想：张廷玉，有你这么办事吗？我可是你的学生，我儿子也是你的学生，我死了儿子，你死了学生，你一点不动心！把他家的家产全抄了，从北京到桐城让他自己走回去。老头从北京走回安徽，桐城离咱们镇江不远，老头又累又气，回家后就病死了。皇上说：把他供到太庙里。对皇权产生致命威胁的人的问题是谁解决的？刘统勋。你说皇上能不喜欢刘统勋吗？这叫秀才不出门，便知天下事，秀才杀人不用刀。这就是刘统勋办的第一件事。

刘统勋办的第二件事要解决什么问题？诸位可以看看现在高中的课本，即高一第一学期第二课，要解决封建社会威胁皇帝统治的问题，即是中央与地方的关系。中央要集权，地方要分权，这问题要解决不了就完了。

作为一个地方官，谁都想收的地税多点儿，国税少点儿，自己多扣点儿，上缴国家的少点儿；给自己的职工发的多点儿，上缴国家的少点儿。大家都这么想，皇上花什么钱去？雍正没解决好这个问题。

现在咱们要换一个领导人，从邻市调到本市一个领导人，那边就调一帮人来，比如说林则徐调任湖广总督，就调一个人，林则徐从南京到武汉，把他在江苏巡抚那帮人全带来了。我不用你们湖南、湖北一个人，那边国家的工资可高了，给"市委书记"10万两白银。整个湖南、湖北就设一个总督，吃喝拉撒都归你管，你决定成立湖南、湖北的两湖办事处，这不是朝廷的事，是你自己的事，是你林则徐的事，所以说这事很要命。

当然,到林则徐那个时代已经好多了,但在刘统勋那个时代,这个问题则非常严重。比如说把咱们镇江市的领导调到江苏省了,咱们镇江市这些人都跟着走了,江苏省就归咱们管了,这不容易产生腐败,产生贪污和行贿、受贿吗?当时刘统勋一看,这不行!以后所有的人当官就一个人去,把你调到哪儿,你就自己去,一个人都不许带,甚至连家属都不许带。这问题成功地解决了中央和地方的关系,这样皇上就越来越看中他了。

当然,皇帝喜欢他还在于他能够发现人才,给皇帝推荐合适的人才,这对于皇帝来讲是非常重要的事。这个时代他推荐了纪晓岚。但是这只是问题的一个方面,你有才,你解决了皇帝需要解决的问题,皇帝当然会高兴。我们在审视这件事的时候,就明白了这样一个道理:你得在上级需要解决某一问题的时候提前就知道,而且能够给你的上级出正确的主意。但关于这个正确的主意你要注意:你做好了没事,你要做不好,就得罪人,你得罪了人就得注意了,你会被别人算计死。你得罪人少还好说,你得罪人多就会被别人算计死。你替皇帝着想,你就不能替大臣着想,如果大臣都说你坏话怎么办?所以,你要注意,苍蝇不叮无缝的蛋。那么,在这个时候你要怎么做才能不完蛋呢?为官清廉,老百姓喜欢。

你刚才走的是极上层的路线,同时你还要走极下层的路线,你还要得到老百姓的支持。怎么走极下层的路线呢?这儿讲一个故事:在历史上黄河一共改口 19 次,平均 3 年两决口,就这么严重。所以,历朝历代都有专门治理黄河水患的机构,叫河漕总督。这个总督就相当于我们现在的黄河水利委员会,这个委员会比省长还厉害。刘统勋就是担任河漕总督。当时他正好赶上治水,刘统勋因为治河有方、清正廉洁,转眼之间声名远扬,人人都说刘统勋好,清朝每年调查一次官员,最后刘统勋的名声都挺好。

话说 1773 年 12 月的一天,刘统勋上朝,皇上特批这个 75 岁老头的轿子可以一直到中华门,刘统勋的轿子到了中华门,刚一停,本来轿夫应该敲门的,轿夫听到一声响,人从轿子上掉下来了,赶紧报皇帝:人死了。3 天后皇上坐着轿子到刘统勋家,刘统勋家门太窄,轿子进不去,刘统勋是一品官,一品官意味着一扇门要比普通家的门要宽,还别说高,皇上到这家来看,这么窄的门,轿子都进不去,这怎么办?我不能下轿子,刘统勋都死了,也不能把人家门楼拆了,两人背对背抬着轿子进去了。见到刘统勋家人,皇上问:"家里办丧事的钱还够用吗?"老太太说:"够用,算了算还有 50 多两银子呢。""够花吗?""没事,将就着。"皇上不信,一搜果然就这么点,地没有,钱 50

多两,当时皇上的泪就下来了,大臣要都像这样,我这大清朝能不振兴吗?

刘统勋这人跟别人不一样,刘统勋的爸爸有 10 个儿子,刘统勋本人也有 10 个儿子,10 个儿子 9 个都没让当官。"我在朝廷得罪那么多人,像你们这种智商就不要给我丢人去了。"只有一个儿子不听话参加科举考试考上了,没办法,当官了。

您知道我说谁了吧?刘墉。刘统勋赶紧告诉儿子:"当官可以,第一我不叫你,你不允许到北京来当官,谁叫都不能来北京,我告你北京不是好玩的,瞧见张廷玉没有?那就是下场,像我这种智商的少。"这儿子还挺听话,一直在外面当官。就他这样的人,天天算计别人,儿子到北京还不让人给算计死!还当什么官?

刘墉最初上哪儿当官呢?上山西太原,担任知府。太原知府是个苦差事,刘墉来太原时正赶上国库粮食全都没了,全被前任挥霍了,国库没粮食哪儿行啊?刘墉一看:哎哟!这怎么办呢?算了,先把我的工资买粮食充实国库吧。但把他的工资都买了也没多少粮食,最后把刘墉急的就跑到山西祁县,他听说祁县有一个姓乔名致庸的人,开了一票号,叫日升昌票号?"我去票号借点钱花花?"借多少?能把手头控制的粮库装满粮食就行了。一个月,国库就满了,乔家花自己的钱把国库填满了。

刘墉跟他父亲不同,他在地方上之所以能做得好,他有他的道,他出身豪门,但并不是走的权贵这条路,没有依赖自己的祖先,他做的都是关系到国计民生的事。他这些事做多了,自然会得到老百姓的喜爱。他担任江宁知府的时候,江宁成为全国有名的大城市之一,仅次于北京,那时广州以对外贸易闻名,国内经济是江宁非常有名气。经济越发达的地儿就越会出现一个问题。中国老百姓就是这样,大家都一样穷,一样富,啥事儿都没有,而经济一发达就不然了。一部分人人穷志不短,另一部分穷人则做起了偷鸡摸狗的勾当,所以社会矛盾日益激化。

刘墉无非就做了两个工作:第一,杀掉一批为富不仁的人;第二,杀掉一批严重偷鸡摸狗的暴民。所以正是因为如此,刘墉在江宁担任知府期间就有人编派他的故事,名叫《刘公案》。《刘公案》是我们历史上一本难得的书,它跟别的书不一样在哪儿?它是刘墉活着的时候编的。你从《刘公案》中能多多少少了解一点当时的风俗人情。后来,刘墉又当了几年湖南巡抚。总而言之,他担任地方官员那几年颇受欢迎。

刘统勋先走上层路线,后走下层路线,刘墉不是,他先走下层路线,后走上层路线。话说 1881 年,刘墉调到北京那一年,当时他多大了呢?62 岁。62 岁的他到了北京一看,他的上级是 31 岁的和珅。就在他不在北京的这些年,乾隆皇帝把和珅弄上来了，和珅担任一品官，兼职的一品官就有40多个。刘墉一到北京就归和珅管，就是和珅的下级。唉！你说这事别扭吧。我们家祖宗打天下这么多年，倒成了他的下级，凭什么呀？他比我有本事吗？

但是，刚到北京家里，炕还没焐热乎呢，转眼之间就出事了。

有一个人叫钱沣，他是江南道监察御使，就是国务院派到长江以南各省巡察公检法的人，就相当于国家安全局的人。他自己走到哪儿喝酒、吃饭，跟人聊天，听人一说，"山东有一巡抚那个利害，贪污了好几十万。""哟！怎么着？有这事？""有啊，我亲眼看见的。"钱沣给皇上写一奏折："我听说你那小舅子在山东贪污好几十万……"遇到这事，你要是敢告皇上的小舅子，查后没有证据你就死定了，但他告皇上小舅子贪污好几十万，查无证据他没罪。因为他是御使，听说你贪污了找就可以弹阂，而且只要是我弹阂了，皇上必须去办，必须给我一个答复。

当然了，你要知道国泰这人跟和珅好那就更好玩了。钱沣的媳妇老想搞一夫一妻制，所以两人老打架。人家和珅的媳妇对他多好，你看和珅一死，他那几个老婆上吊的上吊，跳楼的跳楼，你不能我贪污了好几百万，我被枪毙了，你重新嫁人。和珅给他出一主意："你上外当官去，当泗阳县令去。"当了几年："唉哟！不行。你害我，这地没北京好。"废话，不让你吃点苦头你哪知你老婆好？

担任山东巡抚时，他开始贪污，贪污得非常厉害，整个山东国库全空了。这事儿被几个进士和举人给知道了。进士和举人身份特殊，进士领了国家工资，还没干活，而考上举人就有了为官的资格。什么意思？比如说杨乃武，杨乃武相中了一个叫小白菜的人，你甭管我和小白菜什么关系，你不能审我，我是老爷，你要想打我两巴掌，你小子小心点，我是堂堂朝廷命官，虽然我还没当官，但我是堂堂朝廷候补官员。打了杨乃武你就犯错，你明白吗？5个进士，4个举人，这9个人听说之后联名弹阂山东巡抚钱沣，并联合了整个山东的老百姓搞示威游行。这次暴乱谁挑的头？你是进士，证据呢？有大红榜，烧火撕了。不是了吧？打！这在大清朝没有过的，打死4个进士，5个举人，拿钱来。这件事被钱沣听说了，就到北京去告御状。

皇上一想：我小舅子这人跟和珅特别好，再说了，这人你知道他谁啊？这人是刘墉师傅的儿子。国泰的爸爸，叫文寿，想当年刘墉考试就是文寿给录的，你钱沣利害啊，你想把我小舅子害死，我弄不死你！皇上派和珅去山东审理此案，和珅为正官，刘墉为副官，又派一亲戚跟着，这三个人一个是乾隆的亲戚，一个是和珅，一个是刘墉，这三个人跟国泰的关系要多好有多好。这时候，刘墉刚到北京，两眼一抹黑，谁都不知道。一听这事就火了，师傅的儿子你不能这样啊，有你这当官的吗？我可告你啊。

这国泰跟和珅的关系不一般，你家历来清正，你可想好了你怎么走，这一辈子留一什么名给你的后代。你赶紧调查，我这稳住和珅，让他两天后再动身，钱沣4月4日走了，这边下令让他们动身，刘墉说身体不好再等两天，两天后三人一起走了，和珅明白皇上派我为正官，那就是大事化小，小事化了，处理掉罢了。第一，赶紧派人告诉国泰我来查你的国库了，你自己借钱去。第二，赶紧追钱沣。转眼之间钱沣被追上了，"我说钱大人，皇上的意思看出来了吧？""我这人就实事求是。""那好，咱们走着瞧！"转眼之间一行人来到山东，见到国泰，一行5人，3个命官加钱沣和国泰共五人，到了国库，国泰命令敞开大门，这4人一进去。"我说钱大人，点点啊，够不够，随便拿一个看是真的还是假的，别弄出假银子嘛。"钱沣不敢开，得和珅开，和珅说这是国库银子，看清楚没？还有什么问题吗？没问题。撤！钱大人，这诬告咱就不说你了，这案子结了吧。这时候就听刘墉说："钱大人还不走，丢什么人啊，快走吧。贴上封条，封条上写着除了我们4个之外谁拆封谁死罪。"

因为钱沣话说错了，事儿办错了，这时钱大人傻眼了，吃不下饭，睡不着觉，找到刘墉的住地。刘墉一开门："我说你就是傻，我给你出一主意，你这么做明天案子就翻过来了，你就……"唉，这钱沣马上就出去了。出去后钱沣他马上瞧谁家的楼比较高，这家比较高，一敲门："你们家借国库的银子被政府查封了。"又跑旁家敲去了，第二天钱沣眼睛还红着呢。8点到了，走吧，所有的人堵着大门呢，刘墉说："这事怎么办，赶快处理吧。"几个大人一块到了国库大门，一看都是国泰朝我们借的，转眼之间钱都拿走了。刘大人这还说了："哟！和大人您说怎么办呢？唉哟！我实在是对不住我这师傅，您写，您写，我不写。"和大人给皇上写信，我就没见过你这么笨的，皇上征求刘墉的意见，刘墉说我对不住我师傅，我也没法，我就听了和珅的吧。最后和珅就把自己的左膀右臂弄死了。

刘墉这个人当官跟他爸爸不一样，他爸爸当官讲究的是得罪人，刘墉当官使了点儿智慧。当然，我们都希望刘墉这样的官员越来越多，毕竟在那个时代敢跟和珅斗智斗勇的人还不多，所以大家记住了刘墉。那关于刘墉为什么敢跟和珅斗智斗勇呢？我们以后有机会再说。

[新闻链接]

把历史当单口相声讲

其实单看纪连海的外貌,他完全没有一般人们眼里所谓的"明星相"。和《百家讲坛》里边出现过的一些名家相比,纪连海和他们的一脸严肃、正襟危坐的讲课态度毫不相同。与之相比,纪连海显得更平民化,更幽默风趣,经常自己把自己说急了,标准的性情中人。也就是因为他的口才,才被众多网友们常常评论:"帅呆了。"最令人印象深刻的是他对历史的情感,以及讲课的那种语气———带着浓浓的北京味儿,把故事当成单口相声讲的语气。那些杀伐决断,那些血腥味儿,在他的口中,就成了古城茶僚口中的家长里短儿,真应了近千年前苏东坡所唱的:"古今多少事,都付笑谈中。"

"我当年还真是跟刘宝瑞先生学过讲课!"纪连海一出口,总有些语不惊人死不休的味道。他说,刚刚从大学毕业的时候,被分到昌平一所中学教书。那是所新学校,没有老教师带,怎么当好历史老师就成了纪连海最大的苦恼。一次,他看到殷文硕先生整理的刘宝瑞《官场斗》一书,感受到了语言的魅力,深受启发:"我不是历史专家,专家的优势是更多地对历史的把握,而不是吸引观众。我们都上过大学,当过学生,我当了老师以后也经常看到我们那些学生,经常把历史课称为是副科,经常看到学生上课就睡着了,我就想不明白,你说我也堂堂科班出身,我讲的是真的东西,你怎么不听啊。那个时代人家说书的,唱戏的,说相声的,说评书的人都有大批的观众,而且我也爱听相声,也爱听评书,所以我就借鉴别人的经验。这样我就去充电,比如说我曾经买过一本相声段子,天天都在想,人家这个相声怎么说的,我能不能用相声类语言讲我的历史课。后来我学了计算机,时代在进步,人家在进步,人家学生经常用QQ,经常说一些网络语言,咱们不懂,最后你反而落伍了。更何况,在《百家讲坛》,我们面对的是全国的观众,面临的更是几十个频道的许多节目的竞争。把你所讲的内容传授给你的听众,是一个挑战,这个过程让我非常陶醉。"

拍案戏说大清三大名臣

《百家讲坛》中纪连海揭秘刘墉、纪晓岚、和珅的历史真相。他拍案说史,逐解谜团,随着影视剧的热播,刘墉、纪晓岚、和珅的故事在民间可谓妇孺皆知、耳熟能详。纪连海以翔实的史料和精辟的分析告诉人们:历史其实比电视剧更精彩。三大名臣的纷繁故事、他们之间的微妙关系、蕴含着宫廷政治的多重玄机……一个个谜团悉数解开,他们的真性情和真作为,在剥除传闻讹说的包装后又是怎样的一个面目?纪连海的考证和斟酌,澄清了刘墉、纪晓岚、和珅及乾隆皇帝的诸多往事。

聪明诡谲的刘罗锅、铁齿铜牙的纪晓岚、狡猾贪婪的和珅,都是那个时代的风云人物。他们都是乾隆皇帝的臣子,亲厚疏近,演绎出复杂多变的政治风貌:刘墉根本就不敢得罪和珅?和珅是纪晓岚着力帮衬的顶头上司?刘墉和纪晓岚是师兄弟?乾隆为何格外宠爱和珅,甚至不辨是非?忠臣、勋臣、佞臣、奸臣,这一顶顶帽子合不合体?恃才傲物、委曲求全、趋炎附势、颐指气使,政治江湖中谁才是赢家?不同的出身、不同的气质、不同的道路、不同的结局,三个人的命运扣人心弦;随着纪连海的讲述,数百年前的大戏再次开锣……

抢易中天饭碗,不讲清史改品三国

虽然易中天"品三国"让他大红大紫了一番,但同是《百家讲坛》主讲人的纪连海品起三国也绝不逊色。"三国"的故事早已家喻户晓,但是不同的人讲,味道就大不相同。"易中天版"的"品三国"比较有智慧,而"纪连海版"的三国比易中天的更有趣,对"三国"的品评也有另一番滋味。

说到孙坚的少年成名,纪连海有"新解":因为当时人少,少年当官比较容易。相传孙坚到盐渎县当县丞,凿井浇灌,得名"瓜井",此井现存于盐城中学内,观众正听得入谜,纪连海突然刹住了车:"呵呵,不说了,再说我就成导游了。"

而说到东汉最大的贪官梁冀被抄家,纪连海又把他和和珅比了比,由于当时恒帝把梁冀的财产进行拍卖,得到30多亿银钱,相当于当时国家税收的一半,纪连海边笑边说:"不过,梁冀比起和珅,就是小巫见大巫了。"观众们听得又不由得会心一笑。

说到孙坚的父亲是谁,一直是个迷,纪连海称,孙坚有个卖瓜的父亲名叫孙钟,由于孙钟人很善良,很慷慨,给了一个"神秘人"4个瓜,传说这个"神秘人"是掌管子孙后代命运的人,他因此让孙钟的后代做了4代皇帝。

　　有观众评价,纪连海的"品三国"更"草根",更好玩儿。不过,纪连海却仍然十分谦虚:"虽然很多观众喜欢我讲清史,但我最擅长讲的是中国近现代史!"

◇ 周士渊

　　清华大学教授，中国青年政治学院客座教授，北京卡耐基学校名誉校长，著名演说家、成功学大师、习惯学研究专家，我国广义习惯学说的提出者和开拓者。多年来，他将其独特的经历、传奇的人生、不屈不挠的精神转化为对人生成功的启迪，他潜心研究习惯问题，提出了浅显易懂又发人深省的"知道文化"。

习惯成就未来——走向成功之路

主讲人：周士渊　　时间：2008年8月30日

核心导读

　　会微笑的人不会贫穷,会鼓掌的人不会中风。北京奥运会为什么成功,其中最重要的一条就是抓住了微笑。希望镇江的朋友要用新的眼光来看待镇江,用新的眼光来看待自己。因此我今天演讲的题目就是:习惯成就未来——走向成功之路。我还要加一个副标题:人人都是一座宝藏,人人都是一个富矿。希望通过我的演讲,大家能够看到:自己是一个宝藏。

——周士渊

会微笑的人不会贫穷，会鼓掌的人不会中风。北京奥运会为什么成功，其中最重要的一条是抓住了微笑，北京人的微笑是 2008 年奥运会的最好的名片，它不断地创造奇迹、刷新纪录，让世人重新看待我们中国。我希望镇江的朋友要用新的眼光来看待镇江，用新的眼光来看待自己。今天我演讲的题目就是：习惯成就未来——走向成功之路，我还要加一个副标题：人人都是一座宝藏，人人都是一个富矿。希望通过我的演讲，大家能看到：自己是一个宝藏。

我的大标题下有四个特别重要的发现，在这里，我给大家讲讲我的四个重大发现。

第一重大发现：一个隐藏着的成功秘密

我的第一个重大的发现是什么？我发现了一个隐藏着的成功秘密。我们每个人都希望成功，国家希望成功，我们镇江市也希望成功，但没想到有一个关于成功的秘密隐藏在里头。

说到成功，大家看我。我是 1964 年进清华，1970 年从清华毕业。毕业以后我留在了清华，但是一年后我居然痛苦得下决心要离开这个世界，而且在一个晚上我真的这么做了。我当时浑身鲜血，我碰到沙坑把沙子往嘴里吃，我看到一个瓶子，举起来就往嘴里倒。我竟把 98% 的浓硫酸倒进去了。我不知道自己什么时候进手术室的，后来被抢救过来，但我的精神和肉体化为一片废墟。当时我才 25 岁，在最黄金的时代，我休息了四五年。大家想，清华园人才济济，我在清华败得太惨了！

我觉得我今天谈的东西对你们会有启发甚至有鼓舞。因为一个当初身心和肉体成为废墟的人，37 年后变成这样，为什么大家做不到？刚才我说到我发现一个隐藏着成功的秘密，这是怎么回事？因为我败得很惨，我在寻找，我在探索。

就在寻找和探索的过程中，我碰到一本书叫《世界最伟大的推销员》，那是我在新华书店买的，它一度风靡世界。这本书有一个羊皮卷。前几年在书店里头，到处是羊皮卷，全是从这本书那儿学来的。当我看这本书的时候，突然被一句话吸引住了。这句话说："在第一卷羊皮卷里头隐藏了一个秘密，能够领悟这个秘密的智者，历史上寥寥无几。"我当时很好奇，甚至怀着很大的野心："历史上寥寥无几，万一我把这个秘密搞清楚了我不是成了世界上寥寥无几的人了吗？"最后，我找到了这个秘密。这个秘密是什么？是习惯。

我对习惯的研究已经有十多年了,现在我满脑子全是习惯。反过来说,研究了这么多年,为什么习惯是隐藏的成功的秘密?

我们先从理论上说,就是我们不仅知道了,而且做到了。光知道,做不到,就等于白做。比如我们大家都知道抽烟有害,下决心戒烟的只有50%,真正做到的不到5%。另外,大家再看看我们的历史,发现我们的传统文化是特别强调习惯的。四书五经之首是《论语》,《论语》的第一句就是:"学而时习之,不亦说乎?"学了要习,对不对?经常温习,就会把这种重要的东西变成习惯。大家看看,我们的老祖宗是不是在强调习惯?《三字经》的第一句是:"人之初,性本善,性相近,习相远。"也是在强调习惯。人的秉性中有一部分生出来时就定了,另一部分是后天造成,生下来时大家的差别不大,最大的差别是生下来后。后来的东西好变,因此我们的重心要放在好变的部分。大家看是不是在强调习惯?养成各种好习惯,克服坏习惯,这个我们肯定能做到。这是我的第一个重大发现——习惯。

第二个重大发现:习惯是一盏神灯

我病得那么惨,当我知道习惯对人生那么重要,我要不要在习惯上下工夫?我后来真的就在习惯上下工夫了。我一下工夫,好东西坚持做,做着做着就发生变化了,做着做着奇迹就产生了。我现在把我的第二个重大发现比喻为就好像发现了一盏神灯。

我通过自己的亲身经历给大家展示第二个发现,我刚才说了人人都是一个宝藏,你身上的潜能自己根本想不到的。大家说,我们北京奥运从哪一刻真正点燃?能不能说2001年7月23日晚上?那天晚上发生了什么事情?申奥成功。那天晚上所有的媒体都在欢呼,我当时受到了感染,受到感染后我就想表达,我脑子里这么一闪的是什么?是不是灵感?谁都有灵感,但它的状态是怎么样?一闪而过。因此,我现在要谈到我的主题了——习惯,抓住灵感的习惯。那天回家我就赶快拿笔记,好习惯就是:上洗手间想到,赶快记;在厨房想到,赶快记。没有这个习惯,再好的创意也会跑掉。没想到我平生第一次创作了一首诗,而且是一首长诗,我从来没写过诗。这首诗在《北京青年报》全文发表以后,还参加了北京举办的奥运诗朗诵比赛,获得了全国第二名。在万人晚会上,我朗诵了这首诗,全场掌声,非常热烈。大家想想是不是一个奇迹?各位有没有兴趣感受一下我的这首诗?我的这首诗题目叫《永恒的一刹那——为申奥成功唱歌》(深情朗诵)

这一刹那已成永恒，

它已深深镌刻在每个中国人心上；

这一刹那已成历史，

每一个炎黄子孙都将永远铭记。

这一刹那，使百年梦圆；

这一刹那，使屈辱扫尽；

这一刹那，使激情点燃；

这一刹那，使火山迸发；

这一刹那，使神州沸腾；

这一刹那，使寰宇惊诧！

这是何等动人心魄的一刹那啊——

目不转睛、凝神屏息、心跳怦怦之后，

几乎在同一时、同一刻、同一分、同一秒，

当一个熟悉的词从一串陌生的外文后蹦出时，

刹那间，

无数黑头发、黄皮肤的人从荧屏前骤然腾起。

没有人命令、没有人指挥、没有人组织，

但几乎以完全相同的身姿骤然腾起，

人们激情奔涌、纵情欢呼、相互拥抱、喜泪横流，

任狂喜洒满不眠之夜的每一寸土地。

这一刹那何时有过？

天上人间，中外古今，

谁能说没有？

但无论哪一个一刹那，

都没有像这一个一刹那那样，

那瞬间是如此整齐划一，

那欢呼是如此排山倒海，

那不可抑制的情感是如此感天动地、动地感天！

我们在一个普通的客厅，

朋友已相聚在一起，

几乎不差分秒、不差毫厘，

当那个熟悉的词刚一撞击我们的耳膜，

刹那间，

我们全屋的男女老少也几乎同时骤然腾起。

我似乎感到，

这已成永恒的一刹那，

同时腾起在我家楼上、我家楼下，

同时腾起在整个京城、整个中华，

同时腾起在日月潭、在铜锣湾、在唐人街、在富士山，

也同时腾起在每一个有我们华夏儿女的地方。

世界上有哪一个一刹那

有如此众多的人同时骤然腾起？

世界上有哪一个一刹那

有如此众多的激情汇成山呼海啸？

世界上有哪一个一刹那

有如此众多的热血在一起汹涌澎湃？

世界上有哪一个一刹那

有如此众多颗心在一起狂喜欢跳?!

人常说，三十年河西，三十年河东；

我却要说三百年球西，三百年球东！

谁说落后的一定永远落后？

谁说病弱的一定永远病弱？

谁说八年挫败，我们不能越挫越勇？

谁说百折不回，我们不能后来居上？

谁说卧薪尝胆，我们不能反败为胜？

谁说众志成城，我们不能梦想成真?!

是的，

二十一世纪定将是我们中华重新崛起的世纪，

二十一世纪定将是我们中华辉煌再现的世纪。

"中国是一头沉睡的巨狮,

当它一旦醒来的时刻,

整个地球,

整个世界,

都将为之震颤!"

凭什么为证?

就凭这一刹那

——公元 2001 年 7 月 13 日 22 时 08 分,

当"北——京——"两字从万众瞩目的萨马兰奇口中蹦出时

已成永恒的一刹那!

　　看看周老师朗诵的是不是还可以? 大家想一想这离得开习惯吗? 如果我没有抓住灵感的习惯,能有这首诗吗?

　　顺便告诉大家为什么我的朗诵还可以,这是因为我在很多年前就养成天天念经的习惯。我把这首诗放进了我的念经系统,我天天在念,到现在,念了 7 年多,就算是一个傻子也能念得很溜了。奥运金牌是怎么拿到的? 在我认为是习惯。苏州的陈艳青是怎么成功的? 在我看来她吃苦也成了习惯,她每天举 3 万多斤,坚持成了她的另一种习惯。告诉大家我每天早晨四五点钟起来写作,我每天都要运动,每天都要"冰火浴",每天两身汗,成了习惯,哪天不做我反而难受,在我看来这些东西都是习惯。

　　人人都是一个宝藏,我把它开发出来了。健康很重要。知道又做到的人有多少? 我今年 62 岁,大家看我是不是还可以? 当年我是清华重病号,现在站在大家面前,底气还很足,我还能说出一些使大家很鼓舞的东西。你们猜猜,周老师在 60 多米的游泳池一口气能游多少个来回? 我告诉大家,有一天晚上我游了 51 个来回。因此,大家看习惯的力量大不大?

　　世界卫生组织总结,健康的人有五个方面"快"。这个健康标准是比较准的,我一对照,我基本都符合。第一快是睡眠快。我的确是名副其实,用我爱人的话说,我现在是"枕头一沾就着"。第二快是吃得快。"吃得快"在这里主要是指食欲旺盛、胃口好。因此用天津话说,我现在是"吃嘛嘛香"! 第三是说得快。在这方面应该说我的确是表现很不错的。我演讲从不拿稿,讲半天、讲一天,能一气呵成,还能把大家讲得像被打足了气、充足了电似的。第四快是便得快。我现在差不多一天一次，进了洗手间，三五分钟就结束战斗，而且颜色和形状还都比较规范。第五快是走得快。当年的重病号现在变成了五快都有。

我想顺便送给老同志三个字，年青的朋友也可记一下这三个字，大家看有没有道理。第一个字是"治"，第二个字是"养"，第三个字一般人不注意，就是"护"（保护）。大家知道我们为什么得病，大部分是因为我们不保护，抽烟、喝酒、发火，明知这样做对自己不好还要做。从某种意义上说，刘翔是因为不注意保护身体才不能参加奥运会的。因此，三分治，七分养，十分护，希望大家注意。我建议大家对待病，要围绕着治、养、护，养成一系列的好习惯，变成了习惯配方。

南京有个老头，叫郭彩如，105岁还能劈叉。我们做不到，后来大连的一帮老太太做到了，练练以后就做到了。我后来脑子里就想：他能做到我为什么做不到？我问了一下，得知这个东西对身体有好处，要慢慢来，不能着急。俗话说："筋长一寸，增寿十年。"因此我在沙发上，快速数到八八六十四下，我第一天做了八八六十四下，第二天又做了，成了习惯后不做还难受。大家看看，一个目标又达成了，一个宝藏又给我开发出来了。大家看看习惯是不是一盏神灯啊？可以说要什么有什么！

习惯对事业的成功很重要。我们要活得更好、事业更成功，能力重不重要？如果你要提高思维、创新、记忆、演讲等能力，怎么办？就是要在习惯上下工夫。记忆，大家说重要吗？重要，尤其对学生更重要。我曾在中学里听了一节课，老师说"师傅领进门，修行靠个人"。我想试试看，结果一试，我把在记忆中碰到的难点一分解，每天做一遍，成了习惯后，没想到记忆数字对我来说易如反掌。

我突破了一个记忆难点，我用它来记电话，大家不相信可以考考我。你们五位，先看一下是不是300个电话？好了，我们大家看，五个朋友，一人考我一个，假如周老师得60分，是不是180个电话就可以了？你们问长一点的也没有关系。

第一个号码是……第二个号码是……第三个号码是……是不是有点神奇？李开复，前微软副总裁，现在是Google的副总裁，他有一个学生网站，我现在是李开复学生网的顾问，我老在那写博客，这里头关于

世界卫生组织总结，健康的人有五个方面"快"。
第一快是睡眠快。
第二快是吃得快。
第三是说得快。
第四快是便得快。
第五快是走得快。

第一个字是"治"，
第二个字是"养"，
第三个字是"护"。
三分治，七分养，十分护。

对待病，要围绕着治、养、护，养成一系列的好习惯，变成了习惯配方。

我讲的东西都有,尤其是我关于300个电话究竟是怎么记忆的。听我这么一讲,大家是不是都发现自己是一个宝? 这是我今天的第二个发现:习惯,是一盏无比奇妙的神灯。

第三个重大发现:习惯五动铁律

我的第三个发现我把它叫做"习惯五动铁律"。什么意思? 就是说我在研究为什么习惯的力量这么厉害。人不要光想,还要有行动。但大家注意,如果一个人在习惯上下工夫这个人的行动就强得不得了。这个强表现在哪些方面? 在五个方面,所以我把它叫做"五动"。

第一个动是"启动"。我顺便问大家一下,听了我今天的演讲后准备在习惯上启动的朋友请举手! 看,老同志都要启动了。

第二个动是"百动"。什么叫"百动"? 就我们动一下,一般很难成习惯,要不断地动,不断地重复,只有"学而时习之",才能成习惯。任何东西量变到一定程度才能质变。究竟我们要动多少? 我给大家一个大致的概念,拿出21天进行"百动"训练,前3天最难,到最后不这样动还难受,已经变成自动了。

第三个动是"自动"。今天早晨我就"自动"了一下,我乘出租车到江苏科技大学我两个老同学家里。我一上车,就把安全带一插,师傅说:"你们不需要。"我说:"我已习惯这么做,这样做对我有好处。"在我看来,这已经成了习惯,一个好的东西就"自动化"了,习惯自动化比制度化更有保证,它能使人成为"自动"的人。

第四个动是"永动"。什么叫"永动"? 就是老在那儿动,不管有没有监督老是那样,这就是我们经常说的毅力。今天听周老师演讲的人不要再佩服有毅力的人,因为毅力就是习惯。

第五个动是什么? 大家注意,第五个动是"乐动"。什么叫"乐动"? 因为这样动已经成了习惯了,不动难受,但是"乐动"最重要的概念是什么? 因为你坚持在做,你慢慢就水到渠成了,慢慢目标达成了,你不断超越,不断突破,你看大家乐不乐? 因此,大家注意为什么我们刚才说《论语》第一句就是"学而时习之,不亦说乎?"大家注意,这样人生的良性循环就开始了。大家看看我说的习惯五动有没有道理? 有。成了习惯,肯定"自动",肯定"永动",最后达到目标,你肯定快乐。

第四个重大发现：培养习惯的四步魔法

大家可能会说："你说的是有道理，但习惯的养成太难了。"我养成了太多的习惯，大家看我的变化是不是很大？养成习惯有四步魔法。如果大家按这四步去做的话，要想培养的习惯就跑不掉。

第一步：必要性。当你要养成某一习惯的时候，要先考虑一下有没有必要性。

第二步：可行性。我培养这个习惯，这样做可行吗？培养这个习惯符合我的情况吗？能做到长期坚持就是有可行性。

第三步：策略性。关于这个策略性大家要注意三个字："易"、"少"、"小"。策略是特别重要的事情，我们改革开放为什么那么成功？为什么步子迈得那么大？李瑞环同志说过一句话叫"迈小步，不停步"，步子不大，但我不停，加起来这个步子就大了，这就是一种策略。

第一个字："易"。老子说："天下难事必作于易，天下大事必作于细。"什么是"易"？从容易的开始。先从好习惯开始，坏习惯慢慢一步，等你有这个力量再去克服它，因为你一下子有能力做到了，就有信心了。

第二个字："少"。一开始每个阶段不要太多，伤其十指不如断其一指。

第三个字："小"。什么叫"小"？每个习惯在培养时，开始量上要小一点，要循序渐进，比如让老年人练习"金鸡独立"，大家说这有什么好处？对高血压有好处，女同志冬天脚凉，练这个东西有特效。老同志开始时肯定是"不行"，一下子就倒了。如果你现在能站2秒，每天2秒行不行？到时候是不是会3秒？到时候是不是会4秒？开始门槛低一点，就很容易做到。因此，大家注意，从"小"开始，就什么都能做到，失败在于求大。

第四步操作性。我们想得好好的，我明天要"金鸡独立"了。怎么才能执行下去？我们搞一种叫"一分钟傻瓜日志"的自我管理。大家注意，我们用一分钟就可以了。"一分钟傻瓜日志"可以用三种方法：第一种是记日记，养成习惯，只写两个字。比如"金鸡独立"要开始了，就写"金5"，意思是我从今天开始每天金鸡独立5分钟；第二是尽可能量化；第三是要有检查。记日记每天都要记的，你要检查一下，做到的要打"✓"，没做到的要打"×"。这样就好像有个人在提醒，在检查了，很

世界上最可怕的力量是习惯，世界上最神奇、最伟大的力量也是习惯，大家要看到习惯的价值。

人一能之，己百之；人十能之，己千之。果能此道矣，虽愚必明，虽柔必强。

什么叫作不简单？能够把简单的事情天天做好，就叫不简单；什么叫作容易？大家公认非常容易的事情能够非常认真地做好它，就叫作不容易。

复杂的事情简单做，简单的事情重复做，重复的事情认真做，认真的事情创新做。

八字方针就是：认真第一，聪明第二。

多东西就怕没人提醒,没人检查。

这就是我给大家讲的"习惯成就未来——走向成功之路"。

临别礼物:三句话

我最后送给大家一个小小的礼物,送大家三句话作为临别的礼物。

第一句话:世界上最可怕的力量是习惯,世界上最神奇、最伟大的力量也是习惯,大家要看到习惯的价值。

第二句话是《中庸》上的话:"人一能之,己百之;人十能之,己千之。果能此道矣,虽愚必明,虽柔必强。"我们每个人都希望自己聪明强大,那么怎么才能聪明,才能强大呢?人人处处在习惯上下工夫,每个城市、每个地区乃至整个国家都在习惯上下工夫。这是第二句话。

第三句话是什么?海尔总裁张瑞敏说过一句话:"什么叫作不简单?能够把简单的事情天天做好,就叫不简单;什么叫作不容易?大家公认非常容易的事情能够非常认真地做好它,就叫作不容易。"假如说我们刚才说的"一分钟傻瓜日志",你这样每天一分钟,坚持天天做的话,那么张瑞敏的话就不难理解了。我们现在把它归纳为:复杂的事情简单做,简单的事情重复做,重复的事情认真做,认真的事情创新做。八字方针就是:认真第一,聪明第二。

大家看有道理吗?我们按照这样的思路和方法去做任何事情,都会越做越漂亮。

谢谢大家!

[延伸阅读]

习惯培养的三大要诀

● 培养习惯的第一大要诀——从我做起

在习惯问题上要特别注意"智慧"二字。所谓"智慧",就是要注意方法、注意策略、注意技巧,注意怎么才能最后真正达成目的,而不是相反。

正确的做法应该是什么呢?应该是严于律己,从我做起。为什么呢?

其一,你也许可以不关心别人,但一定要关心自己;你也许可以对别人不负责,但一定要对自己负责。既然习惯对我们的人生如此重要,那我们为何不在自己的习惯上狠下工夫呢？而要在习惯上狠下工夫，自然要"严于律己，从我做起"。

其二，我们国人的传统抱负是"修身、齐家、治国、平天下"，"修身"显然离不开习惯。倘若我们连这一点都做不到，那又何谈"齐家"，何谈"治国"，何谈"平天下"呢？

其三，"身教重于言教"。依我之见，在习惯问题上这一点尤为重要。试想，你一心想克服你爱人、孩子、员工身上的各种坏习惯，一心想养成他们的各种好习惯，可你自己在这个问题上一无所为、一无所成、一无所获，那你用什么去指导他们、影响他们、说服他们呢？你的种种说教又何以使人信服呢？

其四，习惯是一门学问、一门大学问、一门古今中外的道德家、宗教家、哲学家甚至政治家都在探讨的大学问。要从"知道"变为"做到"，唯一的路，就是把"知道"的变为习惯，除此别无他途。如果连自己都没有学习、修炼并深刻体验过，那我们何以对他人去进行卓有成效的指挥、发令和训导呢？

因此，"从我做起"是我在具体介绍"三二一模式"之前要大家注意的第一要诀。说得更具体点，那就是培养习惯必须对自己严，必须从我做起，领导、老板、老师、家长必须从自己做起。因为只有自己有了收获和体验，才能去指导他人。

● **培养习惯的第二要诀——认真第一**

你是否发现，世界上许多聪明人，其人生并不如意。究其原因，很可能因为其仗着自己的聪明，忽视了认真；而许多先天条件并不出众的人，最后反倒比较成功。究其原因，很可能是因为先天不足，迫使他后天更努力。而在种种后天的努力中，态度认真自然是首当其冲的。

回忆我养成的所有习惯，可以说无一例外，都是用这种方法和态度养成的。可惜的是，我们许多人总想凭小聪明一蹴而就、一步登天，简单事不愿"天天做"，容易事不肯"认真做"，结果聪明反被聪明误，与习惯这盏世界上最奇妙、最有价值的神灯失之交臂。

● **培养习惯的第三大要诀——善于聚焦**

这是毛泽东重要的军事战略思想。毛泽东提出的"集中优势兵力打歼灭战"和"与其伤其十指，不如断其一指"不就是指要"善于聚焦"吗？一个人能"善于聚焦"，做任何事都会事半功倍，都会如鱼得水，都会所向披靡，培养习惯当然也不例外。

"善于聚焦"就是注意力必须高度集中。你看一个钉子为何能钉进很坚实的墙体？第一，是不是靠钉子很尖，也就是目标要很集中？第二，是不是靠力量要大，也就是用铁锤使劲往里砸？但可惜的是我们许多人常常像用拳头砸擀面杖，还非要想把这擀面杖砸进墙,那怎么可能? 关于"善于聚焦",我举一个例子,你就能更明白它的价值了。比如我现在站在马路边,眼前的车辆川流不息。此时有人突然问我:"周老师,刚才5分钟内经过你眼前的红色夏利有多少?"我肯定回答不出。但紧接着那人又问我:"周老师,5分钟后请你告诉我,刚才5分钟内经过你眼前的红色夏利是多少?"我肯定能回答! 一个一定不能回答,一个肯定能回答,两者差距如此之大,这究竟是何缘故? 原因很简单,全在于我们的注意力。

由此可见,"注意力"三个字里有大学问、大智慧。我敢说,能集中注意力的学生,学习成绩通常会不错;能集中注意力的成人,事业通常会不错。

因此,把"善于聚焦"用在习惯培养上,当然也大有益处。我们培养习惯千万不要贪多,要先从一个开始。这样你精力集中了、注意力集中了,当然就很容易成功。而一个习惯养成了,你的兴趣也自然来了,信心也自然有了,于是就会兴致越来越高,信心越来越足,成功几率也会越来越高,最后便会形成势如破竹、所向披靡的大好局面。可惜的是,我们许多人不善于利用这种智慧,要么认为培养习惯是件难而又难的事,对其望而生畏、望而却步;要么就恨不能一口吃成胖子,一天就改掉所有的坏习惯,一天就养成所有的好习惯,这当然会适得其反。

以上就是我在正式介绍培养习惯的"三二一模式"前希望你务必注意的三大要诀:一是"从我做起";二是"认真第一";三是"善于聚焦"。

"三二一模式":简明而又高效的培养习惯妙方

我设计的"三二一模式",是一种简明而又高效的习惯培养模式。所谓模式,就是你只要按这个模样做,按这个套路走,你的习惯就很容易养成,因此,这也是我们培养习惯的妙方。"三二一"是指在培养习惯的过程中要注意的三个"性"、二道"关"、一个"数"。三个"性",即要把握习惯培养的三个"性":策略性、可行性、操作性;二道"关",即要闯过习惯培养的二道"关":开头关、信心关;一个"数",即要牢记习惯培养的一个"数":二十一。我相信如果你按此模式去做,那培养习惯真的会变得简捷、明了而又趣味无穷。

● "三二一模式"之"三"

"三二一模式"之"三",是指要把握习惯培养的三个"性":策略性、可行性、操作性。

1. 策略性

策略性是指培养习惯特别要注意策略。不注意策略，就很容易碰钉子，事倍功半；注意了策略，就会节节胜利，事半功倍。

策略性之一：逐个击破。前面讲到的"善于聚焦"就是指这一点，因为这一策略太重要了，因此我专门拿出来予以强调。

策略之二：从容易处着手。这实际是古今中外成功的一条规律。老子早在两千多年前就说："天下难事，必作于易；天下大事，必作于细。"

策略之三：从好习惯开始。实际这是上面的策略在习惯问题上的具体应用。相对于坏习惯，培养好习惯容易得多。坏习惯害己又害人，我们谁都深恶痛绝，恨不能一下子把它们全部铲除干净。但问题是克服坏习惯并不那么容易，因为它不是一朝一夕产生的，而是几年、十几年、几十年逐步形成的，可以说已根深蒂固、盘根错节。如果在培养习惯时一开始就去对付你的坏习惯，那就很容易碰钉子，几个钉子一碰，你很可能会对培养习惯失去信心。那按你所说，难道坏习惯就不要去对付了吗？不是的，我说的是一种策略。等你在好习惯的培养过程中取得了信心和经验，又增强了对自己的控制力和驾驭力，再去对付坏习惯，那就一定容易多了。我们对待别人的习惯也是这样，你应从自己开始，在你自己身上取得成效和经验后，再去改变别人，这样一定会更有成效。

策略之四：好习惯加法，坏习惯减法。这是著名儿童教育专家孙云晓和著名心理学家张梅玲在进行了大量研究后概括的，更是培养习惯的一种重要策略。培养好习惯用加法。比如，从不读书的人培养读书的习惯，可先从你爱看的武打小说或言情小说开始，再一步步进入那些理论性较强的书籍。千万不要一上来就抱一本《资本论》，那就麻烦了。从不运动的人培养运动的习惯也如此，先外出散散步，时间短些；一边散步一边还可带个随身听，让赵本山给你说说小品，让宋祖英给你唱唱歌。千万不要一上来就俯卧撑、引体向上、爬20层高楼，那肯定也会遇到麻烦的。克服坏习惯用减法。比如戒烟，你下决心立刻戒当然可以；但也可以一天一天减着戒，这样成功率也许更大。改变好发脾气的习惯也是这样，你可先给自己规定每次发火不能超过一小时，不要一来就半天、一天，没完没了。待这一小时有成效了、巩固了，再慢慢半小时、一刻钟、甚至更少。如果你真能这样做，真可能把你这坏脾气慢慢给制服了。

我们还可以用将其转化为相应好习惯的办法去克服坏习惯，这也是一种策略。我们一提克服坏习惯，往往很头疼；但说养成好习惯，就轻松多了。因此，你想克服某个坏习惯，就可把它转化为一个或几个相应的习惯，再去对付和解决。以上我们讲的是策略性,实际就是讲智慧。

2. 可行性

可行性主要是指,既然我们决定了要培养这个习惯,那这个习惯怎样培养才可行、才科学、才符合你的实际情况,才能最后真正培养成功。

李开复在全球IT行业中是个举足轻重的人物。他在《读者》杂志2004年第24期上发表了《人生成功三步曲》一文。他在文中说,他的目标是对人类发挥自己最大的影响力,他在寻找自己与这个目标的差距后发现,演讲能力和人际沟通能力是主要差距。那么怎么才能提高这两大能力呢? 任何目标都必须是实际的、可衡量的,不能只是停留在思想上的口号或空话……在演讲能力提高方面,他找到的目标是:(1)要求自己每个月做两次演讲;(2)每次都要同学和朋友去旁听,请他们提供反馈意见;(3)对自己承诺,不排练3次,绝不上台演讲;(4)要求自己每个月去听演讲,并向优秀的演讲者求教。在人际沟通能力提高方面,他找到的目标是:每周与一位有影响力的人吃饭,在吃饭的过程中要这个人再介绍一个有影响力的人给自己。李开复就这样,把那些无法衡量和实施的大目标、中目标细化为一些实际的、可衡量的小目标。

从李开复的真实故事中,我们再次看到了习惯对我们人生的价值。根据这个实例和我的大量实践,我认为在可行性问题上,我们必须注意四大要点。

(1)要点之一——具体化。这个具体化,就是李开复所说的要"实际的",而不是"口号和空话"式的,具体就可以避免流于空谈和空想。

(2)要点之二——数字化。李开复所说的"可衡量",就是指要尽可能数字化。没有数字,你很容易似做非做,不认真,没长性;而一有数字,你一下子就会变得认真起来,行动起来就会精神抖擞,劲头会非常大。

(3)要点之三——门槛不要太高。所谓门槛不要太高,就是指以上的数字化要适当,要量力而行,要适可而止,要让自己做起来不太费劲。我所养成的每个习惯,从量化的角度看,要求并不高。像练劈叉,我每天只练一次,每次从一、二、三、四、五、六、七、八,快速数到八、二、三、四、五、六、七、八,充其量总共只有10~20秒,这样谁都能做到。像练记忆,也是这样,我要求自己每天只对10个数编码,每天只对编好的代码背一次,没想到后来产生了神奇的效果。实际我读书的习惯也是这样养成的。我要求自己门槛不要太高,每天只读10页,这样当然很容易,久而久之这习惯就养成了。而这习惯一旦养成,是终生受益的。每天虽少,但累积起来,就能水到渠成,石破天惊。

门槛不要太高这一点,用在帮助孩子培养习惯上,尤其值得你注意。培养孩子的习惯,门槛不要太高,门槛低一些,孩子自然就很容易做到;很容易做到,总能达成自己的目标,孩子当然就很有成就感;很有成就感,孩子当然就会对此兴趣日浓、信心日增;兴趣日浓、信心日增,孩子自然就更乐于在培养习惯上下工夫……于是一种良性循环就形成了,这对我们孩子的一生将有多么重大的意义啊!而这样的结果,无形中还给孩子的父母创造了许多表扬和鼓励孩子的机会,让孩子能在欢快、愉悦、受赏识、受表扬的环境中长大,这有多好啊!

而相反,如果门槛太高情形就完全变了。如果门槛过高,孩子们就等于天天难以完成任务、天天难以达到目标、天天生活在失败和挫折的阴影之中,这对他们幼小的心灵和宝贵的自信心,将是一种何等的摧残啊!而对父母自己来说,无形中又人为地制造了常常批评、谴责、打击孩子的机会和环境,这对孩子将是一种巨大的痛苦。

(4)要点之四——符合你的实际。符合你的实际,是指培养什么习惯、习惯究竟如何培养、门槛究竟多高才合适,这一切都要因人、因地、因时而异。

在管理学上有这样一句名言:管理有模式,而无定式。所谓有模式,即家有家规、国有国法,我们无论管理别人还是管理自己,都必须有一定的规矩和章法;所谓无定式,即这种规矩和章法决不能变成僵化的教条,而要因人而异、因地而异、因时而异,要不断变化调整、与时俱进、推陈出新。因为只有这样,才科学、才实事求是、才符合你的实际,才能真正对你的人生发挥巨大的推动作用。

就我而言,实际情况就是如此。我从1980年开始练气功以后,每天锻炼的习惯从未间断,可具体内容却发生了几次大的变动。开始十多年,我每天练气功;以后气功加上散步;再以后,散步变为快走;而现在,我又变为游泳为主、快走为辅。

总之,习惯培养一定要符合你的实际,千万别僵化和教条化,如果是这样,那再好的东西也会变味的。

3. 操作性

所谓操作性,就是指我们有了好的构想后,还要一步步脚踏实地去做才行,这就需要有一种天天进行提醒、监督、检查的具体手段和机制。

说到此,使我想到这些年全社会都在特别强调的"执行力"。实际上我们这里碰到的问题也是"执行力"问题。著名的执行力专家姜汝祥博士对执行力有很精辟的论述:"执行的八字方针——认真第一,聪明第二";"执行的关键点是监督和检查"。按此理论,我们培养习惯也应如此,要"认真第一,聪明第二",要对自己不断监督、不断检查。在具体操作方面,我精心为你设计了一张简表:一分钟傻瓜日志。

"一分钟傻瓜日志"就是为了让你用来天天提醒、监督、检查你想要培养的习惯。

这傻瓜日志用起来十分简单，每天只要打打钩、打打叉，时间也许一分钟都用不了，但对培养习惯的意义却十分巨大。因为有了它，你那几乎与生俱来的"执行力"就会一下子被极大地激发起来，调动起来，你就不仅能想到，而且一定能做到。

● "三二一模式"之"二"

"三二一模式"之"二"，是指培养习惯还必须闯过的两道关：信心关和开头关。

1. 第一道关——信心关

我们知道，信心对我们做任何事都至关重要。做起事来没有信心，那很难成功；而如果信心十足，那就等于成功了一半。为了助你闯过这一关，我有一句特别精彩的名言要告诉你，因为有了这句话，你的信心就会像插上了翅膀。这句名言是世界著名教育家曼恩说的，他说："习惯仿佛像一根缆绳，我们每天给它缠上新的一股，要不了多久，它就会变得牢不可破。"这句话说得多精彩、多确切、多形象、多鼓舞人心啊！这可以说是我见过的对于习惯的最妙、最精当的比喻。习惯培养的过程，不就是一次次、一天天不厌其烦地重复吗？这不就如我们去缠一根缆绳吗？只要你天天缠，每天只缠一股，这缆绳怎么能不越来越粗呢？而粗到一定程度，这缆绳怎么能不牢不可破呢？因此明白了这道理、坚信这道理，我们就没有什么好习惯不能养成，没有什么坏习惯不能征服。

2. 第二道关——开头关

俗话说，"万事开头难"，"好的开头，是成功的一半"。在习惯问题上，我觉得这一点尤其突出。任何一种习惯的养成首先要征服这种极顽固的惯性引力。而我们人类仿佛与生俱来的惰性，便是这种种惯性引力中最可怕的一种。因此，不解决这个问题，一切就无从谈起。

如何闯过这道关、突破这道关呢？我有以下两点忠告：

（1）忠告之一——立即行动。立即行动，是我对你要闯过这开头关的忠告之一。在"习惯五动理论"中，我一开始就谈到了这一点——启动。因为在生活中有太多的人是没有这种启动力的。他们可以想、可以说、可以谈，甚至是夸夸其谈，但就是不会动，不会启动。而你不动，不启动，不立即行动，当然一切就无从谈起。因此想好了，策略性、可行性、操作性全齐备了，就必须立即行动，这是你要闯过这开头关的关键之点。

（2）忠告之二——熬过前三天。熬过前三天，这是我助你闯过这开头关的第二个忠告。这是为什么？因为在培养习惯过程中，许多人都是在这前三天内"壮烈牺牲"掉的。这是何缘故呢？因为习惯的改变，从根本上说，是对一个人的改变，因此它必然会遇到强大的阻力。而有阻力，尤其这阻力一大，当然就会让人难以接受，会很不舒服。于是，许多人就会在此面前"壮烈牺牲"掉了——我好好的日子不过，为什么偏要让自己天天这样难受，天天这样不舒服呢？这其实是完全误解了。因为实际情况完全不是如此。我们培养习惯，开始几天你的确会难受，的确会不舒服，但你只要熬过了这前几天，尤其是熬过了前三天，后面就是坦途，就是一马平川，就是无限风光。

经过研究和实践，我发现每一个习惯的培养过程几乎都是如此，前几天差不多都有一个坎儿，都需要你突破。而一旦你突破后，后面的一切就会变得越来越顺。

为何会产生这种情况呢？对此我举一个例子。比如你从没干过体力活，开始干时，你手上一定会起泡；再干下去呢？水泡会变血泡；而再干下去呢？奇迹产生了——这血泡变成了老茧。你可别小看这老茧，这老茧是什么？这老茧就是上帝为了让你适应新环境、新习惯，特地为你"制造"出来的一种东西。实际上在我们人类的肌体里，早已预设了这种奇妙的机制，让你去适应不同的环境。我敢断言，我们人类是能适应任何环境、任何变化、任何习惯的。而这里最难的只不过是两种不同环境的过渡阶段，这个阶段内会有短暂的阵痛。如果我们明白了这个道理，能咬着牙熬过这阵痛，我们的生命中就将会有一个新生的、可爱的、壮硕的婴儿"呱呱"落地，他将陪伴你终生，给你带来无限的欢乐和喜悦。而这阵痛后的新生儿，就是习惯，就是会使你终生受益无穷的新习惯。

● "三二一模式"之"一"

"三二一模式"之"一"，是指培养习惯的"一"个口诀：三七二十一，其中，"三"是指前三天一定要认真，要坚持；"七"是指一个星期有七天，七天后人就会对习惯产生兴趣；"二十一"是指培养一个习惯平均要用 21 天的时间。

(http://www.yanhuai.com)

◇李工真

　　武汉大学德国研究中心主任，中国德国史研究会副会长。1968 年作为知青在湖北省公安县插队落户，1970 年 7 月招工回城后做过 8 年理发师。恢复高考制度后，于 1978 年 10 月考入武汉大学历史学系。1988 年—1990 年留学德国特里尔大学，专攻德国现代化问题，后组建武汉大学德国研究中心。1997 年出版代表作——《德意志道路现代化进程研究》一书，引起社会普遍关注。由于其在德国历史研究方面的突出贡献，他多次获国家及湖北省人文社会科学优秀成果奖，曾任央视大型电视纪录片《大国崛起》的学术指导，并在香港凤凰卫视"纵横中国"栏目任特邀嘉宾。

东西方对比——人口问题与现代化

主讲人：李工真　时间：2008年9月20日

核心导读

  全球 200 多个国家共 60 多亿人口，中国以 13 亿人口雄踞第一位，又以有 1 亿多独生子女成为世界人口发展史上的一个奇迹。我们中国这些人是从哪儿来的呢？为什么人家娘胎里没有出来这么多？中国有人口问题吗？中国现有人口与资源之间的关系对等吗？造成中国人口问题的历史原因与社会原因又是什么呢？李工真教授将为你作一个东西方对比的解读。

诸位,上午好!非常高兴来到镇江,镇江这个地名是早就知道了,但是自己第一次来,感到一切都很新鲜。受到了大家,尤其是镇江市委宣传部的热情接待,我本人非常感动。

我今天讲的主题是人口问题与现代化。我先要声明一点:我这个讲座本来是应该分三次讲完,因为内容非常丰富,主要是通过东西方六个方面的对比,让我们了解中国的人口问题是怎么产生的以及今天我们中国的人口现状;但是因为时间问题,我们要采取一些压缩的方法,把一些内容放到最后半个小时的对话当中去解决。

另外,我想强调一点,我们现在大家都在搞传统文化热,当然,作为中国人对璀璨的传统文化当中的瑰宝,我们是要坚决继承。但是我们在弘扬民族文化的时候,有一个问题要注意,那就是我们应该对传统文化加以鉴别,在这一前提下,才能够谈弘扬传统文化当中的精华,而不是笼统的,不加区别的只要是中国的东西就一概当作好东西,我们要防止这种片面的做法。

下面开始讲我们的人口问题。现在有 60 多亿人口分布在全球 200 多个国家,中华民族以世界第一人口大国而深深感到自豪。我们可以看到,和其他国家相比,我们中国以人口的数量之大遥遥领先。我们来看看人口数量排在世界上前 10 位的国家:我们中国有 13 亿人口,第二位是印度,10.5 亿;第三位是美国,3 亿;第四位是印度尼西亚,2.3 亿;第五位是巴西,1.8 亿;第六位是巴基斯坦,1.5 亿;第七位是俄罗斯,1.4 亿;接下来是亚洲的孟加拉国,1.38 亿。印度、巴基斯坦和孟加拉国的人口加起来相当于中国的人口,这三个国家原来是一个国家。再排下来是非洲的尼日利亚,1.34 亿;最后一个是日本,1.27 亿。

我们在总结经济成就的时候非常喜欢用乘法,但在这里我们要用除法。我们要知道,我们中国远远不是一个经济的强国。为什么这么讲呢? 从 GDP 的总量上来说,我们是一个经济大国,但是放到 13 亿的人口上面一除的话,就发现中国 GDP 只有日本的 1/10。所以我们中国的经济改革任重道远,远远还没有达到成功的那一天。

这是从人口的总量上来说的,如果我们按照人口密度来计算的话,把新加坡、梵蒂冈这样的城市排除在外,我们中国还远远不是世界上人口密度最高的国家,排第一位的是韩国,每平方公里是 498 人;第二名是荷兰,每平方公里 493 人;第三名是日本,每平方公里 338 人;再下来是比利时,每平方公里 337 人;德国是每平方公里 231 人;我们中国每平方公里只有 131 人;当然美国比中国人口要少得多,密度也要小得多,美国每平方公里只有 32 人。

也许有人会提出这样一个问题：为什么我们中国人会感觉到自己的人口密度大？中国的拥挤程度好像远远超过世界上任何一个国家，这是为什么呢？这是因为我们中国虽然有 960 万平方公里的土地，但是我们 13 亿人口中的 10 亿人口集中在东部 1/3 的狭窄地带。也就是说中国有三级阶梯，其中二、三级阶梯以世界的平均标准来看是不适合人类居住的。这次汶川发生大地震后，外国人很惊讶，这个山坡这样的角度怎么能够住人呢？他们无法想象。为什么会说中国有人口问题呢？实际上关键问题是人口和资源配置的比例关系，这才是真正的问题。

按照这个标准来看中国的资源，我们可以感受到我们中国人是多么不容易！我们中国的土地面积有 144 亿亩，在世界上排第三位，前面是俄罗斯和加拿大。但是我们人均占地面积只是世界平均值是 1/3。我们说 144 亿亩土地还不是真正的耕地，如果按照真正能够耕种的领地来算的话更低。现在算起来平均一个人只有 3 分地，一亩地还不到。所以，我们中国人多么了不起，在贫瘠的土地上养着 13 亿的人口。

我们再来看，我们中国的一级耕地在所有的耕地当中只占 40%，剩下的是中、下等耕地，占 60%。

然后我们来看看我们中国的资源，情况也是很不妙的。中国虽然是一个矿产丰富的国家，但是我们国家的人均矿藏占有量只占世界平均水平的 48%，45 种主要的矿产资源我们国家只拥有不到一半。而且这些资源的人均占有量极大地制约着中国的发展。中国的石油人均占有量仅占世界人均占有量的 11%；天然气占 15%；我们中国最不缺煤，但是即使是煤也没有达到世界平均水平，只占 79%；接下来是铁矿，中国的铁矿还算是丰富的，但是也只占世界人均水平的 42%；再下来是铜，铜的人均占有量占世界平均水平的 48%；还有一项非常重要的矿产资源，就是铝，中国的铝只占世界平均水平的 7.3%，这是我们的矿产资源情况。

我们再来看看水，中国是一个严重缺水的国家，我们中国有 600 多座城市，其中 400 多座城市存在缺水问题，有 100 多座城市严重缺水。我们中国每年缺水 43 亿立方米。

我国的森林和木材拥有量占世界第 6 位，但是人均拥有量仅占世界平均水平的 1/6～1/8。我有一个朋友到俄罗斯去，他回来后跟我说俄罗斯空气如何如何好、树如何如何多，多到什么程度呢？如果给俄罗斯的每个人发一把电锯，限定每人每天用 8 个小时来锯树，那么，他们要把树全部锯完需要 500 年。相比之下，我们国家有多么大的差距！

邓小平是一位有清醒头脑的领导人，他曾经说过这样的话："我们的党，我们的政府干任何事情都必须考虑到我们中国有十几亿人口的事实，如果忘记这一点的话，我们就会犯极大的错误。"他还曾经说过："如果中国的人口少几亿的话，我们中国人的日子会好过得多。"我讲这些数据都是为了说明中国人口问题的严重程度。

中国之所以有人口问题，是由于现有的人口和现有的资源之间存在不对等的关系。有这样的开场白之后，势必就会有一个问题出现在我们的脑海中：我们中国这么多人口是从哪儿来的呢？这个问题非常容易回答，当然是从娘胎里出来的。这样的回答之后，又有一个问题：为什么人家的娘胎里面没有出这么多，而我们出这么多呢？要回答这个问题就不是那么简单了。

传统中西方婚姻制度比较

这里，我们就有一个对比，即婚姻制度的对比。我们现在讲的婚姻制度的对比是什么呢？就是传统农业时代的中国婚姻制度和当时西方的婚姻制度之间的对比。

我们首先来看西方，西方问题和中国问题是不一样的。西方问题是基督教的问题，基督教的问题就意味着在传统农业时代里，一切社会问题都是根据《圣经》来解释的。根据《圣经》的说法，欲望是邪恶的。作为神职人员的神父是不结婚的，是不能结婚的。但是基督教里面又考虑到一般的老百姓可能做不到，欲望固然邪恶，但是欲望也很难抑制，所以，应该允许人们结婚。这个结婚的理论从何而来呢？是根据《圣经》里面的一句话：女人是男人后背上右侧的第六根肋骨，上帝造人的时候用那根肋骨造了女人，上帝要他们两个人合拢才完满。所以我们说恋爱是要谈的。西方人为什么要谈恋爱？"谈恋爱"一词不是源于中国，"谈恋爱"是西方的概念，之所以要谈恋爱，就是因为我不知道你是不是我的那根肋骨，还没有安上去的时候就已经感觉到你就是我的那一部分了，这就是谈恋爱的感觉。所以，西方的婚姻必须以爱为基础。我们首先要清醒一点，自由恋爱这个概念，不是中国货，是从西方来的。

基督教文化里面有一条，允许人们结婚，但是一个人只能有一个老婆，一个王只能有一个后，既然你是他的第六根肋骨，如果有一个人死掉的话，另外一个人是要终身守候的，因为其他的人不是那根肋骨。所以西方的文化当中不允许离婚，不允许再娶，死了一个另外一个必须要守到头。

另外一个方面，西方的文化又不是任何人都可以结婚的。结婚是一件神圣的事，结婚代表什么呢？代表了你对上帝的忠诚，结婚不是一件容易的事情，所以就需要考核。而作为男子汉，你要娶一个人做老婆的话，必须要到教会提出申请，教会要对你的财产进行审查,看看你有没有可能养得活这个女人。这是第一要素。第二,还要在教堂门口贴上告示。西方是有礼拜天的,我们的星期日又称为礼拜天,这就是从西方来的。如果没有鸦片战争将西方文化传播过来,中国人是没有礼拜天的。礼拜天教徒是要做祷告、听教义宣讲和做忏悔的,所以教堂门口是公共场所,每个礼拜天每个人都要从那儿过一下,看到谁要结婚了,大家就开始评头论足,如果发现男女双方有任何一方有品行上的问题,那么这个婚是不能结的,婚礼是能被任何的意外打破的。我们看到西方的电影里面经常有这样的情景,两个人正要举行婚礼,突然来一个人说因为某个理由不能结婚,这个婚礼就不能继续了。所以,基督教徒结婚既要进行财产调查,又要进行品行证明。此外,婚礼必须要在教堂进行,新人要在上帝和男女双方亲人面前发誓,目的是要增加婚姻的透明度和肯定性,这一点跟中国人大不一样。

> 基督教徒结婚既要进行财产调查,又要进行品行证明。此外,婚礼必须要在教堂进行,新人要在上帝和男女双方亲人面前发誓,目的是要增加婚姻的透明度和肯定性。

　　中国人的婚姻中有意地制造婚姻的模糊性。新娘要盖上盖头,你没有挑开之前不知道老婆是谁?长得啥样?这一点和西方的文化相比差异很大。我们就很清楚,自由恋爱、一夫一妻全都不是中国货,所以我们现在中国有一些人养小老婆、金屋藏娇,这些东西都是文化的反复现象,这些恰恰是我们中国的传统文化,我们要对此进行鉴别。中国传统文化当中有很强的惯性,这恰恰是我们需要从文化当中加以认识的。

> 中国人的婚姻中有意地制造婚姻的模糊性。

　　在中国的传统文化当中,从来没有爱情的地位,爱情不发生在家庭里面。这是很有意思的一个现象。为什么呢?我们在《红楼梦》里面就可以看得到,贾宝玉、林黛玉两个人非常相爱,但是不能成亲,因为婚姻都是父母之命、媒妁之言,这些和当事人是毫无关系的。在中国的文化当中,第一任夫人是元配夫人,是真正的夫人,小老婆不叫妻,要叫妾。

> 在中国的传统文化当中,从来没有爱情的地位,爱情不发生在家庭里面。

　　中西方婚姻的对比是一夫一妻与一妻多妾的对比。在传统中国,一个人只要有财产能力,他有了第一任夫人之后,还可以纳很多小老婆,没有人管。而且我们可以看到这样的结局,是什么呢?家庭里面很难找到幸福。皇帝就是一个典型。我们中国人现在看皇帝戏也看得很多了,三宫六院七十二妃;你到历史书里去一查,达官显贵,妻妾成群;就连一般的读书人也都是三妻四妾。当然还有一些嫖娼的,李白、苏东坡等都有嫖娼的历史,因为青楼是唯一可能真正发生爱情的地方。

> 中西方婚姻的对比是一夫一妻与一妻多妾的对比。

我们要知道以前的青楼是怎么回事。那时候的青楼女子知识水平都很高，她们大多是一些官宦人家的女儿，后来因家道中落，被卖进青楼。这些青楼里的女子都是琴棋书画，无所不知。所以，这伙风流才子和这些女子碰到以后，就会触发灵感，有诗词出来。

那时候的青楼扮演着中国文化中的一个很重要的角色，就是传承。一个诗人，你的一首诗词能够被一个妓女弹唱，那基本上就可以流芳百世了。比如"念奴娇"等词牌都能流芳百世。我做一个不太恰当的比喻，那时候的青楼相当于今天的中央电视台，以至于皇帝都要打听，皇帝觉得与之相比，三宫六院索然无味，只有这个地方（青楼）才有味道。

当然，鸦片战争以后的情况又大不一样了。鸦片战争以后，农村里面的女孩子进城，别的事干不了，最后就落入窑子里面，她们是层次很低的人。而往往是一些文人或者做官的人在青楼里面看到了某个女子，他很喜欢，最后为她赎身，带到家里就成了小妾，就是这么一个局面。所以我们要知道，这样一来，一个家里面就有大老婆、二老婆，三个女人一台戏，女人一多这个家庭就麻烦了。所以我们看到，这个情况下，大老婆的职责是什么？大老婆这个时候追求的是品位，小老婆追求的是职位。大老婆和小老婆一个是追求品位，一个是追求职位。

林语堂写了一本书叫《中国人》，书中他特别谈到这个问题。他说，有人说中国的女人可怜，在他看来中国的男人可怜，而最可怜的就是那些腰缠万贯又讨了一群大、小老婆的人，他从一个老婆的房间被打进了另外一个老婆的房间，到最后，很多个老婆来争遗产分配。曾经有一个人，他家里的老婆有怨气，他就请了戏班子来演戏，但是他这是引狼入室，因为戏班子里有男人，这就发生了私奔等现象。大家觉得看这种假声假气的唱法，比女人唱女人，男人唱男人更有趣儿，越剧就是这么来的，后来又影响了京剧，出现了像梅兰芳这样的名角，所以说，中国文化是倒错的。

我们看到，这么多女人在家里就会引起麻烦。一个问题就是人太多，一个男人要把这么多老婆摆平不是一件容易的事，你摆得平她们就叫"齐家"。"齐家"是一个很大的学问，你能够处理大、小老婆之间的矛盾，就说明你有基层工作的经验，你什么问题和矛盾都能够解决，下一步才能治国。这就是孔老夫子将"修身"、"齐家"、"治国"放在一起谈的原因。另外，这样的家庭很可怕，生起孩子来太快。康熙皇帝一生共生了五六十个儿女，袁世凯死的时候有 30 多个儿女，你们可以想象这是怎么回事。所以在这一点上东方与西方完全不一样。

一妻多妾制度在中国持续了几千年。即使到了 1912 年，中华民国法定一夫一妻,但是没有人真正执行过,仅是袁世凯就有 13 个姨太太,你大总统还讨了这么多老婆,所以当事人完全不受中华民国法律的约束。

我们还要看到,中国人是可以任意休妻的,这也是中国的传统。休妻最正当的理由就是不能生儿子。如果一个女人不能给男方家里生儿子,那就是罪过,她自己都无地自容。这个观念可能现在中国人都还有。所以说文化的惯性是很大的。

你不要看中国人结婚的时候在那儿高喊永结同心、百年好合,其实,心里想着的,两边的老人想着的都是传宗接代,这才是根本。所以,中国人的观念是多子才能多福,不孝有三,无后为大。这一点和西方人不一样,西方文化当中,人死了是可以升天堂的,而中国人是没有真正的宗教情结的,唯一能够证明我存在的就是我的后代能够传下去,这种思想是非常顽固的。

中国人可以续弦,老婆死了还可以再娶一个,女人并不是不可以再嫁,也可以再嫁。当然我们要说,在中国传统社会里面,一个女人再嫁是要承受很大的心理压力的,但是并不是不可以的。正因为如此,一个女子年纪轻轻死掉丈夫,从十八九岁开始能够守到头儿,这样的人太难得了。正因为难得,所以皇帝要给这样的女子立贞节牌坊。

另外我们还要讲一点,你家里实在太穷了怎么办? 这也有招儿,而且这种招数是西方传统里面没有的,中国是这样做的。这招儿到现在还在中国的大地上存在,这就是走妻制。讨不起老婆怎么办呢? 几兄弟一起租个妻子来,生过孩子之后再还。通过这种婚姻制度对比,我们就可以知道,中国人比西方人更能够有效地利用生殖能力,所以中国人比西方人生得快、生得多。这是第一个对比。当然我们说了婚姻只是解决了孩子的生下来的问题,生下来之后还有活得长和活得短的问题。

中西方古代传统医疗技术比较

接下来的问题就是中西方古代传统医疗技术的对比。在这个对比上,中国人完全是占优势的。

我们先要了解,中国的文化是研究人的,两千多年来我们的祖先把自己的聪明才智基本上都花在了对人的揣摩上。孔孟之道是仁学,什么是仁? 两个人以上的关系当中就会出现仁还是不仁的问题。所以仁学,即孔孟之道,说穿了就是人和人之间的关系问题。中国人是讲实用主义的,说穿了,就是用人来治人、管人甚至是整人。中国文化是深入到我们的血液骨髓里的,想消失都消失不了。

在对人的揣摩问题上,中国文化绝对博大精深,世界上没有任何一种文化可以和中国文化相对抗。我举一个很简单的例子，你就会知道什么叫中国的传统文化。我首先要说清楚，这种文化是不好的。这个传统是有问题的。你的孩子高考差一分，你的孩子初中考高中差一分，你的第一反应会是什么？你马上就会反应到，谁认识这个学校的校长？如果有人认识，就马上去求。中国是世界上最大的人口超级大国，也是世界上最大的人情超级大国。在中国是要讲情的，合情、合理、合法，情在最先，法在最后。这就是中国文化。

我有这样一个归纳：当机会和资源发生短缺的时候，传统文化就一定会大放光芒。我们今天之所以会那么大张旗鼓地宣传传统文化，是因为社会矛盾太尖锐了。因为传统文化的核心是和谐嘛。现在你看看电视上，都是古装戏，从秦始皇开始一直演到末代皇帝，把所有的皇帝翻了个遍。这很不正常，你弄不清楚主旋律是什么，不知道这是干吗，所以我们不能不加鉴别地全盘接受，那是要出问题的。我们不要忘记了，1840 年鸦片战争是怎么来的。那个时候中国人满脑袋都是传统文化，有什么用？在这个地球上都快活不下去了。

我不相信传统文化能够救中国。我只相信，中华民族能够把这个传统文化当中的好东西保留下来，把西方其他文明当中的好东西学过来，这样才能够创造出一种新的文化，这样才能够真正救国，而绝不是盲目地排外，对外国的东西一概加以拒绝，我认为那不是一种科学的思想，我反对这样做。也许现在敢说这种话的人越来越少了，为什么呢？因为鼓吹传统文化，管他好的坏的，至少还能混个爱国主义，我爱国嘛，爱国是没有罪的。对传统文化我们是要鉴别的，传统文化有很多东西对我们个人的道德修养是有积极作用的；但是在社会关系和国家政权的关系方面，传统文化当中又有很多糟粕，比如君君臣臣，父父子子。中国历代就是这样，一个封建王朝快垮台的时候，造反的人一定会打出"打倒孔家店"的口号，但是他当了皇帝以后，又会继续提倡这个"孔家店"了。

当然我们中国文化当中也有好东西，比如中国的餐饮就是好东西。中国的饭菜很有名，你到欧洲、到北美，你到全世界任何一个城市，只要有中国人的地方，就一定有中国餐馆。如果不是好东西，肯定不会传得这么快。中国的餐饮是好东西，色、香、味俱全。外国人一尝到中国的餐饮后，就喜欢上了，只要一吃上中国菜，就会被套住了。所以说中国的餐饮是好东西。

中国的书法是好东西。书法家写东西的时候，你一看，力透纸背，你就知道这个人寿命长得很；如果笔锋歪歪倒倒，这个人不行了，过不了几年就快死了。

中国的武术也是好东西。强身健体有什么不好？西方奥林匹克的那套东西基本上都是短命的,那种竞赛型的东西,对个人的身体健康来说实际上是有问题的。因为那是一种体力的透支,但是我们中国的武术功夫这套东西完全不同,这是好东西。

下面我们就要谈到中国的另一个好东西——中医。中医的思想来源于中庸之道,中庸之道里面有很多好东西。中庸之道是什么意思呢?中庸之道就是不偏激,不要走极端。这个思想很好,中医就是借鉴的这个东西,集成了这个思想。我们说一个健康的人是心平气和的,一个人有病了,在中医里面就说这个人没有做到心平气和,一个人不心平气和就会有病,所以说很多人是被活活气死的。职称没有评上去,恋爱失败,他就很着急,他就急病了,病是精神之病,外来造成的打击叫创伤,疾病伤则是不同的概念。中医就是要修复一个人失衡的系统。

中医有着系统化的思想,这个思想是很可贵的。我们的祖先天才地猜测到人应该是一个系统。这个思想西医没有。中医不是头疼医头,脚疼医脚。中医的按摩、刮痧、针灸,都是为了修复一个人失衡的系统。明朝李时珍的《本草纲目》总结了中国几千年的医药学的实践,在当时是世界上最了不起的医学巨著,这是我们必须要肯定的,就连西方人也都认可,中医是中国人的第五大发明。西方也有人提出来,活字印刷不能算中国人的发明,在毕昇发明活字印刷术的时候,世界上已有另外一个系统可以做出活字印刷,而且人家那个活字印刷,因为语言特点上的原因,并不比中国的差,他们只有26个字母就够了,而汉字是要每个字都要雕。今天我们中医里的阴阳五行、金木水火土不科学,我完全同意这个观点,是不科学。但是我们中国人在中医这个问题上从来都不是从科学观念出发,而是从伦理和实用的观点出发来谈问题。关键问题是现在中医确实能治好很多的病,至于为什么能够治病,直到现在我们都不一定完全清楚,这是要留给我们的子孙后代去继续研究的问题。关键的问题在于中医确实能治好人的病。

当然我们也承认,中医有很多病治不好,有的人说,那是因为人在发展、社会在发展,病也在发展,很多的病都不是我们中国大地上原有的病,都是从西方传过来的,什么梅毒、SARS、禽流感,这些都是中国本来没有的病。所以社会的发展也会制造出很多新的毛病。所以19世纪后半期中医被西医压倒,但是在那之前中医是世界上最高明的医学。

不管怎样讲,由于我们中医确实有用,确实能够治好很多的毛病,所以我们中国人在正常的和平年代里面比西方人长寿得多。我们大家都知道一句古话:三十而立,四十不惑……这是描述在和平年代里一个人的正常的人生轨迹,当然还有人活到七十古来稀,这就是讲中国人的平均寿命是五六十岁这么长。我们说在这个里面中医有极大的功劳。而在19世纪以前,西方人是很短命的,平均寿命也就是三四十岁,而我们中国人已经达到了五六十岁,这不能说不是中医的功劳。

我们再来看看西医。西方文化是研究上帝的。西方人每天都在揣摩上帝的精神:我死后上帝是会让我上天堂还是下地狱呢?对此,西方人是有恐惧感的,所以一天到晚在揣摩上帝的心思。在基督教的理论当中一个人得了病是什么意思呢?是你违背了上帝的意志,所以上帝要惩罚你,你生病是上帝惩罚你的信号。当然,最严重的惩罚就是死。不该死的时候让你死,这是西方人最害怕的一件事情。所以,我们要惩罚你这个遭天谴的人,惩罚的方式千奇百怪,这个惩罚的方式叫治病。你发烧了,他把你放到狗尿里面,你头疼了,他会用火烧,他们说这是驱魔,的确,在这个过程当中会把一些病菌杀死,他们认为这是个好办法,所以一旦头疼就去烧。最高级的医疗方法是放血,把你的手脚捆在床头,把静脉划开,这个也是有作用的。比如你高血压,给你放血,就减压了。美国独立战争的领导人——乔治·华盛顿是怎么死的?1799年只差一年就进入19世纪了,这个曾经做过美国开国总统的人,得了一次小小的感冒,被3个医生冲上来绑在床头,把静脉划开来,血流而亡。别笑!一般人还享受不到这样的待遇呢。所以可以想象当时的西医是多么的落后。

但是经过启蒙运动以后,欧洲人开始清醒过来,欧洲人醒悟了,发现上帝看不见摸不着,上帝的心思是怎么猜也猜不透的,那怎么办?换一个方法,我们研究造物主创造的这个世界。因为这个物品是上帝缔造的,这个世界,包括了人和自然界,他们认为这个东西是上帝创造的。我们就研究这些东西,研究上帝为什么把人造成这样呢?这样一来,西方人就实现了一个飞跃,由对神的研究转向对科学的研究,由神学转向科学。

欧洲人搞科学研究是带有一种对终极真理追求的热情。这个情况和我们中国人是不一样的。我们中国人是没有宗教意识的,中国人连拜菩萨都是假的,"平时不烧香,临时抱佛脚"。之所以烧香,是为了贿赂神仙,我买香花不了多少钱,但是万一灵了呢?他拜的时候,他会许一个愿,这个愿肯定是一个实实在在的事情。这不是宗教信仰。我前两年到杭州去就深受教育。我到杭州开会,然后到灵隐寺去看看,灵隐寺的庙有三层:第一层是观音菩萨庙,一批年轻女孩子在这儿跪,旁边一个老人说,她们是在求子;又上一个坡,到了要务恒庙(音),一排中年妇女在拜,旁边有人说,她是在求健康,拜别得病;第三层是藏经阁,我上去一看,什么人也没有。中国人拜菩萨都是假的,背后一定有一个实实在在的目的,一旦不灵,一定转头就骂。中国人没有宗教情结,中国人干什么事情都是实用主义,所以说,中国人天生就是唯物主义者,这就是马克思主义为什么那么容易在中国传播的原因。

西方医学是西方各学科当中进步最慢的,是后来发展起来的。为什么这么说呢? 欧洲人从文艺复兴时代以后才开始探讨人的骨骼、血管这些东西。但是他们就是看到了病,也没有办法消除它,所以这就是西方人为什么会想到去割血管的原因。如果完全一无所知的话,也不会来这一招儿。达·芬奇等大家已经开始研究骨骼、血管之类,但是他们还不知道如何去治疗疾病,直到19世纪后半叶发生了化学革命之后才有办法治。科学方法是把数学方法应用到物理学,然后把物理方法应用到化学,再把化学应用到生物学,所以到19世纪后半叶,欧洲化学工业出来以后,西医才真正超过了中医。

在传统时代,中医比当时的西医高明得多。当时的西医说穿了就是巫术。所以有人说,那个时候的西方人,一半是被吓死的,而且是被医生吓死的;还有一半是被医生活活整死的,这个现象甚至到现在都没有完全结束。我举一个简单的例子。我们单位每一年都要给知识分子检查身体,本来还谈笑风生的,结果一个老师检查后出来,医生说他是癌症晚期这个人回去后,很快就去世了。我就想,如果当时医生没有告诉他这个病,他说不定现在还活着,他整个是被吓死的。

人确实是一个系统,人的精神和人的肉体确实是一个完整的系统,所以我觉得中医的思想非常高明。你看,你生了病以后找中医,中医一定不会吓唬你,即使他知道你有大病,但是他讲出来的话一定是很善的,是把很严重的问题给软化了的,对当事人来说,他一定是很仁爱的。所以我们说那个时代中国的医术比西方要高明得多。

中国人生得快而且生得多,又有那么好的医疗,最后就活得长,这样一来,中国怎么能不成为世界的人口超级大国呢?

西方医学是西方各学科当中进步最慢的,是后来发展起来的。

欧洲人从文艺复兴时代以后才开始探讨人的骨骼、血管这些东西。但是他们就是看到了病,也没有办法消除它。

直到19世纪后半叶,欧洲化学工业出来以后,西医才真正超过了中医。

在传统时代,中医比当时的西医高明得多。当时的西医说穿了就是巫术。所以有人说,那个时候的西方人,一半是被吓死的,而且是被医生吓死的;还有一半是被医生活活整死的,这个现象甚至到现在都没有完全结束。

东西方人口锐减方式比较

我们前面说的这些事例都是在正常的和平年代里的情形。但是历史有稳定的发展阶段，又有动荡的危急时刻。所以我们有了第三个对比，那就是东西方人口锐减方式的比较。

在传统的封建农业时代，最重要的财富是什么呢？最重要的财富是土地。中国人有一句话叫"富不过三代"，一个祖父很有钱，但是保证留不住三代。这是什么原因？这和土地权的流失和财产的流失紧密相关。这种财产的流失又和一妻多妾制紧密相关。新王朝的统治阶层中那些开国的功臣们，凭借功劳拥有大量良田，有钱之后就可以讨一两房老婆，然后生儿育女，大家知道中国人年纪大了之后是要分家的。这么大的家，分一下就没了。到下一代又生一群出来，这些人又要分家，这样两下子一来，实际上分到每个人就没有多少了。在我们镇江，清朝有一个很有名的戴震，他的堂兄弟在全世界有 200 多个，有一个就在我身旁，就住在我家附近。中山靖王刘胜是刘备的祖先，他一共生了 120 多个儿子，几代人下来，这些孩子就穷了，流落民间。为什么呢？他们惯于花天酒地，又不善于赚钱，这样的纨绔子弟很快就会败落，最后可能会流落到民间成为老百姓。刘备说起来是刘皇叔，实际上在街头就是编草鞋的，完全是贫民老百姓。所以说，富不过三代和一妻多妾制是有关系的。

当然还有那些精明的官僚，他们利用权势，无止境地敲诈老百姓，迅速地导致社会的两极分化，最后终于就导致富者非常富，贫者没有饭吃。这个局面一出来，我们就可以看到，民间的秀才和无依无靠的老百姓结合在一起的时候，中国就一定有一场革命的风暴，这就是农民战争。可以这样讲，农民战争搞起来以后，就有两种结果：一种结果就是直接导致改朝换代，比如刘邦、朱元璋等，他们由平头百姓造反成功做了皇帝，一个新王朝就建立起来了；还有一种情况就是官兵来镇压，镇压不下去的时候就会形成巨大的内讧，你吃不掉我，我也吃不掉你的时候，就给长城以外的胡族入主中原提供了机会。长城是干什么的？就是挡少数民族的，挡北方的游牧民族的，当时的秦王朝筑长城主要就是这个目的。而且长城早在战国时期就有了，秦始皇只不过是把这些长城连接起来。我们可以看到中华民族厉害就厉害在这里，即使是少数民族进来了以后，也被中国的大汉文化所消化掉。大汉文化是你来一个我消化一个。元朝进来后完了，清朝进来后也完了，进来之后他们本族的语言丢掉了，汉语用得很好。

有一次我跟专家在一起讨论问题，谈到中国的"和"，这个"和"太有腐蚀作用了，而且腐蚀力很强。我认识一个德国公司的老板，他在北京搞合资，很多年以前在北京遇到他的时候,他刚来中国,认为中国的一切都不好。他说,和中国人搞投资,很简单的两杯葡萄酒就能够解决的问题在这里却很麻烦。我们西方人合作,答应以后,双方的领导人一人一杯葡萄酒,一碰就完了。中国人不行,当天要搞一百桌酒席,然后又搞很多人来表演。外国人就认为,这还没有开张呢,就这么铺张,肯定搞不好。过了多少年,又碰到他,他很不高兴,说总部要调他回去了。我问:"怎么了?"他说:"这里太舒服了!"整天就是吃吃喝喝、快快活活,吃完了,卡拉 OK 喊半天,然后桑拿房一进,很舒服啊!以至于乐不思蜀。这个时候他觉得西方那些制度、那些东西远远不如中国这么人性化。我感觉这个人已经被中国文化腐蚀掉了。中国文化太厉害了!在这个吃吃喝喝当中就能够吃出生产力来。一结婚,发请帖,为什么啊?你吃了我的,下次我孩子结婚我也要请你,而且你也不会空手来,中国人是讲礼貌的,办结婚宴席也是一次发财致富的机会。你也要这样搞,他也要这样搞,这样一来就扩大了内需,解决很多人的就业问题,这就是吃出来的生产力。这一点你不能否定。如果你不让中国人吃喝的话,你看我们的 GDP 要掉几个百分点。不信试试看。

外国人不懂中国。当然我们刚才说了,农民战争会有两种结局:一种是改朝换代,一种是少数民族乘虚而入,入主中原。无论哪种情况,每场大难以后,一定是哀鸿遍野,一定要休养生息,要花上 100 年才能够恢复中兴,然后,历代皇帝又开始了下一个轮回的破坏,中国的二十四史就是这样一个历史,就是这样周而复始。

在战争最厉害的时候,人口就急剧减少,到三国时期减到最少,当时全中国不过 800 万人。汉王朝人口是 5 000 万,到东汉末年的时候只有 800 万。死掉多少!可以说是哀鸿遍野。那时候全中国的壮年男子加起来不过 100 万。所以三国初定以后,跟着就发生"八王之乱",8 个兄弟像虎狼一样争着要做王,他们互相厮杀,权利和财富对于兄弟彼此之间都是极大的诱惑,这样就形成了魏晋南北朝的局面。所以中国人讲,千万不要生在帝王之家,因为宫廷里面是非常残酷的,亲兄弟之间也会像豺狼一样互相残杀。哥哥打弟弟,弟弟杀兄长,中国很多朝代的诞生都是这种冲突过后的结果。

我们现在经常讲胡说、胡搞、胡闹,为什么要这样说?这是标准的大汉文化,是说你如果是一个标准的大汉人,就不会这样做。北方草原来的人都是外人,都叫他胡人;如果从海洋那边过来的,就叫洋人。我们说洋葱、洋火、洋炮……中国人对外来的人和东西就是这样叫法。这都反映了大汉民族的特点。到五胡十六国的时候天下大乱,乱了几百年了。到了司马睿的东晋这个时候长江以南才真正得到开发。在这以前南方完全都是土著人,几乎没有人,有一大片沼泽地是没有人开发,北方则是一片混乱的局面。就是这样一个状态。

西魏的时候国家开始干预人口增长。西魏开始强制生育，男孩子14岁必须结婚，15岁必须生头胎。为什么? 一是为了多抽人口税，二是为了增加兵源。因为在那个冷兵器的时代里面，人多势众是强国的基本条件，你要想成为一个强国，你人要多，人多势众啊! 西魏这样一来，就把邻国吓得要死，邻国也不得不采取这样的办法，他们也跟着做，所以强制生育政策就像传染病一样一个国家一个国家地传开，弄得全中国到处都是这样，这个制度一直延续到清朝。

任何一个王朝建立以后第一个要鼓励的就是生育，而中国传统的婚姻制度和中医之间的良性互动，又进一步把人口迅速地推向增长的高峰，以至于人口从三国的800万迅速的增加到唐朝的6000万、宋朝的8000万、明朝的1亿多。但是我们要说，这样周而复始的改朝换代，并不能改变中国社会的基本结构。中国只是在以极大的人口和物质的代价周而复始地搞重复性建设。中国始终维持着中央集权的君主专制的社会，中国的社会没有实质性的进步。这是最大的问题。

我们来看看西方又是怎样的情况。

西方的人口锐减是怎么回事呢? 我们首先要说，西方的制度有一点跟中国不一样，他们搞的是长子继承制。西方人不分家，无论是平头百姓还是贵族家庭，只有家中的男性长子才有继承权，家里的老二、老三等人都要离家自立。日本在这点上和西方差不多，父亲死掉以后，家里的男性长者就代替了父亲的角色。长子虽然继承全部家产，但是他要为自己的兄弟姐妹安排出路，有的人去读书，有的人去当兵，有的人去经商，有的人去搞学问，有的人甚至到修道院里面去，出路很多，但是他们一定要走，不能留在兄长身边。主要的财产全在老大手里，但是兄弟姐妹的路费、学费、聘礼、嫁妆，全得老大负责，这就成为西方传统社会稳定性的主要前提。

到后来的农业机械化时代，西方国家的大部分土地都掌握在一些大地主手上。而在我们中国农业机械化则没有办法施展。不是我们没有机械化的条件，而是土地太小，张家湾、刘家湾、李家湾，你是你的，我是我的。没有办法实现机械化，就影响到农业发展的效率。当然我们在这

任何一个王朝建立以后第一个要鼓励的就是生育，而中国传统的婚姻制度和中医之间的良性互动，又进一步把人口迅速地推向增长的高峰。

中国只是在以极大的人口和物质的代价周而复始地搞重复性建设。

里主要谈的不是这个问题。我们说欧洲没有发生这样的家庭分化，农民家、贵族家都是如此，都是长子继承制，所以土地占有的规模不会发生实质性的变化。这导致了欧洲没有发生过一起农民起义，没有发生通过农民起义来改朝换代这样的事情，这就维持了社会的稳定性。这一点和中国是很不一样的。

欧洲经过了中世纪那段时间，欧洲人还是欧洲人，德国人还是德国人，王朝还是那个王朝，他们是讲王朝继承的，不像我们中国有 25 个朝代，我们二十四史是到明朝，后面还有一个清朝，我们大家要清楚这一点。这不是说西方没有战争，不过西方人的战争和中国人的战争不一样，中国是改朝换代的农民战争。西方的战争不是农民起义这样的国内战争，而是王国与王国之间的战争，或者是反异教徒的战争。

王国与王国的战争是怎么打起来的呢？绝大多数的战争是为了继承权，这个继承权又和欧洲的一夫一妻制有关系。一夫一妻制下的欧洲王者的婚姻是要门当户对的。欧洲的任何一个王室和任何一个另外的王室都可能是亲戚。他们的家族历史非常的复杂。这家的女儿嫁给谁家？生的女儿又嫁给谁家？很复杂，很难弄清楚。我们中国则不一样，中国有内家和外家之分，中国有祖父和祖母、外祖父和外祖母之分。在英文中去看，这个词是不分的，是一个单词，你搞不清楚是他的爷爷奶奶还是外公外婆。西方人舅舅和叔叔是不分的，伯伯和叔叔是不分的，姑妈和姨妈也是一个词。我们为什么说中国是人情超级大国，在中国这个关系分的很清，外家和内家分得很清楚。中国人害怕在继承权上扯皮，中国人是很聪明的，中国人是研究人的。西方人不分，德国的王室太多了，欧洲的女孩子做梦梦到白马王子是完全有可能的，所以白雪公主这样的故事能够出现在格林童话里面，在中国则是完全没有可能的。

这样一来西方就容易导致近亲繁殖。而近亲繁殖又是很危险的，会生出一些傻子和白痴，完全没有治理国家的能力。但是西方人又不能离婚，这样家族就只能眼睁睁地看着这个白痴长大，这个爸爸越来越衰老之后死掉，这样就出现了王位继承问题，由于不分内、外家，所有的人都说自己有权继承，这样就打起来了。这样的战争经常发生，每一个王国的历史上至少都要发生过六七次这样的战争，不过战争的时间都非常短暂。因为有一个最高的宗教法庭，这就是罗马教廷，战争的长短依据于双方当中有一方骑着马到教廷去拿到这个教廷的文书过来，只要文书拿到这个战争就结束。这样的战争死亡的人数并不多。

还有一个战争就是打出去的战争。基本上欧洲的人口是在稳定地增长。欧洲人打仗和中国人打仗不一样，欧洲人打仗只杀人不放火。不是因为他不想放火，而是因为放火没用，欧洲人的房子是石头做的，放火无效。欧洲公元前的建筑都可以保留欧洲人打仗和中国人打仗不一样,欧洲人打仗只杀人不放火。不是因为他不想放火,而是因为放火没有用,欧洲人的房子是石头做的,放火无效。

中国人对火情有独钟,中国人杀人一定要放火,放火能够造势,中国历代大的战争一定有火,所以火药在中国最早发明也决非偶然。

虽然东西方都有战争,但是西方人的破坏性要小。西方人的人口不是没有锐减,他们锐减起来也是很可怕的。实际上西方人的人口锐减方式往往不是由于农民战争,不是由于改朝换代,而是由于瘟疫。

下来,中国的到哪里去了?找不到了。中国人对火情有独钟,中国人杀人一定要放火,放火能够造势,中国历代大的战争一定有火,所以火药在中国最早发明也决非偶然。而且中国人尽干重复性的破坏和建设的事情,一代王朝把一代王朝打下去以后,就放一把火把前面的东西烧掉。中国人不信宗教,信迷信。这个会亡国,一把火烧掉。阿房宫一把火烧了40天,重复性地破坏,再重复性地建设。只有清王朝没有干这种事,因为他们觉得故宫太好了。满族人打进来的时候觉得这个太好了,于是把它留下来。

虽然东西方都有战争,但是西方人的破坏性要小。西方人的人口不是没有锐减,他们锐减起来也是很可怕的。实际上西方人的人口锐减方式往往不是由于农民战争,不是由于改朝换代,而是由于瘟疫。

1347年蒙古大军打到欧洲时,把瘟疫带到欧洲,这件事情对欧洲来说太关键了。我们看看这是怎么回事。瘟疫病毒发生在今天的俄罗斯境内,是鼠疫,一开始当地的人也在死,后来当地的人都是带菌者,但是人不死了。蒙古大军厉害,为什么蒙古人能够横扫世界呢?就是因为他是游牧民族。他们从草原一直打到欧洲,他们骑着马在前面冲,妇女就赶着小马在后面跑,马儿一边跑一边吃草,他也没有什么战线太长的问题,当时游牧民族凭借这一点成为世界上最优秀的民族。他走到哪里烧杀到哪里,一直打到克罗地亚,病在自己身上也不知道。打到威尼斯城的时候,他们已经不行了,已经成了强弩之末,鼠疫发作,士兵成批成批地倒下。所以这时蒙古没有办法再打了,但是他们又不甘心,他们就把军队中患了鼠疫的死尸抛到城内。后来欧洲商人进出城市,身上染上了病毒,回到家,就把这个病带到欧洲。在当时欧洲人是从来没有见到过这个东西的,没有抗体,这个时候就成片地倒下。据统计,当时7 000万欧洲人,死掉了2 500万,越冷的地方死亡率越高,死亡率在55%~65%之间。冰岛死的人最多,死到几乎没有人,以至于到现在都没有多少人口。英国人几乎死了一半,法国当时2 000万人口死到了只有800万。意大利也是瘟疫流行的地方,但是因为那里比较暖和,瘟疫怕热,所以那里死的人并不是最多。就像非典一样,从广州这边起来,但是最后传染最严重的是在北京。这个鼠疫闹了300年,你们想象一下,300年!人们在精神高度紧张的状态下是怎么生存的?后来鼠疫慢慢地停了下来,就是死到最后不死了。

　　欧洲这样大规模的死亡和中国的农民战争那种天翻地覆的暴力行动所导致的结果是不一样的。中国战乱后导致的结果一定是人财两空。人死了，财产也烧完了。鼠疫不一样，它把人干掉，把东西留下了。我们说什么是人口问题呢？就是现有的人口和产业资源的分配比例的问题。欧洲当时是人死掉，东西还在。因为那些物质的东西染不了病。那些剩下的人和留下的财富就达成了一个平衡的分配比例。所以我们看到，一场鼠疫把欧洲送进了现代化。

　　西欧的农奴制不是靠农民战争推翻的，而是靠老鼠推翻的。大家会觉得这很荒唐，但我们一讲大家就明白了。为什么？因为鼠疫的攻击不分贫贵，很公平，经常是大贵族家也死到连仆人都没有了。我们现在看到的很多西方的鬼电影都是取材于那个时代，《蝴蝶梦》、《古堡幽灵》这样的电影中都讲到乡间一个很神秘、很漂亮的像宫殿一样的城堡。为什么会出现这样的情况？因为当时遇到鼠疫，城堡中的一家人全部死光。由于这样大量的死亡，富人一死就留下了大量的房产。而人很少又导致了一个现象，就是劳动力价格很贵。这样活下来的农民就变成了有钱人，他们有钱后干什么呢？买土地。这样一来他们的身份就变了，由原来的农奴变成了有钱的自由人。

　　鼠疫同时又导致了基督教威望的下降。因为疾病是不分高贵的和低贱的。无论你是罗马教皇，还是红衣大主教，都一样，只要你染上了就要死。罗马教廷的人不是说，得病是上帝让人在人间遭天谴吗？结果这样就证明你说的是假的。于是教皇的威望下降了。基督教原来是令人敬畏的，他会在教民面临灾难的时候出来搞慈善。所以在平时没有灾难的时候他要抽宗教什一税，教民所有收入的 1/10 必须贡献给教会。你今天日子好过，万一哪一天日子不好过呢？教会要出来搞慈善的。另外，在西方一个人快死的时候，会有一个基督教的人在床边致安息词，这就好像将宗教和人间联系起来了。结果这一次鼠疫太厉害了，人快死了，教会的人在床边，受感染了，教会的人也死了，这样一来就谁也不敢靠近病人，这样宗教就脱离群众了。这就让百姓感到，平常看不出来，到大灾难你就这个样子，所以老百姓就不信教了。所以我们说这场瘟疫把基督教教会弄得威望扫地。

欧洲当时是人死掉，东西还在。因为那些物质的东西染不了病。那些剩下的人和留下的财富就达成了一个平衡的分配比例。所以我们看到，一场鼠疫把欧洲送进了现代化。

西欧的农奴制不是靠农民战争推翻的，而是靠老鼠推翻的。

这样一来,生命的偶然、生命的短暂、生命的意外都被人们认识到了。原来基督还叫我们禁欲,算了,人能够活几天啊,及时行乐,追求现实的幸福吧。以前人们认为活在尘世当中是没有意义的,人最终是要上天堂的。现在不一样了,我们活一天就要活得有价值,要活得好,纵欲也就是从那个时候开始的。

还有另外一件事情也在那时候发生了。1361 年,阿拉伯地区突然冒出来一个奥斯曼土耳其帝国,就是今天的伊斯坦布尔。要解释一下,古希腊、古罗马帝国在公元478 年的时候,被日耳曼民族搞掉以后,那个王室就带着希腊的文物在西边建立了一个拜占庭帝国。欧洲此时进入到基督教的统治时期,东欧到土耳其之间的地方就是拜占庭帝国。拜占庭帝国在这个时候被土耳其人灭掉了。这一灭之后,知识分子就带着古希腊的文物又重新回到了欧洲。回来以后,欧洲人发现,原来我们祖先的文化是那么灿烂!他们原来并不知道有古希腊,发现了那么多东西,如维纳斯等很多雕像都是不穿衣服的,跟他们原来的想象当中的禁欲是对立的。他们在以前基督教的教义当中找不到这个支持,现在他们在古希腊文化当中找到了支持,这就兴起了文艺复兴运动。什么是文艺复兴?就是复兴古希腊、古罗马的文化。所以,这样一来,文艺复兴时期的欧洲人抛弃了来世论,抛弃了虚无缥缈的天堂神话,开始追求现实的发展,追求肉欲的满足,这就引起了欧洲的一场婚姻制度的革命。

既然承认每个人都有追求现实幸福的权利,那就应该允许离婚。离婚是从哪儿开始的呢?是从伊丽莎白一世的父亲——亨利八世开始,他是欧洲第一个离婚的人。这个人做皇帝后生了个儿子,外面又喜欢了一个女人,结果又生了一个儿子,他希望那个儿子将来继承他的王位,但是不行,这个事情没有办法,必须要罗马教廷裁决他离婚才能做到,罗马教廷不允许。结果他就宣布,算了,我脱离罗马教廷。他后来不断地换,一共换了四任夫人,伊丽莎白就是他第四任夫人的女儿。而且前面那些老婆生的孩子一个比一个短命,伊丽莎白一世是最长命的,是她把英国带进了繁荣的重商时代。

欧洲人跟中国人的皇权观念也不一样,我们中国人说,这个人做了皇帝就是天子,而欧洲人则是王在法下,王永远都是人,人是不可超越神的。西方的国王也必须服从法律。你国王可以离婚,你是人,我也是人,我也可以离婚。所以亨利八世打了头炮之后,后面就哗啦啦的都来了。欧洲从这个时候开始允许离婚,允许再娶。这样一来,欧洲的变化开始了,欧洲的婚姻制度已经发生变化了。罗马教廷采用了达·芬奇、拉菲尔画的一些裸体壁画,那玩意儿看多了以后,他就要行动了,所以这个时候罗马教廷就迅速走向了腐败,再也找不到品行端正的神职人员了。那个时候，罗马教皇甚至互相比赛有私生子的数量，大家已经不为有私生子感到难堪了。

这个时候，欧洲的情人经济开始出现。有一本书叫《奢侈与资本主义》，这是德国的一位经济学家写的，专门就写这一段。什么叫奢侈？就是多余的消费，不必要的消费就是奢侈。他和资本主义是有关联的。你们看一下这本书，书中说得很精彩，很透彻。情人经济恰恰为资本主义的发展打出了第一桶金。一个人对自己的老婆百般克扣，对情人百般疼爱，项链、花瓶、首饰，用这些东西把情人打扮得很漂亮；而老婆呢？你把家里的钱往外花，我也打扮，把别的男人的钱挖过来。这样一来就扩大了内需，做首饰的工房一下子接到了很多订单。包括所有的生活方式，家庭主妇都得老老实实地向妓女学习，不然丈夫不爱你。家庭主妇本来是不洗澡的，洗澡、擦香水、穿高跟鞋等都是从妓女那里来的，欧洲家庭里面吃糖都是从妓女开始的，饭店、宾馆也都是与此有关。你们可以去看一下那本书《奢侈与资本主义》，作者叫桑巴特，专门写这个问题。

这样一个状况下，找不到干净人了。罗马教皇又死了，死了以后大家就觉得，哎呀！罗马城里已经找不到一个人能够做教皇，他们的品行都不行。后来，听说德国有一个修道院的女教皇德高望重，干脆把她请来做教皇。罗马的老百姓非常虔诚，在马路边上等着这位女教皇的到来。接教皇的马车已经来了，大家非常高兴，结果不幸的是那个女教皇在路上的颠簸中生产了，她生了一个孩子出来。这说明这个女教皇也不规矩，欧洲没有规矩人了。最后愤怒的罗马市民拿乱石把这个女教皇砸死了。

这个场景被谁看见了呢？这个人就是来自于德国威登堡的马丁·路德。马丁·路德是一个德国人，是一个传教士，他是怀着虔诚的心到罗马去朝圣的，在罗马看到的情景让他吓了一跳，他原以为这边的神职人员的道行一定是非常高深，结果发现这些人完全是魔鬼，所以他就不相信这个教会了。1517 年，他贴出了一个告示，批判教皇，控诉教会的 95 条罪状，其中最重要的一条是：罗马教皇不但不能解救苍生，反而利用鼠疫来蒙蔽老百姓。马丁·路德不相信教会，认为这是一个欺骗，所以他公开反教。他建立了一个新的宗教，这就是后来的新教。新教不需要到教会去祷告，个人可以凭借着自己读《圣经》去体会上帝的意思，同样也可以和上帝沟通。

从这段历史当中我们可以看到这样一个现象，如果西方只有文艺复兴，没有宗教改革的话，那么欧洲完全可能朝着中国那样的世俗化社会发展。但是由于欧洲人没有抛弃他们的宗教,而是发明了另外一个新教出来,用这个新教来管理人们的灵魂、道德和精神。同时,又追求现实的幸福,追求现实的物质利益。因为这样的一个追求,所以欧洲人在前进的道路上就实现了两者之间的平衡。

通过这样的历史对比,我们可以看到什么呢?中国虽然发生了那么大的人口代价,但这只是导致了一种体制上的内部循环,而没有办法产生社会制度的质变。直到1949年,中国仍然是秦砖汉瓦,铁犁牛耕,没有什么变化。而欧洲则不同,这样的一场大劫难把欧洲人送进了现代化的门槛。他们后面开始了一种新的运转模式。更重要的是,欧洲已经从来世论走向现实论,从神的世界走向人的世界。这就极大地唤醒了人的聪明才智,他们大踏步地步入到现代化的进程,而且每当欧洲人遇到大的困难的时候,他们都会进行反思,为下一轮的发展做好准备。

郑和下西洋与哥伦布发现新大陆之比较

下面我们来比较一下郑和下西洋和哥伦布发现新大陆。大陆文化使中国人对外面的世界并没有清醒的认识,尽管中国人经常讲"五湖四海","四海之内皆兄弟"等,但我们所说的兄弟不是在太平洋、大西洋,而只是在渤海、黄海,这些海只是大陆边缘的海系,因为中国人认为天圆地方,不知道地球是圆的。中国人的方向感是最强的,所以指南针会在中国出现也有一定的道理。中国人很早就有了东洋和西洋的概念,东洋就是指的今天的日本海;所谓西洋不是指大西洋,而是指今天的印度洋。为什么印度洋成了西洋呢?这和一个人的航海活动有关,这个人就是郑和。

郑和下西洋本来目标是要下南洋,结果他意外地穿过马六甲海峡,认识到那里还有一片更为辽阔的海洋。郑和下西洋是当时人类最远的一次航行,也开启了世界大航海的序幕。郑和在1405年—1433年间七下西洋,走的最远的地方是非洲的索马里,最主要的是郑和有庞大的舰队,他的舰队由270多艘的战船组成。相当于现在一个航空母舰特混舰队。那个时候中国的海军是世界上最强大的海军。不过很可惜,虽然有世界上最强大的海上力量,有指南针、罗盘和导航技术,但是郑和下西洋完全是为了政治目的。郑和下西洋的背景是明成祖朱棣篡位这件事。明太祖朱元璋的太子很早就死掉了，朱元璋就立了孙子做皇太孙，朱元璋死后，他成了建文帝，结果他的四叔朱棣不干，于是就起兵谋反，谋反成功杀进南京以后，没有捉到人。朱棣就一直很担心，因为他是篡位的，他担心有一天，这个皇帝出来以后，他会倒掉。他担心建文帝逃到日本去了，日本人拿出证据来，证明确实不在，他就又怀疑是到西洋去了。所以郑和是领了这个命令下西洋的。为什么带着军队呢？万一出现抵抗可以抗击。郑和下西洋是去找这个失踪的皇帝的。万一找不到怎么办呢？就说是向外散播中国文化。

中国对比自己弱小的民族是非常慷慨的。郑和的船队里面满载着物资，沿途赠送，丝毫不计成本。但是换回来的是什么呢？不过是宫廷欣赏的夜明珠和一些珍奇异兽，所以，郑和七下西洋弄得国库空虚。我们现在都说郑和了不起，其实当时众大臣是集体反对的。后来皇帝发了一纸命令，要郑和不要出海了，就开始禁海。这一禁不得了，中国人从此放弃了海域，也就放弃了世界，等到中国人再回过头来看世界的时候已经是 1840 年鸦片战争以后了，整整 400 年时间白白浪费掉了。

我们再看看西方人的航海。葡萄牙、西班牙的航海完全是为了经济的目的。1453 年君士坦丁堡沦陷，引起了东方商品价格在西方的暴涨。我们举一个例子，香料是西方人万万不能少的一样东西。这要说到中国人和西方人的差别，西方人是肉食类，我们中国人是草食类。西方人是吃肉的，牲畜杀掉以后必须马上吃，不吃就要臭，只有一样东西能够除臭，这就是香料。而我们中国的谷物是能够储存的。中国皇帝能够养着一支强大的储备大军，而欧洲国王们是没有办法做到的。他们需要香料，于是他们就要寻找一条通向东方的路。

另一方面，当时欧洲的货币经济已经非常发达，黄金已经成为价值的代名词，黄金越多说明国家越富、越有钱。这时候又出现了一个人，这个人就是马可·波罗。马可·波罗跑到中国来，还做过官，写了本《马可·波罗游记》，他把中国写得很好，比如他把故宫说成是中国人拿黄金做的屋顶，其实那就是景德镇做的琉璃瓦。但不管怎么样，马可·波罗把欧洲人哄得一团热，个个想到东方来做发财梦。

致使西方人进行航海还有很多因素，除了基督教的因素外，更重要还有文艺复兴使欧洲人焕发出来一种追求物质幸福的强大愿望。而此前蒙古人又送来了指南针，成吉思汗给欧洲人送去三样东西：鼠疫、火药、指南针。欧洲人用火药来装备自己的舰队，用指南针来导航。经过文艺复兴的欧洲人又发现，古希腊的科学家早已证明了地球是圆的。所以，欧洲就有了 1415 年麦哲伦的环球航行和 1492 年哥伦布发现美洲。

其实哥伦布根本不知道有新大陆，他认为欧洲海岸到日本只有 7 000 英里，当时的女王认为可行，就和他订合同，让他去寻找新的海上通路。后来他意外发现了新大陆。他遇到的第一个地方是海地，他第一个发现了印第安人。他起初认为这是印度人，印第安人实际上是英语音译过来的。这个新世界的发现使人类的视野扩大了一倍，而这个新世界完全没有被开发，为了区别这两者，把那边叫西印度，这边叫东印度。这是非常重要的事件，自从人类有历史文字记载以来，没有任何一件事情的意义超过这件事。历史往往就是由那些做着自己并不知道其意义的事的人创造出来的。那些人糊里糊涂地创造了历史。这件事之所以重要，是因为它让世界上彼此不知道的两个世界从此沟通起来。这是只有 20 世纪末期人类登上月球才能够与之媲美的事情。

但是这两件事的主角都不是我们中国人。郑和下西洋和欧洲人发现新大陆这两件事相比，郑和下西洋比哥伦布发现新大陆早 80 年；郑和七下西洋的结果是把国库弄空虚，而哥伦布只用了三条三桅船居然发现了新的世界；而且，自从郑和下西洋以后，明朝开始禁海到哥伦布发现新大陆期间，世界的海洋平静了 59 年，这期间中国人如果再想回头还来得及，但是中国人没有赶上。

这个事情和我们的人口问题有什么关系呢？关系太大了。为什么？因为欧洲人从此以后开始了他们的资本主义时代。新大陆的发现，引起了欧洲的金融革命，也使欧洲掀起了一场殖民地开发的热潮，接下来的一个世纪里面，欧洲列强就开始了关于治海权的争斗。这些和我们的人口有什么关系呢？欧洲各国最终把自己多余的人口，不好治理的人口，以罪犯的形式输送到新大陆，这样使自己的社会矛盾得到缓解。实际上殖民地对这些国家进入现代化以后的内部政策稳定提供了一个有利条件。从此以后，部分欧洲人的子孙后代就生活在辽阔的新大陆上。今天北美洲的 5 亿人口，南美洲的 3.7 亿人口，加上大洋洲（包括新西兰和澳大利亚）的 0.25 亿人口，再加上欧洲的 7.3 亿人口，实际上欧洲总人口早就突破了 16 亿。只不过这 16 亿人口生活在总面积为 6 600 万平方公里的富饶辽阔的土地上。6 600 万平方公里啊！相当于我们中国 960 万的平方公里面积的 7 倍。更

侧栏

郑和下西洋比哥伦布发现新大陆早 80 年；郑和七下西洋的结果是把国库弄空虚，而哥伦布只用了三条三桅船居然发现了新的世界。

新大陆的发现，引起了欧洲的金融革命，也使欧洲掀起了一场殖民地开发的热潮，接下来的一个世纪里面，欧洲列强就开始了关于治海权的争斗。

欧洲各国最终把自己多余的人口，不好治理的人口，以罪犯的形式输送到新大陆，这样使自己的社会矛盾得到缓解。

不要说我们的960万平方公里只有1/3的土地适合人类生存，这是令人关注的事实。

我们中国人当年放弃了海洋，放弃了世界，没有真正地走出去，那是一次千载难逢的机会，是再也不会重现的一次机会。由于我们当年没有做出正确的选择，这就注定了今天我们中国人口的拥挤，还注定了下一代的中国年轻人，要拿出他们一生中最宝贵的年华去干一件事——学英语。这是多么大的浪费啊！我们说，如果一个人可以活80岁，你用60岁到80岁去学习行不行？不行，你必须要在4～32岁的年龄学。本来中国人是很聪明的，但是几年英语学下来，创造力就没有了。因为英语完全是一种模仿式的学习，你学英语这么多年，跑到国外去只相当于人家的小学生水平。这是很让人伤心的事。

中西方生育类型比较

下一个对比是什么呢？中国和西方生育类型的比较，是迟来的计划生育和适时的人口控制的比较。

我们接着刚刚的话题讲。当西方人把他们的主要精力都用在开发新大陆上面的时候，当他们还来不及把矛头对着我们中华大地的时候，清王朝迎来了前所未有的康熙、雍正、乾隆三朝盛世：康熙61年，雍正13年，乾隆说不能超过爷爷，但也弄了60年。加上嘉庆27年，总共160多年，中国维持了160多年的长治久安。中国人以为天下永远会这样下去，既无内忧又无外患，中国人已经忘记了外面还有一个世界。直到1840年西方的大炮打进来的时候，中国人才终于醒了。

中国的任何一个封建王朝在最初建立起来的时候，一定会休养生息，发展经济，鼓励生育政策。在这件事上清王朝做得更好，清王朝把中国几千年的统治术发展到了最高境界。努尔哈赤研究过明王朝的危机，他训诫子孙要以明王朝为鉴，中国的王朝当中最腐败的就是明朝的嘉靖皇帝和万历皇帝。这两个人完全是腐败透顶，这两个皇帝20多年不上朝，一天到晚在后宫，吃着长生不老之药，在那儿快活。20多年不接见大臣，这个国家能够弄得好吗？两个皇帝都是这个德行。什么叫长生不老之药啊？长生不老之药就是春药。为什么皇帝要弄长生不老之药呢？他年轻的时候不觉得，但是人过了40岁以后，他发现今天没有昨天好了，这个时候人家叫他万岁他心就发虚，他就开始找不老之药。长生不老之药其实就是人参、鹿茸之类的东西，唐太宗就是吃春药死的。中国的皇帝很短命，算起来平均寿命不过30来岁，因为他们一天到晚在后宫忙啊，忙得直不起腰来。

清王朝前半期的皇帝都很勤奋，康熙每天五更上朝，精神抖擞，是这样治理国家的。经过李自成起义至清兵入关，中国已是哀鸿遍野，人口暴减，从 1.5 亿下降到两三千万。张献忠在四川杀人，把四川人基本上全杀光了，后来的四川人全是湖南、湖北一带过去的。这是非常有名的一场移民运动。康熙二十四年，即 1680 年，康熙皇帝发布了一道圣谕，叫开垦入股，新增人口以后不征收人口税，按田收税。这就改变了前王朝定下的规矩。从此以后任何新增人口都不加税，以此鼓励老百姓多生孩子。老百姓也开始将实际人口申报出来，所以人口总量一下子增加到了 1 亿。到 1764 年，中国人口越过了 2 亿大关；到嘉庆二十四年，即 1819 年，中国人口已经超过了 3 亿；到道光十七年，即 1838 年，中国人口已经达到 4.17 亿。如此巨大的人口基数，翻起盘子来不得了啊！你想想，在一妻多妾制度下，在中国这么高明的中医辅佐下，中国的人口增长速度是多快！快到什么地步呢？我们用后面一百年的历史来说明。

从鸦片战争到辛亥革命，西方帝国主义列强多次进军中国，发生了多次大大小小的战争，当然我们要承认，这样的战争对人口的影响是有限的。清王朝不堪一击，没有打几天就卖国求荣，真正人死得多的时候是太平天国革命。现在南京有一个研究表明，太平天国革命导致的人口死亡至少达到 1 亿。太平天国之后就是八国联军进京，接下来是辛亥革命，而从辛亥革命到新中国成立，38 年过去弹指一挥间，经历了军阀混战、抗日战争、国共打内战，大家看看，仅大决战就造成 50 万的人口伤亡，都是年轻小伙子。人口虽然在不断地大规模地死亡，但是中国的人口在 1949 年的时候仍然顽强地挣扎到 4.5 亿。4 亿 5 千万的同胞的说法每个人都知道。现在有一个假设，如果清王朝没有发生后来的事情，清王朝能够存在下去吗？如果像这样下去的话，也是完蛋，也维持不了。100 多年的时间里，几乎天天都在死人，可中国人口还在增加，中国人多厉害！

1949 年以后，中国共产党提出的第一个政策是什么？新《婚姻法》。新《婚姻法》首先解决了一夫一妻的问题。这里面当然有很多内容，我们不去说它，包括换老婆的事情合法化了，这个问题我们不在这里谈。总而言之，这个政策导致了一个结果——人口激增。新中国建立以后，毛泽东也是奉行的增加人口这一套。所以到 1957 年，北大的校长马寅初到南方各省去调查，他吓了一跳，中国的人口飙升速度实在太快了，年增长率竟达到了 20%！他认为这样下去中国要出大问题。

马寅初在 1957 年的第二次全国人民代表大会第四次会议上提交了《新人口论》，在《新人口论》当中他特别指出：限制我国人口的增长刻不容缓，只有中国的人口被控制住了，它与经济、社会、资源、环境之间的矛盾才能够得到缓解，社会主义的优越性才能够得到体现。既然经济能够计划，为什么生育不能计划？他同时提出了三个办法：第一，积极发展生产力；第二，提高人口质量；第三，控制人口数量。

控制人口数量的关键就在于实行计划生育，而计划生育的手段是采取现代避孕措施。应该承认这是一个利国利民的非常科学的论点。但却遭到一群人的围攻，那些人的思想是人定胜天，人越多越好。毛泽东那个时候说了一句话："你马寅初要人家少生孩子，你自己生了多少孩子？你自己孩子生了这么多，你怎么要人家不生呢？"马寅初没话说了。毛泽东认为，世间万物中人是最可宝贵的，在共产党的领导下只要有了人，什么人间奇迹都可以造出来。

因为新中国刚成立，就遇到朝鲜战争，而且美国人确实动了要扔原子弹的念头，毛泽东知道原子弹是"真桃子"，毛泽东是积极地要搞原子弹的。毛泽东认为，我们没有核武器的情况下，万一和美军发生冲突，会导致我们中国军队的大规模伤亡，为保住我们中华民族的根本，也要鼓励人口出生，我们准备死掉一半的人口，要保证仗打完以后我们还有3亿人口，毛泽东是这样考虑问题的。因为当时我们跟前苏联是一个阵营的，这样一来，在严格的一夫一妻制度下，中国就开始借鉴前苏联的光荣妈妈运动，妇女如果生10个孩子就能够到北京去见毛主席。我母亲生了7个，没有达标。现在年纪大一点的人，你到他家去看，都有全家福，上面都会有好多人。

那个时候又由于引进了西医，中国人的寿命进一步延长了，这是事实。中国花了10年时间增加了2亿人口。1961年中国人口达到了6.5亿。到"文化大革命"后期——70年代初中国人口已经达到了8亿。毛泽东去世那年中国人口突破了9亿。毛泽东领导年间中国人口翻了一番！

那时候中国人得意得不得了。我那个时候担心的就是印度的人口哪一天会超过我们。我们中国别的没有第一，就这个第一，而且中国人以此为荣，我们当时经常说："中国人一人吐一口痰就可以把美国淹掉！"很得意。

不过中国的计划生育依然是在毛主席还活着的时候开始的，因为"文化大革命"的时候不搞生产，没有办法养活那么多人。第二点很关键的就是，中国人从1964年开始成功地进行了国防建设，原子弹、氢弹

在《新人口论》当中马寅初特别指出：限制我国人口的增长刻不容缓，只有中国的人口被控制住了，它与经济、社会、资源、环境之间的矛盾才能够得到缓解，社会主义的优越性才能够得到体现。

他同时提出了三个办法：第一，积极发展生产力；第二，提高人口质量；第三，控制人口数量。

等热核武器都有了，在这种情况下周恩来总理提出人口非控制不可了。由于手里有了武器，毛泽东是时刻准备打仗的，他提出要"深挖洞、广积粮"。好多人劝毛泽东要推行计划生育。那个时候提出的口号叫晚恋、晚婚、晚育，"一个不少，两个正好，3个多了"。周恩来总理发表了一个很重要的文件，我们都学习过，内容是：我们要争取100年之内只产生3代人口。如果我们允许孩子们20岁就结婚生孩子的话，100年内中国会产生5代人，那么中国人口100年要翻4次。我们要争取33岁才生孩子，那么100年只有3代人。那时候孩子们真是规矩啊，谈恋爱都是用嘴巴谈的，那个时候的女孩子谈恋爱都要谈很久。那个时候结婚年龄是男的28岁，女的26岁。即使这样，到了1979年中国的人口也已经到了10亿。

后来把这个生孩子的问题提到了亡党亡国的高度。你做得不好你很可能就是在埋葬中华人民共和国啊！天下没有小事了。生孩子不是你私人的事情了。从那个时候起中国开始了独生子女时代。今天我们中国的独生子女至少有2亿人，这是世界人口史上从未出现过的奇迹。现在我们已经可以这样讲，独生子女人群实际上是一种潜在的社会问题。他们没有兄弟姐妹，大多以自我为中心、娇生惯养，不爱劳动。我深有体会的是，"文化大革命"的时候，父母都被打倒的孩子，只要是独生子女没有不发疯的。我们同学会，两个人没来，他们都是独生子女，都发疯了，在高压之下他们经受不了折磨。这很糟糕。

中国的计划生育政策是靠国家法律强制推行的，而西方不是，西方既有政府主持的法律，又有妇女解放运动，又有人们的自由享受和自由解放。欧洲在两场世界大战中死掉了很多人，俄罗斯死掉了2 000万人，所以俄罗斯在二次世界大战之后，完全处于性混乱状态，政府对此是睁一只眼闭一只眼，那时他们的男人太珍贵了，太少了，很多女人都是带着私生子过日子。有一部电影叫《莫斯科不相信眼泪》，讲一个女人，被一个男人诱奸了，这个女的带着一个私生女过日子，最后做了一个国有企业的党委书记。这样的事在中国有可能吗？你一个女子带着一个私生女还想当党委书记？这在中国是不可能的。

二次世界大战之后，美国的人口从1950年的1.5亿短期内迅速增加到2亿。这是很了不得的，把美国政府吓坏了。美国政府发现如果按这样的势头发展下去的话，美国将会被人海淹没，他们估计如果每一对夫妻生3个孩子的话，到2020年就会导致生活水平下降。美国人控制人口的办法很多，就是政府进行干预，其中主要就是投资干预，政府拿出大量的钱开发避孕药物。大家要知道，中国在避孕手段上没有什么发明创造,因为中国人以前都没有想到要避孕,多子多福,避什么孕?西方人不一样。西方人早就开始研究这个东西。他们将避孕和新的化学医学结合在一起,发明了一种口服避孕药。它的意义在哪里呢?就在于妇女们终于能够第一次掌握自己的命运了,而且它是可逆转的。它和中国的结扎不一样,结扎是一下子把你的管道给扎起来,以后再想要孩子还得再手术,而口服避孕药则方便多,今天想要孩子就不吃药,明天不想要了就吃药。所以,避孕药是20世纪最伟大的发明之一,它的意义可以和原子弹并驾齐驱。

二战以后西方的妇女解放追求的不是和男子一样的政治参与权,不是同工同酬的经济平等权,而是公开地提出性平等的权利。第二次妇女解放运动的先锋,即女权主义者认为,生育的机制是导致生育压迫的根源,妇女要想真正解放必须改变人类的生育机制。眼前改变不了怎么办?只能通过避孕手段,之后是通过无性繁殖,再然后是克隆技术,从而使自己从压迫她们的生育机制当中脱离出来。今天欧洲的生育科学走的就是无性繁殖这条道路。

另外还要看到,避孕药的产生和运用导致了一个局面的出现,它实现了欧洲人绝不仅仅是为了生孩子而结婚的夙愿。这一点中国人和西方人是不一样。

西方的基督教认为生孩子是出了事故,完全是爱情的副产品,是不小心出事了,结婚并不是为了生孩子。欧洲那些没有子女的夫妇发现,他们能够比那些同龄的有子女的夫妇拿到更高的薪资,孩子对于他们只是累赘和麻烦,所以,他们要去争取那种无子女的自由。而另一方面,多生孩子也不再有经济上的理由。在农业经济时代里,人们生孩子是为了增加田里的劳动力,中国男人的"男"字,就是"田"和"力"组成的,意思就是田里的劳动力。现在人们发现,养儿子也没有用,他也不会给家里帮忙的,你要把他养育成人代价太高了,划不来。这就导致了中国,当时是在西方,现在是在中国,越来越多的无子女的"丁克"家庭的出现。

另外,避孕药的发展还把婚姻和性行为完全区别开来。人们发现完全可以不结婚,既可以享受男女同居又不需要承担养育子女的责任,

避孕药是20世纪最伟大的发明之一,它的意义可以和原子弹并驾齐驱。

二战以后西方的妇女解放追求的不是和男子一样的政治参与权,不是同工同酬的经济平等权,而是公开地提出性平等的权利。

避孕药的产生和运用导致了一个局面的出现,它实现了欧洲人绝不仅仅是为了生孩子而结婚的夙愿。这一点中国人和西方人是不一样。

避孕药的发展还把婚姻和性行为完全区别开来。

这就快活了,所以西方的青年人中就出现了一种性解放浪潮。20世纪80年代的美国很乱,"幸亏"有一个艾滋病来了,把人家吓回去了,那个时候欧洲人开始回归家庭。有人说这完全是由于人类科技的无能造成的,如果人们还像克服梅毒那样攻克艾滋病,那地球上的人类还不一定怎样呢?如果艾滋病的难关被攻克了,势必会引起人类的又一次性解放浪潮。发明者诺贝尔奖是拿定了,而且全世界的青少年将齐唱高歌:他为人民谋幸福!

性解放浪潮之下,欧洲人口出现了一个负增长,只有像美国、澳大利亚、新西兰这样的移民国家人口才增长,而且增长的速度也很慢。我们说美国人从1950年的1.5亿到后面的2亿、3亿,经历了46年的时间,2006年美国宣布有3亿人口。你想46年才增长这么多,美国人的人口增长速度如此之慢,所以他们能够保持世界上最高的生活水平。穷国的人们在那儿不停地生,而美国的女人不愿意生。

20世纪50—60年代,我们和西方在限制生育上的完全相反的态度和引起的完全相反的结果值得我们深思。

当真理的判断标准、学术界的思潮以及全民的价值观念,都随着领袖的价值观而乾坤颠倒时,那么民主之风、自由思考之风也就荡然无存了。我们今天回顾这段历史,都会认识到,如果早在1957年中国就按照马寅初先生提出的计划生育理念去实施,何至于今天会有13亿人口?何至于今天有独生子女这一社会问题?又何至于我们劳动力市场有如此激烈的竞争?所以,我们要消除对权贵的盲从心理,我们要纠正自我封闭的思维状态,我们要纠正片面地看待西方文化的教条主义倾向,当科学和我们现行的道德及现状发生矛盾和冲突的时候,我们且不要急于去扣帽子、寻鞭子、找棍子,而是要思考,我们的现状中是不是有很多东西值得我们去深思和反省。这的确是过去的历史给我们留下的沉痛教训。

东西方福利制度比较

最后一点是中国和西方福利制度的对比。贫穷产生人口,富裕减少人口。我们中国的人口问题不仅仅是一个数量问题,更重要的是一个质量问题。我们不要以为中国今天有这么快的发展速度,就忘记了我们是一个发展中国家,因为我们中国的发展速度是建立在廉价劳动力的基础上,而一个民族如果仅靠出售廉价劳动力是永远不可能成为真正的世界强国的。真正的强国来源于这个民族的创新能力,来源于能否自主研发新产品,来源于是否能够拥有丰富的智力资源,一个强国必须是一个国民富裕的国家,而又不仅仅是一个国家富裕的国家。

人口的数量势必和教育问题联系在一起。我不想多讲别的,就讲新加坡的总理李光耀,邓小平在世的时候他到过中国,他夸奖过中国的计划生育举措,不过在他看来中国还有很多的问题。他认为,中国应该鼓励城市人口的增长,因为在这样的环境当中,孩子们能够接受较好的教育;中国要限制农村人口的增长,因为在那样的环境当中,孩子们往往得不到很好的教育。他甚至还向中国推广新加坡的经验,在新加坡,一个博士可以生 4 个孩子,一个硕士可以生 3 个孩子,一个学士可以生两个孩子,而一个没有读过书的人只能够生一个孩子。这种政策至少反映了人口质量问题,也就是教育问题的关键性和重要性。

中国的情况恰恰相反,中国是城市人口得到了较有效的控制,而农村人口却死活控制不了。为何会出现这样的现象呢? 说穿了就是: 城市人害怕惩罚,一旦违规,就把公职拿掉、医疗保险拿掉,所以他们会害怕;其次,城市里有保险制度,一个人即使生了女儿,将来也不会衣食无着;另外,现在城市生孩子费用太高,城市人担心多生养不起。而农村人是不怕惩罚的。怕惩罚的人一定是有势的人,我们在物理学当中知道,有一定的高度就生成势,农村的人没有势,已经在种田的人,他是不害怕惩罚的,我已经种田了,我怕个鬼? 他们一定要生儿子。为什么? 他们要保险。生女儿是不保险的,把她辛辛苦苦地养大,嫁到人家家里去,成为别人家的劳动力,还要帮人家家里生个劳动力,再回来跟你争。在这种情况下,中国的农民都是彻底的唯物主义者。在中国,土地资源如此紧张,人口如此过剩,建立社会保险体系就更加困难。这样一来,农民就更是把希望寄托在生儿子身上,而养育儿子在农民看来无非就是增加一双筷子的问题,是轻而易举就能够实现的。这样就导致了农村土地资源更加紧张,经济发展更加困难,人口更加过剩。所以没有国家统筹,计划生育问题仅仅靠中国农民自身去解决是很困难的,这就是越穷越生,越生越穷的道理。

在西方国家,年轻人不愿意生孩子,他们有他们的道理。为什么? 西方国家大多是发达国家,这些国家往往有非常完善和发达的社会福利制度。瑞士、瑞典等国家社会福利已经达到顶峰。德国则是拿 GDP 的 31% 用来办社会福利,所有的教育全部免费,没有要学费的地方;而且还有全套的医疗保险和公休制度,可以说一个人的一生,从摇篮到坟墓,都被国家法律保护着。无论你是哪个社会阶层,即使是孤儿寡母都能够享受到合乎人的尊严的生活。这一保障体系同样已经用到鼓励生育上来。一位德国人曾画了一幅漫画,画面是一个动物园里,有一对穿着衣服的老太太和老先生,旁边一句话:"这是世界上最后一对日尔曼夫妇。"可见他们所发愁的事和我们是完全不同的。

那么西方发达国家怎么鼓励生育呢?在德国,任何一对夫妻,如果你是家里老大,你每个月可以从政府领50马克,如果你是老二,就领100马克,老三就领150马克,老四领500马克,老五能够领2000马克,依此类推。这个钱给到什么时候?一直给到这个孩子28岁。而且从接生、保胎到牛奶供应等凡是和小孩有关的事情都是免费的。

德国的法律规定,子女不属于家庭所有,而是属于国家所有,父母只是国家委托的子女的自然代管人。德国的福利制度是很厉害的。德国的小孩出生的时候必须有一间属于自己的房间。不像中国的夫妻,原来是两口子一张床,现在一对夫妻中间放着一个孩子。德国人认为这样做是犯罪!你不要以为小孩子不知道,小孩子很聪明的,知道爸爸妈妈在干什么,所以一定要给他一个单独的空间。在德国,你要生孩子,要先到民政局提出申请,民政局要先看看有没有这个小孩子的房间,一个孩子从医院一出来就开始过独立生活。德国的小孩子是趴着睡,这样他就拼命地伸展,不驼背,德国的小孩子到十六七岁就会离开家,不像我们的孩子……

因为德国的福利太好了,这么好的待遇,在德国当妈妈真是可以发一笔财,其他国家的留学生,就跑到德国去生产。有一个西班牙的留学生临产之前,赶紧往德国跑,结果在飞机上生了,这个人醒过来第一句话就问:"到了德国的领空了吗?"因为只要到了德国领空就算是在德国出生的。同样的情况,前些年大批的中国孕妇到香港去生产。有一个香港人跑过来说:"我告诉你,大陆到我们那儿生孩子的人已经排成一条龙了。"为什么到香港去生?因为香港有很好的福利制度,这是从英国学来的。而且一旦孩子在香港出生,这个孩子就是香港人了。那以后你就是他的亲戚,你可以去探亲,为了照顾孩子可以留在香港。

西方的福利弄的这么好,那么西方人愿不愿意生呢?福利越好越不愿意生。人都是逆向思维的。一位德国人就跟我说过这么一句话:"他为什么对我这么好,肯定有陷阱。"这实际上说明一个什么道理?一个国家越富裕,对劳动力素质的要求就越高。越发达的国家里,劳动力的竞争越激烈,人们的生活工作节奏越紧张,越要求高质量的生活,他们觉得带孩子太累,所以德国人干工作是拼命地干,干完了以后都是不回家的,驾着车就玩儿去了,他们认为生育是没有意义的。

我讲一个故事。去年我到广东去开会,在车上碰到一个农村来的妇女,带着一个孩子,孩子乱蹦乱跳,那个农村妇女觉得我对他的孩子没有恶意,就和我讲话,说她是带着孩子去和丈夫团聚,她丈夫在深圳打工。我就想到城市的人口控制得住,农村的人口控制不住的原因。城市的孩子都是独生子女,他们将来也不愿意多生孩子,而农村情况则不同。我带了一个学生,是江苏盐城农村的,他是家里的老七,他家里有6个姐姐。在中国农村女儿不算人,儿子才是宝贝,这个现象是很可怕的。现在我们看到城市人口越来越少,农村的人口却越来越多。中国如果这样下去的话,永远都会是一个农业国家,改变不了。西方国家30年就把农村人口和城市人口调了个个儿,而中国很难办到。那个女人也跟我说:"现在农村里面能出来的人都跑出来了,像我丈夫这样的人至少有两亿。这样的人进入城里以后,只能够是生活在城市边缘的人,他们干的是城市居民宁愿下岗也不愿意干的事。"这句话深深地刺痛了我的自尊心。城市其实最需要的是有文化的高质量的劳动力,这样他们就把自己要做"标准的城市居民"的愿望寄托在他们的儿子身上。但是,城市养育孩子的代价太昂贵,学费、书费等各种各样的费用排山倒海。她对我说,依现在的情况看她的丈夫要打20年工才能够保证她眼前这个3岁孩子的所有学费。所以在这个孩子十八九岁以前他们绝对不会要第二个孩子。我听了以后问:"这是你个人的想法,还是你们全家人的想法?"她说:"我所认识的打工仔都是这样想的。"

最近这一段时间,我经常收集这方面信息,我也发现农村的中小学在急剧萎缩,就像每一个人家里的全家福照片一样,人口增长的高峰期已经过去。农村的幼儿园很少,中小学在合并。城市里也是如此,城市里面的中小学现在已经开始大量地接收农民工子女,这绝对不是他们为了响应党中央构建和谐社会的号召对农民工子女发善心,那是为什么呢?是由于城市的人口高峰期过去得比乡村早。他们是在为大量闲置的教育资源拉生源。这个情况跟今天欧美国家欢迎中国的中小学生到他们那儿去读书是一样的道理。欧洲的人口高峰期比我们过去得更早。

所以我想,在漫长的历史当中,我们中华民族错过了两次以和平的文明的方式来改变我们人口结构的机会。今天,第三次机会来了。而这个第三次机会让人感触良多。

我有一个感触:我们中国的学费真厉害!在实现市场经济过程中,硬是在我们这一代农民工子女身上把中国人坚持了数千年的多子多福的传统观念颠覆了。这是我们国家计划生育委员会为之奋斗了几十年想达到而达不到的目标。这叫什么?这叫歪打正着。

这个过程是很残酷的,但是我们在此也能够看到中国人口结构发生的改变。这就是由传统社会的多生多死型,经过发展中状态的多生少死型,到发达状态的少生少死型的发展变化。这也是西方的发达社会的人口结构曾经走过的道路。我们说,西方社会也不是没有人口问题,他们恰恰有非常严重的人口老化问题,人口老化问题甚至在某种程度上制约着西方社会的发展速度。但是作为一个世界上最大的发展中国家,中国的人口问题则更为可怕。

首先一点,我们中国的人口实在太多,从人数到人口与资源的比例关系上都存在着非常严重的问题,所以,中国的人口非控制不可。中央现在提出来,要在 2020 年的时候,把中国的人口控制在 14.5 亿以内。但即使是这样,在 2030 年,中国的人口仍将越过 16 亿大关,这是没有办法的事。从 2005 年的 13 亿到 2030 年的 16 亿,然后再从 2030 年的 16 亿下降到 2050 年的 13 亿。要到 2050 年以后,中国人的日子才能真正好起来。

另一方面,我们中国已经进入到一个标准的人口老龄化的国家。我们国家 60 岁以上的人口占全部人口的 10%,65 岁以上的人口占 7%,这就是标准的老龄化国家。而且我们中国的人口福利水平低,总人口当中干活的人多,不干活的人少,这样的状况只能再维持 15 年。因此,国家现在鼓励生育,夫妻双方都是独生子女的话可以生两个孩子。当初马寅初先生就说过"生两个不错"。如果那个时候听了这个话情况就不一样了。虽然现在城市里的年轻夫妻双方都是独生子女可以生两个孩子,但是在北京、上海、广东等大城市已经出现了城市人口的负增长;武汉、南京这样的城市是零增长,就是死的跟生的一样多。

更重要的是我们必须要迎接新的人口的高峰期。这就是 80 后这一批人已进入到生育期,这是个高峰期。中国人喜欢搞什么跨世纪婴儿啊,还有什么奥运婴儿啊,这样一来,这一年降生的孩子将会面对最可怕的竞争。我告诉你,聪明的夫妻应该是绕过生育的高峰,这样将来他们的孩子可以面对少得多的竞争。另一方面,我们还有大量的流动人口,他们的生育是不受国家控制的。还有一些情况也带来人口的出生,如部分人养了"二奶"生育,一些名人超生,这些情况虽然为数不多,但是影响很坏,难以去说服老百姓。

另外一个人口问题也非常艰巨:中国男女比例严重失调。现在已达到 120:100,某一些地区甚至达到 130:100。这意味着什么?意味着即使是一个萝卜一个坑,中国下一代仍会有3 000万的光棍。那将是国家最大的安全隐患。

你们知道,世界上所有的革命都是光棍干出来的。一个人长期不结婚对国家安全就是一种威胁,就是一种潜在的暴力。女孩子不结婚,最多搞一点流行歌曲,男孩子不结婚就要"暴动"了,这是非常可怕的。这是怎么造成的?说句老实话,就是满脑袋都是重男轻女的老思想。这个问题是要引起高度重视的。目前,中国很多社会学家都在琢磨:中国的3 000万光棍将来怎么办?这的确是个大问题。

另外还有残疾人问题。我们中国的出生缺陷率是4%~6%,就是说每年有100万孩子一生下来就是有毛病的。中国今天的残疾人有8 300万,很可怕。我们中国的妇女了不起啊,一年"生"一个澳大利亚,一年"生"一个加拿大。这个问题是很严峻的。

中国最重要的问题就是如何提高我们的全民素质教育问题,是如何培养全民的科技竞争力问题。所以我们说,在中国面临的转型时期,人口问题是十分复杂的,人口问题留下的课题是艰巨的。我们唯有多方考虑,谨慎处理,科学地运用政策,才能保证个人、家庭、社会、国家的和谐稳定和可持续发展。

[相关链接]

我认识的李工真老师

李工真老师很容易让人记住。首先他高,180公分以上的身高,走在珞珈山上是相当醒目的。其次他瘦,有点让人担心,他能不能承受繁重的教学科研任务。最后是他那辆专车——28加重自行车。多少名声没有他大,水平没有他高的年轻老师,早就开上雪铁龙、爱丽舍了,可他仍愿意在校园里骑自行车。很多时候,我们都可以看到李老师推着他的"专车",和同学们边走边聊的情景。

李老师是一个具有传奇色彩的人,他的父亲李国平是中国科学院院士,著名的数学家,还担任过武汉大学副校长,他的母亲是一位德语教师。李老师可以说是名门之后,但他的经历相当坎坷,正当青春年少时,在汉口当理发员就当了近十年。李老师的研究领域虽然是德国史,但他却经常和英国史的三位专家——陈勇、向荣和刘景华在一起搞研究,这也使得我有更多的机会与这位名师交流。

李老师给人的印象是特别真诚、直爽。在他的身上,根本看不到中国传统知识分子那种"逢人只说三分话,未可全抛一片心"的心机。作为历史学研究者,他敢于针砭时弊,仗义执言,体现出了强烈的自由主义色彩。他经常鼓励年轻人要讲真话、办实事,要有独立思考的意识,不要盲从权威。李老师每年为历史学院的研究生开设专题讨论课,受到了学生的欢迎。他会指定一个专题,让学生准备8 000字左右的论文,然后集中讨论,先由同学发问,最后由他点评。课程结束以后,他会邀请同学们出去聚餐。上课修学分还有酒喝,大家自然是很高兴了。有些年份他自己没有带硕士生,这课照样开,这酒照样喝。2003年那一次,就没有他自己的学生上课,由于闹非典,结果还喝了两次酒。

我第一次见到李老师,是在阎照祥老师的博士论文答辩上,当时他作为答辩委员会的成员,虽然不是英国史科班出身,但他仍然能看出很多问题,也能做出精彩的点评。这给我留下了很深的印象。3年过去了,听了多场硕士、博士的开题和答辩,感觉只要有他出席,场面一定不会冷清。只要有他在,就有笑声和掌声在。李老师的口才相当好,讲课风趣幽默、充满哲理,让我们在笑声中学习到了许多东西。本来很多人认为历史和哲学都是相当枯燥乏味的学科,但偏偏李老师把历史能讲得如此生动。我上他的课那一年,他给我们指定的题目是"人口迁移",我因此写下了《近代早期英国的人口迁移与伦敦发展》,后来登在了《武汉大学研究生学报》上,我至今依然对这个命题非常感兴趣,并试图将中英两国社会转型时期的城市化和"民工潮"作对比研究,希望以后写出专著来。因为这个,我非常感谢李老师的点拨。

毕业论文答辩时,我的导师陈勇教授特意邀请李工真老师做我的校内评阅人,李老师在百忙之中仔细阅读了我的论文,并提出了许多针对性的建议,这同样使我受益匪浅。

最巧的是有一年,我去北京大学查资料,无意中走到百年校庆纪念堂前,突然看见一个高大瘦削的中年人,在和一个时尚MM拍照。那个中年人叫住了我,要我跟他合影——他就是李工真教授! 这个世界可真小啊。原来北大又请他来作报告了。

李工真老师的知名度和影响力之大,已经远远超出了历史学科的范畴,他在国内学术界非常受欢迎。北京大学、南开大学等名校多次请他作报告,凤凰卫视"纵横中国"请他做嘉宾。《历史研究》创刊五十周年专辑,还特意邀请他发论文。一些学校也开出优惠的条件邀请李老师加盟。但从小在珞珈山生活的李老师,不愿意离开这里。

在武汉大学,李工真更是受到了无数学子的欢迎,他的讲座总是场场爆满,总有很多人得站着听。校学生会和研究生会要办学术活动,李老师是一定要请的人。李老师思路敏捷,文笔优美,语言幽默,十分适合写作博客。别的不说,就仅仅把他平时和我们聊天时讲的那些内容整理出来，就能获得很高的点击率，但他没有这么做，究竟是自己不愿意，还是别的什么原因，我不得而知。不过，如果下一次见到他，我一定会建议他开博的。最好把他请到我们武汉大学博客圈当个资深圈友。

由李工真教授的经历，我又想到了另一个充满自由精神的知识分子——王小波。他们都是1952年出生，都是属龙的。他们都在中国著名的高等学府中长大。一个是中国人民大学，一个是武汉大学。这两所大学都以文科见长，使得他们身上都有浓烈的人文关怀色彩。他们都出身名门，王小波的父亲是中国最著名的一个逻辑学家，李工真的父亲是中国最出色的数学家之一。他们的生活经历都十分坎坷，王小波被发配到云南修理地球，李工真被发配到理发店修理人头。但是他们并没有在艰苦的条件下放弃对自己的要求，放弃对真理和知识的追求。他们都通过顽强的自学，在别人读完研究生的年龄考上了本科，最后又都出国深造，一个去美国，一个去了德国。他们这一批知青，年轻时候勇敢批判资本主义的罪恶，中年以后却是认真学习资本主义的文化。1997年，王小波先生英年早逝，过早地离开了我们；而李工真老师则厚积薄发，出版了代表作《德意志道路——现代化进程研究》。

（摘自百度贴吧厦门大学吧）

◇ 郝万山

　　现为北京中医药大学教授,主任医师,博士生导师,北京市教育创新标兵,中医经典著作全国示范教学主讲人。其主讲的《伤寒论精讲》(VCD)被列为中医药国家级继续教育视听教材。他多年从事中医教学、科研、临床诊疗以及养生保健知识的科普工作,足迹遍及全国各地以及欧洲、亚洲、大洋洲等20多个国家和地区。编著、主编有《郝万山伤寒论讲稿》、《伤寒论选读》、《春季饮食养生》等12部著作,副主编或合著有《实用经方集成》、《全息经络刮痧法》等14部著作,发表中医药研究论文和养生科普文章80余篇。

心理与健康

主讲人:郝万山　　**时间:**2008年10月26日

核心导读

　　作为一个医生,我要告诉大家:真正高明的医生不在医院,而是你自己;真正的灵丹妙药不在药房,而在你的身体之内。

　　《黄帝内经》提出了一个重要观点:"圣人不治已病治未病,不治已乱治未乱。"还说:"病已成而后药之,乱已成而后治之",就如同"渴而穿井"、"斗而铸锥","不亦晚乎"? 这个观点对我们今天人类健康仍然有着非常重要的意义。

　　　　　　　　　　——郝万山

尊敬的各位领导、各位市民朋友,感谢镇江市委宣传部的领导同志给大家搭建了这样好的一个平台,使大家了解传统文化,了解健康知识。

我今天要和大家谈的是健康掌握在自己手中。来到这个世界的每一个人都希望自己健康长寿,可是在很多情况下,我们忙于工作,忙于学习,忘记了自己的健康。当出现健康失调,当得了病以后才到医院去找医生。见了医生以后就说:"大夫,我这个病我上网查了,你是专治这个病的,你一定要给我用最好的药。"遇到这种情况我常常告诉他:"最好的医生不是我们,而是你自己;最好的药物不在药房,而在你的身体之内。"在这种情况下,我的病人就问我:"大夫啊,你是不是就认为我的病,我的健康是要靠我自己呢?"我说:"是这样的。"健康是掌握在每个人自己手中的,一个人的健康是要靠自己努力的。

可是很多病人不明白这个道理,于是,我就给他引用了《黄帝内经》的一段话。《黄帝内经》是中医学理论的奠基著作,也是中医的经典著作,《黄帝内经》里有这样一段话:"圣人不治已病治未病,不治已乱治未乱。"高明的人不是等到病已形成了才去治疗,这就如同善于治理国家的人,不是等到战乱和祸乱已经发生了再去管理国家。《黄帝内经》中接着作了一个非常形象的比喻:"病已成而后药之,乱已成而后治之"就如同"渴而穿井"、"斗而铸锥","不亦晚乎"?意思是说:病已经发生了,你再去治疗,战乱已经发生了你再管理,这就像口渴了你再去打井,要打仗了你再铸造兵器一样,这不就晚了吗?

我想到一件事,那应当是在 20 世纪的 80 年代初,某一个医学院校有一个非常精神非常漂亮的小伙子,在校时,他是学校篮球队的队员,也是舞蹈队的队长,一个帅哥,身体很棒,毕业后他离开北京到外地去工作,工作也非常出色。5 年以后他有一个机会从外地调回了北京。在调动工作的过程中,由于路途遥远、搬家劳累,回到北京以后他得了重感冒。按理说,一般的感冒通过治疗并不会发生什么严重的后果。但是这个小伙子非常要强,他认为刚调回北京,在单位一定要好好工作,即使得了重感冒,他也没有及时治疗,没有好好休息,以至于得了化脓性扁桃体炎。感冒本来是一个很普通的病,但是由于没有及时治疗,3 个星期以后有一天,他早晨起来,发现自己的脸肿了,小便少了,一化验,被诊断为

健康是掌握在每个人自己手中的,一个人的健康是要靠自己努力的。

《黄帝内经》里有这样一段话:"圣人不治已病治未病,不治已乱治未乱。

"病已成而后药之,乱已成而后治之"就如同"渴而穿井"、"斗而铸锥","不亦晚乎"?

急性肾小球肾炎。其实这个病如果及时治疗，也是容易好的，但是他认为自己身体基础好，并没有重视，也没有及时治疗，后来又由急性肾小球肾炎演变成了慢性肾小球肾炎，而且反复发作。仅仅过了8年，他的肾功能就衰竭了。最后他只好做了肾移植手术。新移植的肾成活了，肾功能也算正常，但是他仍然不注意休息，仍然大量喝酒、抽烟，仍然夜里不睡觉，一年以后新移植的这个肾脏又出现了肾功能衰竭。最后，由于多脏器的功能衰竭，他去世了，仅仅只有38岁。

这样一个从医学院校毕业的优秀的身体很不错的年轻人，就是因为不注意及时治疗疾病，结果发展到断送了自己的生命。我每每想起这件事情都会感到非常遗憾。所以更加感觉到《黄帝内经》里那句话的重要："圣人不治已病治未病，不治已乱治未乱。"尽管医学发展到现在，有很多高明的治疗手段，但是一旦疾病已经形成了，在治疗上就已经是非常困难的了。因此，预防疾病，把握自己的健康，管理自己的健康，这才是最重要的。

什么是健康？

我要讲的第一个问题是什么样的人才算是健康的人？世界卫生组织对健康有这样一个定义："健康不但是没有疾病，还要有完整的生理心理状态和社会适应能力。"具体来说，一个健康的人需要具备什么样的条件和标准呢？

第一点，没有生理性的和遗传性的疾病。什么叫生理性的疾病呢？就像我刚才说的那个小伙子，他得了肾炎，肾功能受到了损害，肾的正常生理功能失调了，这就是生理性疾病。什么叫遗传性疾病？就是由遗传基因的异常所导致的疾病。有一个年轻的女士，生了一个儿子，这个儿子很漂亮，一岁会走，两岁会跑，但到了两岁半一跑就摔跤，开始摔跤自己还能够爬起来，到了3岁自己就爬不起来了，到4岁就已经全身肌肉萎缩走不了路了。到医院一检查被诊断为进行性肌肉萎缩，是遗传基因异常导致的。医生告诉孩子妈妈："你不能再生小孩了，你再生一个仍然会是这样。"她不相信，又生了一个，仍然是一个儿子，仍然还是这样的病，这就叫做遗传性疾病。她要生女孩儿就不会有这样的情况，但是这个女孩儿如果再生儿子，仍然会有这样的情况。

第二点，有自我控制能力。我们是人，人是有理智的动物，是有理智的高等动物，要能够理智地对自己的行为加以控制。我们在街上，在公共汽车上会经常碰到，不小心，人挤，你踩我一脚，我碰你一下，说个"对不起"，道个歉就好了。可是有的时候，我们会看到两个人互相碰了一下，踩了一下，就打了起来，甚至拳脚相加，这就是自我控制能力差的表现。有的时候，常常相互指责，这个骂："你有病！"那个回："你有病！"实际上两个人都有病，都是心理上的病。

第三点，能够正确对待外界的影响。股市飘红，你能够正确地对待它，不去跟风，比如我对股市不了解，所以不管我有多少积蓄，我都不会入市。有人一听说股市飘红，马上就把自己的积蓄全部投入进去，没有多少天股市就下跌了，他受不了，就跳楼自杀了。这样的事情发生过吗？发生过。这就叫不能正确地对待外界的影响。外界说你是著名的歌唱家，你就飘飘然了，不知道自己到底唱得怎么样。别人说："这个家伙唱得真难听。"你就心灰意冷，垂头丧气，连自己具备的实力也看不到了。这些都是不能正确地对待外界的影响，都是心理不健康的表现。

第四点，内心处于平衡与满足的状态。一个人不管处在什么地位，不管在做什么工作，都要时刻找到一种内心平衡的感觉，找到一种满足感和愉快感，这对健康是非常有好处的。一个人如果总是心里不平衡，在单位里骂领导，在社会上骂国家，回到家里骂家人，其实这样做对社会、对国家都没有什么大的影响，只能说明他是一个心理不健康的人，是一个有病的人。

什么是亚健康？

在很多时候，我们会觉得自己不舒服，感到疲劳无力、心情高兴不起来。到医院一检查，医生说："你没病。"这是怎么回事呢？这就叫亚健康状态，就是次于健康的状态。亚健康是介于健康和疾病之间的一种生理功能低下和心理适应能力低下的状态。它的表现是多种多样的，比方说容易疲劳，腰酸背疼，睡眠欠佳，有的时候躺在床上难以入睡，有的时候早醒；食欲不振，排便不畅，在马桶上坐半个小时都完不成任务；精力不足，心理脆弱，常常觉得力不从心，遇到一点点事就要掉眼泪；多愁善感，焦虑紧张，一听说考试就突然心率加快，手脚出汗，心烦急躁，遇到不顺心和复杂的事情，他就急了，说话的声音就高了；月经紊乱，甚至低热。这些情况到医院检查，诊断不出什么病，但是又的确是不健康的状态，这就叫亚健康。

我曾经在一个地方请大家对照自己,请没有上述这些表现的人举手,结果没有一个人举手;再请有上述情况的人举手,结果大家几乎都举了手,也就是说几乎所有人都处于亚健康状态。世界卫生组织把亚健康当成是 21 世纪人类健康的头号杀手。亚健康状态是疾病发生的前奏,是衰老的征兆。我们刚才不是说"圣人不治已病治未病"吗? 在这种状态下,我们就应该采取养生保健的方法和手段,把疾病杜绝在亚健康状态,不让疾病发生。

亚健康状态医院管不管? 医院不管,医院是治病的。所以我就遇到一个人,他疲劳,精力不足,多愁善感,心理脆弱,到医院去,医生查了以后,诊断不出是什么病。医生告诉他:"回家好好睡觉去吧,医院没有药物可以治疗。"就是这样一句话。那怎么办呢? 我们自己来调整。这就是我今天要告诉大家的:如何管理自己的亚健康状态。

什么是心理健康?

通过刚才的介绍,我们知道,我们的健康不仅仅是指身体各器官功能的健康,也包括了心理的健康,因此,第三个问题我就要谈谈什么是心理健康。

心理就是我们通常所说的精神,是感觉。两个年轻人交朋友,别人介绍的,见面回来了,爸爸妈妈就问:"见面怎么样啊?"女孩儿说:"没感觉。"这就叫感觉。再来看知觉,"你摸摸这个茶杯是热的还是凉的?"这叫知觉。记忆,我在这儿说话,讲课,大家有的记住了,这就是记忆。思维,我在这儿讲亚健康,有的人开始想:"我是不是处于亚健康状态?"你在思考。情绪,人的喜怒哀乐都是情绪。情感,爱、恨都是情感。性格,是指你是外向的还是内向的。能力,这个小伙子出去办事的时候,遇到关键的事就要问领导怎么办,领导就觉得这个小伙子没有独立处理工作的能力,而另外一个小伙子则遇到问题自己都能够独立解决,最后就把结果圆满地向领导汇报,领导心里就留下印象:这个小伙子能力强。上述的总称就叫心理。因此心理是什么呢? 心理就是客观事物在人类头脑中的反映。在中医和传统气功里,把这种客观事物在人类头脑中的反映用了一个很有意思的词来概括叫"识神"。就是认识周围世界的这种精神。

动物有没有心理反应呢? 我想在座的有很多人养宠物,你所养的小狗,它在屋里关着,当你下班一打开门的时候,它马上就从地上爬起来,它一听走过来的是你,就会迅速冲到门口,见到你高兴得又跳又叫又摇尾巴,你认为这是你养的小狗来欢迎你了。小狗怎么认为呢? "哎,我的宠物回来了。"你喂养的狗,你认为狗是你的宠物。

而在狗的心里,它认为你是它的宠物。它的宠物回来了,所以它特别高兴。如果是陌生人,这个小狗从来没见到过,它就会想:"这个家伙来我们家干什么?"于是,它就汪汪叫。你说动物没有心理吗?动物也有心理活动。

以前我们说草木是无情之物,现在看起来不是这样,草木也是有感知、感觉的。在美国纽约时代广场的对面有一个实验室,这个实验室是美国间谍机构搞测谎仪研究的地方。有一天,这个实验室的主任,突发奇想:我们用这个测谎仪测一下看植物是否会撒谎。那么植物有没有心理呢?于是,他就把这个电极接到龙血树上,他发现一连几天不浇水的话,树就非常低频,而浇上水之后,树的生物电流就非常活跃,就像人吃饱饭,非常高兴一样。有一次他又想,如果发出一个信号,使一个人感觉到生命和健康受到威胁,这个人的心理就会紧张,他的电流就会发生变化,那么怎么才能让龙血树发生剧烈的心理变化呢?就用火烧一下,一烧肯定会发生剧烈的变化。没有想到他刚想到这个方法,这株龙血树的电流马上出现了剧烈的跳动。他感到很奇怪,难道龙血树会知道我的思想吗?于是,他到隔壁找打火机,他一边走一边想:"我是用火焰烧他的枝子还是叶子呢?"这个时候,龙血树的电流又突突地跳了两下。走到隔壁房间的时候,他又想:"我只是吓唬吓唬它,我怎么会真烧它呢?"这时龙血树的电流就又稳定下来了。这样当他再拿着打火机在旁边吓唬它时,这株龙血树的电流没有任何的变化。他非常惊讶,植物居然了解人的心思。他向世界公布了这个发现,很多人不相信,就到他那里去观察他的实验,这个发现竟然能够多次重复呈现。有一天实验室来了一个人,这个人一进这个屋子,所有龙血树的电流全部划直线。大家非常吃惊,因为划直线就说明这棵植物休克了。于是他就问:"这位先生,你是做什么的?"回答说:"我是研究植物的。我研究植物的无机盐,我把植物砍下来,用微波炉烘干了,烧成灰,然后看其中无机盐的含量。"原来这个人是杀害植物的"刽子手",难怪他一进来,所有的龙血树全部都"休克"了。所以当我们养一株花的时候,天天关照它,给它浇水,看着它,心中默默地祝福它旺盛地生长,它的叶子就长得美,你不理它,这个花就开得不好。

心理健康的标准是什么?

第四个问题,既然讲心理,就要讲心理健康,心理健康的标准是什么呢?一个心理健康的人首先应该是乐观的、开朗的、积极向上的,并且能够准确了解自己在社会群体中的地位。

有一次，我搭一个朋友的车，我的朋友带着他的另外一个朋友同行，我们一起穿过天安门广场，他的那位朋友就指着天安门城楼上的毛主席像说："几年以后我的像就会挂在这里。"其实他是干什么的呢？他就是一个普通的美容院老板。你说这样的人心理健康吗？心理不健康。我当时就给他诊断为精神狂躁症。精神狂躁是精神抑郁症的一种表现形式，表现为患者在狂躁的时候精力充沛、睡眠减少、盲目乐观。别人看起来这好像是一个工作能力很强的人，有的时候还能够做出成绩来，其实你仔细一听他说话，吹牛、撒谎、撒大谎、吹大牛一点都不脸红，路过天安门广场，说几年以后那里就挂他的照片，这不是吹牛吗？

有一次在法国乘出租车，我一上车，出租车司机见我是东方人，就用日语和我搭话，我没有理他。他又用韩国语，我还没有理他。最后他用中文问我："你从台湾来还是北京来？"我说："我从北京来。"然后他问我到哪儿去。沿路他就给我介绍，这个建筑有多少年的历史，发生过什么事情，那个建筑有多少年的历史，发生过什么事情。我非常吃惊，他能够讲多种东方国家的语言，而且他这么了解历史。我问："先生，你是学什么的？"他说："我原来是学历史的。"我说："你为什么做出租车司机，而不做教师呢？"他说："我学历史，大学毕业以后到中学里当老师，后来发现我这个人自由散漫，在学校上课是固定时间，一打铃必须要上教室，我这个人不愿意受拘束，就辞职了。我还有一个特点就是喜欢到处玩，我就到旅游公司做导游，我发现这样既能够发挥我会说多国语言的特色，又能向游客介绍我所学的历史知识。但是旅游公司强调几点钟集合，导游也必须几点钟到，几点钟我必须回到旅馆，时间上我受不了约束，我又辞职了。后来我发现只有开出租汽车最适合我，我想出车就出车，想收车就收车。而且开车的时候，我会碰到各国的朋友，我可以发挥自己懂多国语言的优势，又可以向他们介绍历史，这样我就既可以从事我喜欢的工作，又可以不受时间的约束，我找到了自己在社会中的定位，这是我最喜欢干的，也是我最擅长的事情。"

可是，我在北京也经常坐出租，很多司机都喜欢发牢骚。发什么牢骚？他们一会儿说油价贵了，一会儿说份子钱多了。我就跟他们讲这个法国司机的例子，告诉他们不管做什么工作，都要把自己定位好，你是一个普通的百姓，普通的工作人员就别总想着要做总统。为什么总统不让我来做？为什么国家主席不让我来做？其实这样想就是一种心理不健康的表现。

100

一个人是否能够正确对待自己、对待他人、对待社会，正确对待他人和社会对自己的评价，关键是内心要有一种平衡感、满足感和幸福感。这个感觉找不到，对我们的健康是非常不利的。

人际关系良好，这一点非常重要。朋友多，能够理智地处理人和人之间的关系，有良好的自我控制能力。凡是在社会上没朋友，到一个单位和单位的同事们都吵一遍架的人，一定是心理不健康的人。一个心理健康的人，一定是人际关系非常棒、朋友非常多的人，他能够和不同年龄、不同层次的人交朋友，能够理智地处理人和人之间的关系。对照这些标准，我们看一看，自己是不是一个心理健全、心理健康的人呢？

那么，究竟什么叫健康人呢？日本人综合心理健康和身体健康，认为健康的人应该是吃得快、排得快、睡得快，这就是身体上和心理上都健康的人。但是我把它改一下，"吃得快"不好，吃饭应该细嚼慢咽，我改成"吃得香"。回去看看自己吃饭香不香？"吃得香"说明你心理和生理都健康。

> 日本人综合心理健康和身体健康，认为健康的人应该是吃得快、排得快、睡得快，这就是身体上和心理上都健康的人。

我有一个学生，她在北京嫌工资低，就应聘到一个南方工厂里当厂长助理，这个厂长什么事都不管，什么事都交给她，到南方没多久，她就给我打电话："老师，我大便秘结，没有半个小时解不下来，实在不痛快。"我就知道这是由于她心理压力导致了生理出问题。3个月以后，她又给我打电话说："老师，我有了黄褐斑了。"我说："要是这样的话，你赶快回北京吧。"她出去工作半年后回到北京，人完全变化了，原来胖胖的，脸色白净，回来以后脸上全是黄褐斑，生理失调。所以这个"排得快"，既包含着心理健康，也包含着生理健康。

> "吃得快"不好，吃饭应该细嚼慢咽，我改成"吃得香"。

我把"睡得快"改成"睡得稳"。就是入睡快，不做梦，做梦少，又不早醒。符合这三个条件，就是生理和心理都健康的人。

> 我把"睡得快"改成"睡得稳"。

心理健康对生理健康的影响是什么？

我们中国有句话叫做"酒逢知己千杯少"，还有一句话叫做"借酒消愁愁更愁"。当你遇到知心朋友的时候，和朋友聊天，和朋友回忆以往愉快的事情，你的心里就非常高兴。心里一高兴，你喝酒就喝不醉。为什么喝不醉呢？酒里头含着酒精，进入体内之后，是靠肝脏分泌的酒精脱氢酶来分解的。酒精脱氢酶把酒精分解成为二氧化碳和水，二氧化碳可以通过呼吸排出来了，水可以通过汗和尿就排出来。所以，在酒桌上，你一看这个小伙子一边喝酒,一边出汗,还老上厕所,你千万别和他比喝酒,他的酒精脱氢酶分泌量多,他喝酒不容易醉。人特别高兴的时候,你化验他的酒精脱氢酶,分泌量就高,就不容易醉;相反,如果心情不好,酒精脱氢酶分泌得少,喝酒就容易醉。这就是心理和情绪对健康的直接影响。其实很多疾病的发病都和心理因素有关,由于心理因素导致的疾病叫心身性疾病。

哪些疾病属于心身性疾病呢?

第一类,高血压、高血脂、动脉硬化、冠心病。大家会说,这些病不是和饮食习惯有关嘛。吃高脂肪的、吃高盐的饮食容易得这些病;还有吃得太好,能量过剩,不运动容易得这些病,应当说这些都是致病的原因。另外,还有一个原因就是心理因素,美国的医生研究了 40 年,发现得高血压、高血脂、动脉硬化、冠心病的人大部分都是 A 型性格的人,这些人大多爱拔尖、争强好胜,经常把同行当成竞争对手。同行进步了,他们不是由衷地祝贺而是嫉妒、愤恨,甚至在背后捣鬼破坏人家。他们经常处于一种紧张、焦虑的状态,这样的人高血压、高血脂、冠心病的发病率超出一般人的 10 倍。此外,紧张性头疼、偏头疼也是由心理因素导致的。心理因素还会导致无具体原因的躯体疼痛。患病者全身肌肉疼,不是风湿,不是类风湿,不是痛风,就是这个肌肉疼,不能碰,找不到其他原因,这些都属于心身性疾病。

第二类,消化道溃疡、过敏性结肠炎、习惯性便秘、神经性呕吐等。我们的消化系统特别容易受心理因素的影响。有一次一个人找我看病,胃疼,什么时候疼呢? 饭前空腹的时候痛,夜里到后半夜可以疼醒了。这是非常典型的胃和十二指肠溃疡的表现。我问:"你疼多少时间了?"他说:"3 个月。"我又问:"3 个月前有什么事让你焦虑、紧张?"得这种病尽管有很多原因,但是它的发生、发展和精神情绪因素关系十分密切。他说实话了,他说:"我是出租汽车司机,在 3 个月前,我连着被抢过两次,差点把命都丢了,可是全家就靠我开车来养家,不能不开车,每当我开车的时候,就希望有客人拦车,这样我才能够赚钱啊! 可是一有人拦车,我就心慌心跳,心想不会又是打劫的吧? 经常这样想着,就胃疼。"他的起病和加重就是和精神因素有关。

比如过敏性结肠炎,这个病在人情绪特别好的时候,症状就不发生,但是在病人精神情绪差的时候,就会发作。我校有位老教师对我说:"郝万山,你们系的某某老师气得我拉了 3 天的肚子。"我就找到这个年轻老师,我说:"××老师是我们的老前辈了,你怎么老是气他啊?"他回答说:"我看他脸上黄中带青,我觉得这个老师是肝郁脾虚,有人说他一生气就拉肚子,我就找一个茬气他,他还真的一生气就拉肚子?"我说:"这还有假吗?"他说:"那好吧,那下次讲课的时候我就讲生气就拉肚子的例子。"这个年轻老师也够坏的。

神经性呕吐则完全和精神情绪有关,厌食和习惯性便秘也都是这样的。精神放松了这些问题就都没有了。

第三类,支气管哮喘、荨麻疹。大家说这些病不是过敏引起的吗?是过敏,但是,有的人在某一年龄段不过敏,在另外一个年龄段就过敏,身体的状况是会变化的。

有一次一位妈妈带着她的小孩儿来看病,这个小孩子的妈妈对她要求很严,不久这个小孩子就得了过敏性哮喘。我就问这位妈妈:"什么情况下不喘?"她说:"这个孩子一到医院住院,还没有用药就不喘了。""那么还有什么情况下不喘呢?"她说:"有一次我出差,把她放在姨妈家,她就不喘。"我又问:"孩子的房间有没有什么过敏源?"回答说:"把房间的衣被等东西都换了一遍了,还是不行。"我请孩子的妈妈先出去,我问这个孩子:"你喜欢妈妈吗?"她没说喜欢还是不喜欢,只是说特别害怕妈妈。我问:"为什么呢?"她说:"妈妈对我要求太严格了,近似于苛刻。我在奶奶家,奶奶就是惯着,所以我养成了一些不良的毛病,妈妈处处瞧不上我。比如说我的筷子拿得很近,妈妈就打我的手,责问我筷子为什么拿这么短;我拿远了,她又说你要在离我很远的地方找老公吗?我在家里左也不是,右也不是,我一见到妈妈就紧张,一紧张就喘。"我明白了,原来是妈妈给孩子的压力,导致了孩子的过敏性哮喘。我就给孩子的妈妈做工作,告诉她教育孩子不能这样。孩子妈妈对我说:"我从小就想考大学,就想读研究生,可是'文化大革命'的时候我插队了,后来再也没有机会上大学,于是我就把希望完全寄托在孩子身上了。孩子小的时候,由于我工作太忙,经常出差,不能带着孩子,就把她放在奶奶家,接回来时孩子已经6岁了,我发现这个孩子一身毛病,我对她的要求就严格一些。急于求成,对孩子压力太大了。"我告诉她不能这样,儿孙自有儿孙福,你对孩子宽松一点,让她的心理发育正常一些。以后通过对妈妈做思想工作和给孩子适当用药,这个孩子的病就慢慢好转了,后来她还考上了北大,而且在北大读书读得很好。

神经性皮炎,斑秃、牛皮癣、白癜风这些病也和心理因素有密切的关系。这些病我想在座的当中肯定有人得了。这段时间有什么事不顺心,神经性皮炎马上就复发。我有一个学生,在家里老公的脾气很暴躁,动不动就打她,她想离婚。我说:"你要想好了,离婚不是简单的事情。"她说:"我遭受了暴力,是受害者,房子、车子、孩子应该都给我。"于是她就提起离婚诉讼。但是她的老公通过关系找了上级法院的院长，结果下级法院院长将房子、车子、孩子等都判给了她老公，她等于被扫地出门。晚上她回到做姑娘时在妈妈家住的小房间，一夜辗转难眠。第二天早晨起来，头发竟然掉了一片，得了斑秃。这一夜就有这么大的变化，你看看精神和心理对健康的影响是多么严重。

部分肿瘤的发病和加重也和精神因素有关系，类风湿性关节炎也是这样。我们有一个老师是类风湿性关节炎，当他职称晋升顺利的时候，精神就很好，手脚也非常灵活；而当没能晋升的时候，他的手就抬不起来了，甚至连板书都不能写了。

性功能障碍也是心身性疾病，大部分和心理因素有关系。月经紊乱，也属于心身性疾病。有一所名牌大学对该校一年级的学生进行调查，发现在入学后的第一学期，从外地考到北京的女学生80%以上出现过月经紊乱。这些学生能够考到北京的名牌大学，在外地都是中学里的尖子学生，在家里读书时都被家人照顾着，被学校宠着，可是一到北京，8～12个人住在一个宿舍，在班里大家都是尖子，就都不是尖子了，这样她们的心理不能适应了，结果月经就失调了。

个别不孕症的形成也和心理因素有关。有一个42岁的女性，闭经3个月，以为是更年期，找我看病。我一摸脉，非常滑，非常明显，我说："你怀孕了。"她听到这个话非常吃惊，我还以为她没有老公，结果她说有。我说："你既然有老公，怎么不能怀孕呢？"她说："我以前是不孕症，吃过好几麻袋的药都没有用，我怎么能够怀孕呢？"我问她："你和你老公的感情好吗？""非常好。"我问："那你为什么不能怀孕呢？"她说："我老公跟我说了，他们家8代单传，到他这儿是第八代。我嫁给他的话，一定要给他生个男孩儿，不然他家就断子绝孙了。我就向他承诺，一定要给他生个男孩儿，结果每次做爱的时候，我就紧张，就焦虑，结果我不但男孩儿怀不上，甚至女儿也怀不上，到医院检查，也找不到什么原因。结果后来只好领养了一个孩子，这个孩子现在已经长大了。"我就跟她说："你肯定怀孕了！不然你检查一下。"一个小时以后，她检查回来了，说："大夫，我真的怀孕了。"她说："不对啊！大夫，别人怀孕有反应，我怀孕怎么没有反应啊？"我说："你看，化验说你怀孕了，妇科医生检查说你怀孕了，能有假的吗？"于是她就打电话告诉她老公说自己怀孕了，她说："老公你来接我，我腿软得走不了路了。"她认为自己这一辈子不能怀孕，突然知道自己怀孕了以后，这叫喜则气软，高兴过头了，全身的气都松了，走不了路。我还接着给其他病人看病，结果这个人跑到水池旁边："啊，郝大夫，有了，有反应了！"所以有的人妊娠反应很剧烈，是有一定的心理因素的。

有些痛经也与心理因素有素。一个女孩儿，她原来没有痛经的毛病。她问："妈妈，为什么我们班上其他的女孩儿来都疼，而我不疼啊？"她认为疼的才是正常的，结果自己第二个月就疼了。她给了自己一些心理暗示，结果导致自己也痛经。

一些难产、假孕现象也和心理因素有关。有一个农村妇女老是盼望着自己怀孕，结果月经就不来了，到医院医生说她没有怀孕，她老是认为自己怀孕，她自己的肚子也会慢慢长大，10 个月下来，别人都生了，她没有生，一年过去了，还没有生，她这才明白：啊，自己真的没有怀孕。这样，慢慢的肚子就瘪下来了。那肚子胀起来是怎么回事？原来是肠胀气。

黄褐斑的出现也和焦虑、紧张的情绪有关。各位朋友，不管今后你们在工作和生活中，遇到什么样的艰难困苦，你们一定要保持一种宁静的心态和愉快的心情，这样你们的脸上才不会有黄褐斑，一旦有了黄褐斑，长起来容易，各种方法都难以使它消退。

厌食、遗精、遗尿等也是如此。前些日子，有一个大学一年级的孩子来找我看病，他身高只有 1.48 米，我问："你怎么这么矮啊？你父母矮吗？"他说："就因为我小时候不喜欢吃饭，我吃饺子一顿只能吃两三个，幼儿园的老师硬给我塞，结果我更不想吃了，得了厌食症。"因为厌食，这个孩子小时候一直贫血，影响了发育。所以，对于厌食的儿童不能强制性的让他进食。

为什么心理失调会导致生理失调呢？为什么会出现心身性疾病？我们人体自身有一个自动的优化调节系统，我把这个系统叫做自调机能，在传统的气功和中医里也把它叫做"元神"。这是原始的、与生俱来的一种很神奇的功能，不仅能够对我们身体内环境的协调性进行自动调节，而且能对我们对外部环境的适应性进行自动调节。这是我们生理健

自调机能在传统的气功和中医里也把它叫做"元神"。这是原始的、与生俱来的一种很神奇的功能，不仅能够对我们身体内环境的协调性进行自动调节，而且能对我们对外部环境的适应性进行自动调节。这是我们生理健康的根本保障。

康的根本保障。

比方说我们体内缺水了,我们就会感到口渴,口渴这个信号就提示我们去找水喝,渴了要喝水,饿了要吃饭,这是谁在调节呢? 是我们的元神系统。

我们镇江,一年四季都非常温暖;而北京则不一样,夏天奇热,冬天奇冷,冬天的时候室外甚至到零下十几度;到哈尔滨就更冷了,甚至是零下三四十度。东北人吓唬我们:"你们北京人到东北千万别在外面小便,你一撒尿,就冻成小冰棍了。"天气冷的时候,我们出门忘了穿大衣,冷风一吹,皮肤末梢的毛细血管就会收缩。

人的血压是保证血液循环的,外周的小血管一收缩、一痉挛,血压就会升高。这就像你把一条水管子的末端掐住,管子内的压力就会升高一样。但是我们正常人不会因为吹了冷风就血压升高,我们的体内会自动调节,减少血流量,使血压保持正常。可是患高血压的人不同,他们的身体内部自动调节能力失调了,皮肤的小血管一收缩,血压马上就上去。有一位老师患有动脉硬化,有一次他有急事要出去,没有穿大衣,一出门,血压就升高了,导致脑溢血,4 个小时以后就去世了。

我们喝水,有的人不是慢慢地喝,而是一口气喝了好几杯,就像往水管里注了很多水一样,压力就增高。青光眼的人,连续喝几杯水的话,眼压就会增高,我们正常人不会因为多喝几杯水血压、眼压就升高,为什么? 我们正常人有元神在调节。

调节体内平衡的是我们的元神,调节身体内外环境平衡的也是我们的元神。天热了,我们打开汗孔,靠出汗来散热;天冷了,我们关上汗毛孔,减少热量的散失。你并没有用大脑命令自己:现在天气热,汗孔打开,给我散热! 有谁做过这样的命令吗? 没有。是我们的元神在调控。

真正的医生是我们自己,是我们的自调的机能。自调机能发挥得好,就是我们健康的保证。精神、情绪、情感等心理因素如果异常的话,就会干扰和抑制人体的自调机能。

为什么心理因素可以导致健康失调啊? 就是精神、情绪、情感等心理活动的异常可以干扰我们的自调机能,可以抑制我们的自调机能,有了轻度的内环境的失调,它调节不了,于是就使生理功能失调,疾病就产生了。

所以,真正的医生是谁? 是我们的自调机能。人生健康的最大的敌人是谁? 是我们自己。人最难战胜的也是自己的各种欲望,各种杂念和各种不正常的情感、情绪。你把这些都战胜了,你的自调机能就会发挥得好,你的健康就有保障。所以我说:自己的健康自己负责。

我们来到这个世界上,要生存、要工作,要生存、工作得出色是很不容易的,所以我们自己要对得起自己,自己不要给自己施加压力,自己不要干扰和抑制自己最宝贵的自调机能。

我太太常常说:"病都是自己作的。"这是一句很普通的话,但很有道理。既然我们明白了这个道理,我们怎么样解放自己的自调机能呢? 方法非常多。有句话叫做解铃还需系铃人,心病还需从心医。既然是心理因素抑制和干扰了我们的自调机能,导致了各种疾病的发生,我们就从心理调节入手,下面我就介绍一些具体的方法。

心理调节的方法

第一点:心理平衡调节法。心理平衡调节法还包括很多。

第一个方法,宣泄法。在国外,专门有这样的俱乐部,那些受了委屈的,非常郁闷的,想发泄又没有地方发泄的人,让他们到俱乐部来。这些俱乐部里有很多橡皮人供大家发泄不满,比如你认为别人欺负你了,你又没有办法和他对抗,你心里非常愤怒,你就打这个橡皮人,一边打一边骂,打完了,你汗也出了,郁闷也发泄出来了,这就是一种心理调节的方法。我们国家有一些城市也设有这样的宣泄场所。

第二个方法,转移法。当一个人在某一件事情上受到了挫折,就可以把注意力转移到另外一个方向。有一个科学院院士,他在自己的研究领域非常成功,非常有名,有一次他找我看病,我就问他:"您在事业上这么成功,能不能给我和我的学生介绍一下你的经验?"他听完就笑了,他说:"我上大学的时候,曾经追过我们年级的一个女生,结果这个女生瞧不上我,居然当着很多人的面说我是癞蛤蟆想吃天鹅肉,把我气坏了,以后我就再也不搞对象了。我在自己的研究领域专心地研究,结果不小心还真是做成了点儿事情,就这样走到今天。"我问他:"后来你去找朋友了吗?"他说:"后来我没有再去找朋友,当我成功了以后,那些女士都来找我了,甚至我都 70 多岁了,还有漂亮的 80 后的女孩儿来追我。"这就是转移法,你在爱情上受到了挫折,你不要陷入这个泥潭不能自拔。世界是广阔的,自然是美好的,路子是多条的,其他地方仍然有你发展的空间,仍然有你成功的道路。

第三个方法,理喻法。当你的思维陷入一个定式的时候,你总是陷在里面,拔不出来。你总是很苦恼,很烦闷。那么找一个师长或长辈,把你内心的苦闷跟他讲讲,或者找一个心理咨询师,听听他的劝导,他们会用讲道理的方法开导你,这些也许可以使你的心情豁然开朗。

第四个方法,以情胜情法。就是以一种积极的情绪战胜另外一种不良的情绪。在古代,鄱阳湖一带有一个鄱阳王,他在外面作战战死了,他的皇妃非常思念他,吃不下饭,睡不着觉,卧床不起,奄奄一息。她的哥哥知道妹妹是因为思念鄱阳王才得了这个病,所以他就请人画了一幅画,带着这幅画去看他的妹妹,他对妹妹说:"我带来了治你病的药方。"妹妹问:"这个药方怎么这么大啊?"打开一看,原来画面上是鄱阳王活着的时候,和别的女人在床上寻欢作乐的场景,她气得一拍桌子:"你这个老家伙,早就该死!"之后就下地开始吃饭了。这就叫以怒胜思,用发怒的情绪战胜了过度相思、思念的情绪。

我们大家在中学的时候都读过《儒林外史》,《儒林外史》里讲到了范进中举的故事。范进从20多岁起参加科举考试,屡考不中。他岳父是一个杀猪匠,每次见了他就骂他:"我瞎了眼,把女儿嫁给你这个废物,考了这么多年还考不中。"后来他在接近50岁的时候终于考中了,皇榜发到他家,范进惊喜之余,出现了狂躁疯癫,在村里从东头跑到西头,西头跑到东头,不停地说"我中了!我中了!"帽子也掉了,头发也乱了,鞋和袜子也都丢了。这就是暴喜伤心、心神失常、狂躁疯癫。村里人说:"范进老爷是暴喜伤心,他平时最怕谁?把那人找来吓唬他一下,就会好了。"他平时最怕他的岳父,于是人们就去请他的岳父。这个岳父说:"我过去吓唬他可以,但是他已经中举,是文曲星下凡了。"别人就说:"如果不吓唬他,使他的精神恢复正常,他就不能做官了。"于是岳父追上范进,打了他一个耳光,说:"你中什么了?什么也没有中!"范进睁开眼一看是他的岳父,惊吓出一身冷汗,顿时神志清醒了,这就叫以恐胜喜,恐惧的情绪战胜了欣喜的情绪。但是,这种方法现在不能用,作为一个医生,现在既不能把人激怒,也不能去吓唬人。但是古代是常用这种方法的。

第五个方法,改变观念法。有一个老太太,下雨天哭,晴天也哭,天天哭,哭出一身病。于是就有人问她:"婆婆你为什么雨天、晴天都要哭啊?"她回答说:"我大女儿是卖鞋的,下雨天买新鞋的人少,她的买卖要赔,于是我就为大女儿哭;我二女儿是卖伞的,天晴买伞的人少,她的买卖会赔,于是我就为二女儿哭。"那个人就劝她说:"你这样想啊,下雨的时候,你二女儿卖伞的生意好,你应该为她笑!天晴的时候,你大女儿卖鞋的生意好,你应该为她笑。"从此,老太太晴天也笑,雨天也笑,一身毛病都好了。

有一天,一个病人找我看病,这个人一进来我就发现她患有严重的焦虑症,她脸色苍黄,面容消瘦,我就问她:"你失眠多长时间了?"她说:"你怎么知道?"我说:"一看你的面色就知道。"她说："我受人欺负了。"怎么受人欺负了？大家不可想象，在很多年前，北京居住条件很差，住四合院，每家的面积都很小，人们都在自己的房前盖一个小房子做伙房或者子女的小卧室。邻居家在这个女士的门前盖了一个小伙房，挖地基的时候挖出一个很大的石头，结果发现伙房盖起来了，石头拿不出去，太重了，吊车又进不来，石头吊不走。这个女士每次经过这个石头都要把自行车抬起来。她把这件事告诉了丈夫，丈夫却说："你别想这事儿行不行？"结果这个女士就说："你是不是和邻居的女人有一腿？"两个人竟闹到离婚。后来，她找一个风水师傅来看，这个师傅说："这个石头是蛤蟆精，正对着你们家喷黑气。"那怎么办呢？就花了1 000块钱买了一个镜子挂在墙上。我听说后就很好奇，说："我能去看看吗"？我去她家一看，这个石头真不错，过去是一个风景点缀，只不过现在所在的位置不好。我对她说："这个石头非常漂亮，你找几个小伙子，把它抬起来，换一个角度，你在周围种上一些花草，好好浇水，将来你一出门就能见到漂亮的风景。"她按照我的话把这个石头竖了起来，挪了一个地方，占地面积小了，从外观上看上去也好看了，然后种上花草，天天浇水。以后出门的时候，她还是搬着自行车，不是自行车推不出来，而是怕压着花草。她原来看着这块石头心里就烦躁，现在她慢慢地把这事儿忘了，心里的石头慢慢没了，不吃安眠药也睡着了。她就认为我是一个高人，又来找我："老师，这到底是怎么回事？"我说："因为你观念改变了，心情好了，就没有病了。"

所以我们有的时候不要把思想限定在一个角度上，世界大得很，我们想开了，换一个角度就豁然开朗，人要学会解放自己。

第二点：修德修心。《黄帝内经》上说："恬淡虚无，真气从之，精神内守，病从安来。"恬就是愉快，淡就是娴静，你总是保持一种非常愉快、娴静的心态，你的真气、正气就和你的形体相适应了，你的自调机能就正常了。"精神内守，病从安来？"是指你的精神不为外界的声色犬马所诱惑，是非常平静的，非常协调的，非常知足的，非常愉快的，这样的情况下病怎么会来？病还怎么能够产生呢？

孔子说过这样的话："大德必得其寿。"道德高尚的人，胸怀宽阔，豁达大度，大肚能容，容天下难容之事，笑口常开，笑天下可笑之人，这样的人必然身体健康。凡是大度的人都是道德高尚的。药王孙思邈也说过这样的话："性既自善，内外百病皆不悉生，祸乱灾害亦无由作，此养生之大经也。"你要保养生命，而保养生命的大道理、大原则就是要善良。这些都揭示了修德修心对健康的好处。

一个道德高尚的人，一个胸怀宽阔的人，一个不求私欲的人，心底坦荡天地宽，半夜不怕鬼叫门，活得很安定，活得很轻松、很愉快，这样一来，他的身体就会健康，他就会长寿。

第三点：我教给大家一些解放自调机能的技术。

第一个方法，无为法。谈到这个方法，我需要介绍一个人。这个人从小到现在没有得过病，当然偶尔也会得一次感冒，但他不用药，只要在床上躺一会儿，他就会浑身出汗，感冒就好了。有一次我不舒服，他正好到我们家串门，他说："大哥，我给你治一治。"他用手一搭我的肩井穴，我就感觉到一股热气向我的胃部传导，我的胃马上就舒服一点了。

我问他："你练过气功吗？很多按摩师给我按摩过，我都没有这种热传导的感觉，你一定是练过气功的。"

他说："我没有练过气功，不过从小我在爸爸妈妈肚子疼的时候，就用小手给他们摸一摸，他们就好了。后来到内蒙古生产建设兵团劳动，战友们也都知道我会按摩两下子，脚扭了，肩膀痛了，就找我，我给他们按两下，就不疼了。"

我很奇怪："你怎么有这样的功能呢？没有练过气功怎么有气感呢？"

我又问："你怎么休息啊？"

他说："我休息的办法很简单，小时候放学回家了，就把书包一放，把自己扔在床上或沙发上，就不管自己了。"

我问他："你脑子里想什么啊？"

他说："什么也不想，过一会儿我就找不见我自己了。我在什么地方？那里有什么？我都看不见了。"

我问："周围有人说话的话你听得见吗？"

"我听得见啊，但是他们说什么，我不知道，我是听而不闻。"

我问："你的眼睛是睁着的还是闭着的？"

"有时睁，有时闭，有时是半睁半闭。"

"有人走路，你看得见吗？"

"看得见啊，但不去分辨，这叫视而不见。"

视而不见，听而不闻，就是这个境界。把自己扔在沙发上、床上，对周围的声音听而不闻，对周围的事物视而不见，把周围的事物忘记了，谁是我？我是谁？我在哪里？哪里有我？都不知道了。但是那个"累"的感觉还有，比如说腰酸背痛啊，这个感觉还有。

我说："要是在兵团，你们一定是几个人住一个房间，你进入这个状态以后，别人叫你吃饭了，你能找见自己吗？"

他说："我起不来啊，我找不见自己的胳膊和腿，我的脑袋要找一会儿，先找到胳膊，慢慢找到双腿，我才能够下地，等我到食堂，别人都吃完了，我总是吃残羹剩饭。"

我把这个朋友的休息方法归纳一下就是：物我两忘，意气俱静。我是谁？谁是我？不知道。思维是宁静的，呼吸也是平静的。

我把这个方法告诉学生之后，结果过了两天学生告诉我："老师啊，我记住你的话了，我一直在想'什么也别想'。"我纠正说："就连'什么也不要想'这个意念也不要有。"于是，我又补充了两句。一是无无亦无，就是什么也不要想这个意念也不要有。结果有的学生跑过来问："我睡着了，行不行啊？"我说："不行。"二是一灵独觉，对外界的东西要听见，但是要听而不闻；对外界的东西能够看见，但是要视而不见，这是一种自然的放松方法。

我们学校有一个科研中心，用类似于测谎仪的多导生理仪进行研究。我把这个朋友找来，给他接上电极，看看他处于这种状态的时候的脑电图是什么样子的。结果我们发现，他躺在上面，两分钟后就处于物我两忘、无无亦无、一灵独觉的状态了，这时他的脑电非常宁静，也就是说，他的大脑皮层处于非常宁静的状态。但是脑干上行激动系统是非常活跃的，这个系统将我们脏器的生理、病理信息向生命中枢进行传递，以便于生命中枢进行很好的调节。也就是说在这样的状态下，脑干最活跃。这也意味着，在这种状态下，我们的自调机能最活跃。这就是为什么他得了感冒，不用药，只要把自己扔在床上，用不了十几分钟，就会出汗的原因。这个出汗就是我们自调机能作用的结果。

在座各位，你今天晚上就试一试，看自己能不能做到，如果能做到你就是一个有福气的人，你一定能够长寿。我教了很多人，可是他们都跟我们说："老师啊，你让我们什么都不想，结果我们浮想联翩，想得更多了。你不说什么都不想，我们还就睡着了，你一说不要想，我就什么都想了。"我说："你这叫心猿意马，你的意念像被抑制的猴子一样上蹿下跳，你的意念像没有笼头的野马在草原上易放难收。我给你找一个拴马桩，把你的意念先固定在一个地方。这就叫做有为法。"

如何把意念和思想放在一个地方？这就是我们传统气功中所说的意守法。可以守身内之物,也可以守身外之物。守身内之物,就是我们道家所说的意守丹田。丹田在哪儿?我笼统地告诉大家,就在我们的肚脐以下。

有的学生过了两天又回来找我说:"老师,我肚脐以下什么都没有啊!你是让我想我的肚皮,还是我肚皮下的脂肪,或是脂肪下的腹肌,还是肚子里的小肠?"

我说:"你想想什么就想什么,你就使劲想。"

又过几天,他又说:"老师,我找到丹田了,我开始就想着我的小肠,想着想着,就热了,我就守着这个热。"

一开始你不知道丹田在什么地方的时候,你就想着附近的一个位置,当你一直关注这个地方,这个地方的毛细血管就会扩张,代谢就旺盛,产热就增多,产热增多你就感觉到热了。

我告诉他:"你接着守。"

又过了一个星期,他又回来了,他说:"我小便又黄又臊。"

我说:"在找到热感以后,就不能守得太死。"

当你找不到那个热感的时候,要守,所以前两周要死守。一旦找到这个热感的时候,就不要死守,这个时候怎么做呢?要守而不守,不守而守。你说我没有守吗?我确实在守着这团热气;你说守么,又不是死守,似守非守,若有若无,一旦找到这个热感,千万不要死守,这就是一个练功的过程。到最后,你已经习惯了这个热桩子,这就叫以一念代万念。这时,你的大脑皮层就平静下来了,你就不再胡思乱想了,你的自调机能就解放出来了,提高起来了,你就达到一个新的水平。

在这里我要提醒大家,女性不宜守丹田,因为这样容易导致月经提前和月经量增多。我本来是教一个博士生练习,他是男生。过了几天,他把女朋友带过来说:"我把这个方法教给我女朋友了,结果她月经提前了,量还特别大。"我说:"谁让你教给她?我们传男不传女啊!"

那么女生怎么办呢?你喜欢玫瑰花你就守玫瑰花,你喜欢月季花你就守月季花。也可以默念"松静"二字,随后进入一种全身放松、心理安定的状态,这样也是可以的。只要达到了以一念代万念,去除杂念,不要胡思乱想,你的自调机能就解放了。有的人说:"我守着守着就睡着了,怎么办?"睡着就睡着,这样的入睡比平常的入睡更有深度,效果更好。这样睡觉睡得更踏实。

如何把意念和思想放在一个地方?这就是我们传统气功中所说的意守法。可以守身内之物,也可以守身外之物。守身内之物,就是我们道家所说的意守丹田。

下一个方法叫吞津法。这是道家的功夫。练习吞津法可以坐着或者站着，准备动作是全身放松，面带笑容，你面带笑容的时候你心里自然是愉快的。二唇轻闭，准备练功。

第一步，叩齿。上下牙齿轻叩 36 次。牙齿是骨骼露在体外的部分，肾主骨，轻轻叩齿，有强肾壮骨的作用。

第二步，搅海。舌头在口腔中轻轻搅动，顺时针 9 次，逆时针 9 次，再重复一遍，也是 36 次。无论是叩齿还是搅海，都一定要轻。有一次，我在一个大学里教学生练这个功，过了两天，一个学生找我说腮帮子累。原来他太用力了。我说："哪能这样用力啊？舌头轻轻地搅动，意念到了就行了。"因为舌头轻轻地动，能够刺激唾液的分泌。一开始的时候唾液分泌不多，不多的话你再做一遍，或者像我们漱口一样轻轻地含漱，等唾液含到满口的时候，慢慢地咽下去。等到练习惯的时候，就不局限于叩齿 36 次，也不局限于搅动舌头 36 次，只要你一想到这个功夫，牙齿轻轻动，舌头轻轻动，有津液就可以了。从中医的角度来说津液有清心健脾的功效。

第三步，吞津。要求将唾液分 3 小口咽下去，要咕咕有声。就是咽出声音来，用意念将唾液引至丹田。

第四步，意守丹田 3 分钟。练功完毕。

吞津法的作用是灌溉脏腑，濡润四肢，面色红润，轻身不老。你从中年开始练这个功夫可以防止干燥综合症的发生。唾液多了，可以预防胆结石的发生。还可以预防习惯性便秘的发生。唾液分泌得多，整个胃肠蠕动就正常，就可以使排便正常，这就叫灌溉脏腑。濡润四肢是指有的人皮肤比较干燥，经常练这个功夫皮肤就不会干燥。面色红润是说因为他经常练习这个功夫，手脚温暖，气血循环好，面色就红润。再来看轻身不老。我的一位老师，比我大 30 岁，在我 40 岁那年，他 70 岁，他到北京约我一起登泰山，我想：你 70 岁的老头跟我 40 岁的人登泰山，我绝对奉陪。到了泰山脚下，他说："我们不要一块儿走，我们比赛看谁先到顶。"虽然这个老师个子比我高，但是我仍然信心十足，我认为他虽然个子比我高，腿比我长，但是不可能比我快。可是没有想到，他健步如飞，转眼就没影了。爬到半山腰我就累了，就坐上了缆车。我心想："看看我们谁先到。"到了山顶，我看到他已经快到山顶了，一般人要两个小时才能到山顶，他一个半小时就快到了。我看到他嘴里正"咕嘟"、"咕嘟"吞咽津液。

我们人在什么情况下，唾液分泌得少呢？在紧张和焦虑的时候。你看看有的人在这里讲课，说几句话就要喝一口水。他说："老师，你看看我喝得都快饱了，怎么还是口干想喝水啊?"照理说,一边说话,舌头一边动,唾液就应该乱溅才对。为什么口干? 那是因为紧张,人一紧张唾液就分泌得少了。所以,唾液分泌得多和少,是检测我们是身心放松,还是紧张焦虑的客观指标。

我们可以从能操作的角度入手,我们唾液分泌多了,就找到了放松的感觉。当然在放松的时候,我们的自调机能就能发挥得淋漓尽致。人在放松的时候,体内的肾上腺素分泌就会减少,生长激素分泌就会增多,我们的能耗就降低,代谢就减少,这样我们的生命就延长了。有人说,每个人的一生就像一根蜡烛,火苗大,着的时间就短,如果火苗小,着的时间就长。所以一个老师上课时是处于紧张情况,还是处于放松情况,感觉是不一样的。有的老师上完课会说:"我累死了!"为什么这么累? 他不就是站在那儿和大家聊聊吗? 因为他紧张,能耗多,所以就会感到累。其实只要放松愉快地讲,讲一天也不会累,不就是和大家聊天吗? 为什么累呢? 所以唾液分泌得多少是检测人是否放松的客观指标。你只要说话,唾液就满口,你就会找到这个放松的感觉。

但是,不管怎么说,这些方法都要持之以恒,长久训练,不能三天打鱼两天晒网。只有日积月累,才能够达到铁棒磨成针的目标。

有人说:"我意守丹田了,但是一离开这个时间,一回到现实工作,又是满脑烦恼,一腔愤怒。"这样仍然达不到健康长寿。所以,我提倡日常工作和生活中要奉行三个原则。

什么原则? 放松的原则、专注的原则、愉悦的原则。要热爱你的工作,一见到工作你就高兴得不得了。可能你并不太喜欢它,但是你一定要找到这个感觉。你要专注工作,不能三心二意,在工作当中你要放松。有的学生问我:"老师,你今天锻炼了多长时间啊?"我说:"我今天讲了4节课,我就锻炼了4个小时。"上课怎么是锻炼呢? 我在上课的时候可以在讲台上走来走去,就等于散步4个小时,我把我的知识非常快乐、非常专注地告诉给你们,这不就等于和朋友聊天吗? 这样看来,我讲课是不是就等于锻炼了4个小时? 这样的话就可以把日常工作、日常生活看成我们锻炼身体的机会。

第四点: 做到四个快乐,即: 助人为乐、知足常乐、自得其乐、没乐找乐。

很多年前,我第一次到新加坡的时候,看到那些南方的植物,见一棵就照一个棵。一个新加坡朋友的太太对我说:"教授,这些树有什么好看的? 矫揉造作,台风一吹就倒了,你们北方的松树、柏树才漂亮呢! 苍劲挺拔,凌冬不凋。"我突然愣住了,是呀,我房前屋后,都有这些松树、柏树,我从来没有觉得它们好看,来到南方,我怎么见一棵照一棵呢? 我怎么没有看到自己身边令人愉快的事情呢? 回去以后我一看到这些苍翠挺拔的松树、柏树,就感到快乐。

在座各位,我们人生中可能会遇到很多困难,很多挫折,但是太阳每天升起,地球不停地自转,你总要找到一种感觉,什么感觉? 我美得不得了。大家会说:"你这不是阿Q精神吗?"为了我们的健康,阿Q精神是需要的。大家试着找一找,就是这样没乐找乐。

随着年龄的增长,我们自调机能也会有疲劳的时候。这个时候怎么办? 我们农村没有电磨的时候,套上一个小毛驴来磨面。早上刚上工的时候,这个小毛驴自己会走,到中午的时候它就累了,不想走了,想偷懒了,这时,主人抽它一鞭子,它就又走了。我们的自调机能也是这样,你解放它,它就自调一辈子吗? 不是,人到中年,它就懒得调了,我们要刺激它一下。刺激的方法非常多,基本原理就是利用各种刺激手段,通过改善肌肤的血液循环,促进经脉的血液运行,达到促进人体自调机能的效果,从而起到调节身心平衡、保护健康的作用。这就是原则,要抽鞭子。那么,刺激人体自调机能的手段有哪些呢?

第一类方法,拍打法。著名的歌唱家耿莲凤跟我年龄相仿,但是她仍然能够登台演出,她的方法就是每天拍打自己,一天不拍就不舒服,所以她脸色红润,气血流畅。有的按摩诊室做了一个抽打的鞭子,里面是铁丝,外面绕着棉花和布,浑身地抽。所以说人到了中老年以后就欠抽欠揍。北京曾流行一种拍打功,拍手跺脚,这也是抽打功的进一步发展。拍打功的师傅治病就是拿手使劲拍,第一次接受治病的人皮肤都被拍出血了,但是拍完了以后,病人心情愉快、气血流畅。采用拍打法时,拍不动你也可以搓。

第二类方法,刮痧、拔罐。美容院的循经推按调理,正脊推拿和312经络锻炼法等也都属于抽鞭子的方法。

第三类方法,敷药。用一点点当归粉,约0.5克,放在胶布上,放在内关穴上,可以改善血液循环,而血液循环可以影响到心脏的血液循环。这也是一种抽鞭子的方法。

第四类方法,针刺、艾灸、埋针、放血。放血的方法我们在家里也可以做,比如我们的血压高了头疼,疼得不得了,眼睛胀,头胀,这时,我们可以把耳朵揉红了,用一个酒精棉球消消毒,将放血的针消毒后,在耳尖扎一下,然后用酒精棉球擦,有酒精的时候血液不凝固,那么头疼就会立即缓解。放血疗法是一种很有意思的疗法,虚症实症都可以采用。南京就有专门的刺血诊室治疗高血脂、偏瘫、冠心病等疾病，而且都有极好的疗效，只不过这种方法要流出了一些血，有的人嫌脏，有的医生不愿意做。

第五类方法，食疗。

归纳一句话：天天偷着乐，但也别乐过头。什么叫乐过头呢？有一个心肌梗塞的病人，他天天跟我讲说："我小女儿特别孝顺。"我说："我只看到你大女儿和儿子来看你啊？"他告诉我小女儿在海南岛。有一天他可以下床了，她小女儿从海南岛回来了，急匆匆地来到病房，我说："我给你通报一下？"她说："不要，我要给爸爸一个惊喜。"我那个时候还年轻，没有想到这个惊喜会给病人带来什么，她爸爸一看到是自己朝思暮想的小女儿来了，满脸笑容，正手举着油条吃，就这么不动了，一会儿，油条掉下来了。我一看，老先生由于惊喜，心脏已经停了。我赶紧给他做心外按摩，人工呼吸，但是没有救活。就是这样一个已经可以下地的病人，突然一惊喜，乐过头了。

所以我说：天天偷着乐，但也别乐过头；没事找找抽，自己不抽请人抽，抽不管用就放血。以上这些就是促进自调机能的方法。

各位朋友，今天和大家的交流就到这里，谢谢各位！

> 天天偷着乐，但也别乐过头；没事找找抽，自己不抽请人抽，抽不管用就放血。以上这些就是促进自调机能的方法。

[现场互动]

听众：我是一个处于青春期的女孩儿，有的时候，父母看我表现不好，就会经常说我，我心里非常难过，有的时候在学校里面和同学闹矛盾，也会觉得非常难过，但是我不知道怎么处理这样的压力。关键是父母不理解。还是那样说我，我心里很难过，又找不到一个知心的人说。

郝万山：我想，在很多情况下，做到与人为善就可以了。你觉得父母说得有道理，你就接受，你觉得没有道理，就当耳旁风，走你自己的路。

听众：我想请教一下，我尿频20多年了，看了不少地方，没有治好，我想请求您的帮助。

郝万山：你这个尿频不是感染性的,而是神经性的,你只要放松了就可以了。

主持人：我们教授今天来是给大家讲演的,不是来给大家看病的。还是要放松自己的心情,凡事要与人为善。这里有一个朋友递来一个字条：湿疹和心理有关系吗？如何来调节？

郝万山：其实所有病,和心理有关的所有的病症,自我调节的方法都是一样的。我刚才已经介绍了很多调节方法。

[延伸阅读]

关于五行生克

人为什么会得季节病？大树又为什么会有深深浅浅的年轮？一年四季的寒来暑往和生命体之间,究竟有着怎样的关系？中医学采用了五行学说,把大自然和人体的健康联系在一起,形成了中医的特色理论。张仲景用"五行生克"理论,通过脉象和病征的关系,来判断病征的预后;用五行生克的思想,来预测疾病的发展趋势。他曾经说："见肝之病,知肝传脾,当先实脾。"这句话是什么意思呢？医生要是诊断出病人患的是肝病的话,那他就该知道,肝病容易影响消化系统,容易影响脾胃,医生要先把病人的脾胃给调补好了,肝病就不容易犯脾胃了,这个病就容易好。这就是运用了五行理论。

大家都知道,五行是"木、火、土、金、水"。这5个字,是指我们看得见、摸得着的具体的五种东西呢,还是另有所指？要我说,古人说得很清楚,在古代,"木、火、土、金、水"这5个字有两个层次的概念,其中一个层次叫"五材",即5种具体的材料,5种具体的物质,这是看得见、摸得着的。《尚书大传》曰："水火者,百姓之所饮食也;金木者,百姓之所兴作也;土者,万物之所滋生,是为人用。"哗哗的流水和燃烧的火焰,是百姓日常起居必须用的,谁家不做饭,谁家不用火,谁家不用水啊？金属和木材,是百姓们盖房子、上地里干活、做家具等日常生产劳动所使用的东西;广博的土壤,化育万物,这些东西都是为人所利用的。

千百年来,人们对五行学说存在着很多误解,甚至有人用它来看风水或者算命。那么中医学中的五行究竟指的是什么？

　　由于阴阳五行学说是用古代文字表述的，现在它离我们已经很遥远了，所以今天的许多人对这个学说，有不少误解或者不理解。事实上，阴阳五行学说是包括张仲景在内的古代圣贤，通过研究自然规律，研究生命规律所取得的成果。阴阳五行学说已经渗透到了中国传统文化的方方面面。当然除医学之外，风水先生和星象学家也在运用阴阳五行学说，但是他们所运用的阴阳五行学说，可能和中医原本的阴阳五行学说已经不是一回事了。我现在只讲中医的阴阳五行学说。

　　张仲景在《伤寒杂病论集》里说："夫天布五行，以运万类；人禀五常，以有五藏。""天"就是大自然，大自然赋予了气的5种不同的运动方式，才使万事万物有了生长收藏的生命节律。"人禀五常"，这个"五常"也是五行，人体禀受了5种常规的气的运动方式，才有了以五脏为核心的五大生理系统。《黄帝内经》多次提到，"天有四时五行"，"天"就是大自然，有四季，有五行；"以生长收藏"，这才使植物有了生长收藏的生命阶段；"以生寒暑湿燥风"，这才有了寒暑湿燥风这样不同的气候变化。所以，从这些话来看，五行和五材并不是一回事，虽然都是用的，都是"木、火、土、金、水"这5个字。五材指的是看得见、摸得着的五种东西；"行"是什么意思？行就是运行、运动的意思。现代汉语所说的人行道、步行街、自行车等，都是这个意思。因此，五行指的是看不见、摸不着的自然界的气的五种运动方式。

　　20多年前，我住的房子在一楼，房子后面有一块空地，我在空地上种了一些葡萄和月季花。到了春天，我觉得葡萄有些枝条应该剪掉。我就剪枝，这一剪枝，我非常吃惊地发现，从枝端流出很多水，滴答滴答往下掉。葡萄枝里怎么会滴水呢？我觉得葡萄也缺肥了，就挖沟、施肥。这一挖沟碰断了葡萄的根，从根的末端也流出很多的水。我很奇怪，这里面怎么会流出水呢？这时候我们学校管园林绿化的一个老师傅过来了，他说："郝老师，你怎么春天剪枝啊？"我问："怎么了？"他说："在春天，植物的营养向根的末梢输送，向枝条的末端输送啊。你把枝条剪断了，那个断面就会流出大量的营养，那是葡萄的眼泪啊！你把根给碰断了，那也是葡萄的眼泪，葡萄在哭啊！这个时候丢失的养分，丢失得太可惜了。"我听这个园林师傅一讲，心里猛然一动，什么样的气的运动，在春季支配着动植物的生长啊？营养向四周输送，营养向根的末梢输送，营养向枝条的末梢输送，那一定是一种展放的气，这个气向四面八方输送，向四面八方展放，而古人用"木"字代表这种展放的气。所以"木"字在五行中代表的是气的展放运动，气从中间向四周展放，而不是指具体的木材。为什么气的展放运动用"木"来代表？因为树木的根须，最喜欢向下伸展，树木的枝条最喜欢向上伸展。根须向下伸展，可以吸收更多的营养和水分；枝条向上伸展，可以吸收更多的阳光和雨露。

由于树木根须和枝叶的运动特征是向四周展放的，五行就借这个"木"字来代表气的展放运动这一特征。

于是我就联想到五行分类的原则和方法。实际上五行分类，仍然是按照"仰观天文、俯察地理，中知人事"的原则来进行的。仰观天文，北斗七星的斗柄指东；俯察地理，地面为春，气候是春风和暖气的运动特征，是展放，于是就把东方、春季、风、生联系在一起。

不同的季节，不同的气候，动植物所表现的生长特性也会不一样。古人运用气的不同运动方式，来解释季节对于生命体的影响，这也就是中医的理论基础之一——五行学说。

夏天的时候，人们常常会感到酷热、烦躁，食欲下降，体亏人乏，严重的甚至会引发季节病。这是气的什么运动引起的呢？仰观天文，斗柄指南，俯察地理，地面为夏，夏季气候炎热，植物的地面部分繁茂地生长。我就问那个园林师傅："我的葡萄藤，都快长疯了，根还长不长啊？"他说："到了夏季，根就不怎么长了，春季根就基本奠定好了，夏季主要长地面的部分。到了春末夏初的时候，自然界的那些动物特别活跃，交朋友的、搞对象的、垒窝的、成家的，大自然呈现出一派欣欣向荣、蒸蒸日上的景象。"所以古人看到这样的季节，这样的气候，这样的动植物生长状况，就在想了，在这个季节，是什么样的气的运动，支配着自然界一切生命的活动啊？他们认为是气的上升运动。在夏季，是以气的上升运动为主导，支配着自然界一切生物的生命活动。

用什么样的字代表气的上升运动呢？古人用了个"火"字。为什么可以用"火"字代表气的上升运动？因为火性炎上。大家都做过饭，做饭的时候都知道把锅放在火的上面。有把锅放在火的旁边，靠热辐射来做饭的吗？恐怕没有。因为大家都知道利用火性炎上的道理。

在《西游记》里，唐僧师徒不小心被妖魔给抓住了，捆在妖魔洞的柱子上，有一个小妖就跟老妖说：师傅，咱们把他们都蒸了吃吧，猪八戒皮糙肉厚，不容易熟，放到笼屉的最下层，让他离火近点；唐僧皮肉比较嫩，容易烂，把他放到笼屉的最上层，让他离火远点，这样他们一锅就全熟了。孙悟空一听，就跟猪八戒说：师弟，妖精是外行，它不知道火性炎上的道理，在密闭的笼屉当中，上面的温度最高，师傅可受不了。孙悟空懂得这一点。因为孙悟空最初的师傅是道家，道家最讲五行。起初孙悟空一心想跳出三界外，不在五行中。什么叫不在五行中啊？就是不受大自然的支配，五行是大自然的规律。如来佛是怎么教育他的？他一溜儿跟斗云翻完之后，感觉他可能已跳到天边，他看见五根肉红色的柱子，撑着一片青云。他想，如来佛，你说我跳不出你的手心,我跳到天边了,我留个记号。于是他拔下一根毫毛,变成一支笔,写上"齐天大圣到此一游"。他还不解气,撩起衣服来,撒了泡尿留了个记号。他一溜儿跟斗又回来了。如来佛不动声色,一伸手,孙悟空大吃一惊,"齐天大圣到此一游"怎么写在如来佛的中指上了?轻轻一闻还有他留的标记。这就是五行啊,如来佛伸出的5个手指头,就是五行。如来佛迅速把他扣到了五行山下。我们中国那么多名山大川,为什么把孙悟空扣到五行山下?就是为了让他思考大自然的规律。孙悟空思考了500年,所以他懂得五行,懂得火性炎上的道理。

中医的五行,虽然用的是"木、火、土、金、水"这五个字,但是它的含义却是指气的五种不同的运动方式,而一年有春、夏、秋、冬4个季节,分别对应植物的发芽、繁茂、收获和休眠。那么为什么明明是一年四季,却对应了气的5种运动呢?

斗柄指西,地面为秋。秋季气候凉爽,树木的根须干枯了,枝条也干枯了。秋季我们看到的动物的生长状况又是怎样的呢?过去有一首大实话的歌叫做《秋后的兔子怕鸟枪》。什么意思啊?秋后的兔子拼命地吃,把身子吃得肥肥的、壮壮的,它在积蓄营养,准备过冬。你到动物园看,秋季的狗熊也拼命地吃,秋季是狗熊最胖的时候,为什么啊?积聚脂肪,积蓄营养,准备冬眠了。所以,古代的人就是因为观察到秋季自然界植物的营养向主干内收,向种子和果实内贮藏的过程,观察到秋季的动物逐渐肥胖的过程,于是认为,在秋季,是一种气的内收运动支配着自然界一切生物的生命活动。用什么字代表自然界气的内收运动呢?古人用了"金"字。

当北斗七星的斗柄指着北方的时候,俯察地理,大地上是冬季。这个时候,气候寒冷,万物深藏,种子埋在土里,根本不会发芽,发芽就会被冻死。树叶的小幼芽,藏在芽孢里,根本不露头,露头就会被冻死。冬眠的动物藏到山洞里或者藏到树洞里,都沉沉地睡着了。古代的人类冬天也过着早睡晚起的生活,叫做"猫冬"。所以古人观察到这个季节动植物生长的状况,认为这时气的下降和潜藏运动支配着自然界一切生物的生命活动。用什么样的字代表气的潜降活动呢?用"水"字。我们都知道,人往高处走,水往低处流。在五材中,水指哗哗的流水,在五行中,水代表的是气的潜降运动。

随着天空的斗转星移,随着地面上季节的更替,气的展放运动和气的上升运动,气的内收运动和气的下降运动,周而复始地交替变化。最初的时候,只有四行,因为只有四季。可是当五行和阴阳结合起来的时候,就出现了新的问题。气的展放运动和气的上升运动,这是气的阳性运动;而气的内收运动和气的下降运动,是气的阴性运动。气的运动由阳性转为阴性的时候,会有一段平稳的过渡,这种平稳的过渡是在夏末,在夏季的最后18天,中医称之为"长夏"。

在长夏,大地上阴雨连绵,暑热未退,因为秋风未至,所以天气闷热潮湿,人们感觉这个季节不好过,就像"桑拿"天,不像春天那么舒展,不像夏天那么火热,不像秋天那么清爽,不像冬天那么凛冽。这个时候植物在干什么?植物已经开花,已经结果,果实正在逐渐变大。动物在干什么?动物已经怀孕,胎儿正在逐渐孕育。所以,此时自然界处于一个相当平稳的、孕育下一代的过程。这个时候,气的上升运动和下降运动相均衡,气的展放运动和内收运动相均衡。自然界的气处于相对稳定的、平稳的状态。古人就用"土"字,代表气的这种运动方式。

所以,在"五材"中,"土"是指化育万物的、广博的土壤;在"五行"中,"土"是代表气的相对平稳的运动。于是,就由原始的四行变成了五行。五行就是指不同季节气的不同运动方式。

有了五行之后,古人还考虑到这五行之间的关系,因此就引入了生和克的概念。

春季之后是夏季,春季气的展放运动为夏季气的上升运动提供了前提,创造了条件,这就叫"木生火"。所以并不是像我们通常所理解的那样,木头遇到火,就着了,而是春季木气的展放,为夏季火气的上升提供了前提、创造了条件。如果今年春季气温比较低,植物的根长得不好,枝条长得也不好,它就会影响夏季时植物的地面部分繁茂的生长,这叫"木气虚",不能生火。

秋季气内收,植物的种子成熟了,主干的营养贮存得多,就利于植物过冬。秋季气的内收运动为冬季气的潜藏运动提供了前提,创造了条件,这就叫"金生水"。金气的内收运动,使植物的种子饱满,使植物主干的木质化程度高,就为冬季的潜藏提供了前提,创造了条件。如果它的种子没有成熟,营养储备少,很嫩,那它不就给冻死了吗?

冬季,水汽潜降,为种子、为植物储存了能量,就为第二年的展放,为植物更好地生根、发芽提供了前提,创造了条件,这就是"水生木"的过程。

五行的相生,是按照季节的次序相生的,生得过头就不行了,所以要引进五行的相克。

如果春季植物长得太疯了,叶子长得太疯,根也长得太疯,枝条也长得太疯,它消耗的营养就过多了,到了夏季就不能很好地生长,所以必须要制约。春季展放过度靠什么来制约呢?靠秋季的金气运动不内收过度,这样才能保持平稳。这就叫"金克木"。

夏季上升的气的运动太过头了,就像我种葡萄,有一年夏季雨水多,我施的肥又多,结果葡萄枝都长疯了。园林师傅说:"老师,这样不行啊,枝叶长疯了的话,就会影响结果。"我问"怎么办啊?"他说:"你得把它的头剪了。"这就是用下降的气来制约它、控制它,使它的上升运动控制在一定的水平,不要长得太过头,这叫什么? 这就叫"水克火"。并非我们所想象的,拿水一浇,火就灭了。

像这样,五行有相生,就不至于导致某种气的运动不足;五行有相克,就不至于导致某种气的运动太过。这样生克制化,五行之气,由展放到上升,由平稳到内收,由内收到下降,由下降到第二年的展放,保持了五行之气年复一年交替运动,从而达到平衡、稳定、协调。经过几十亿年的氤氲演化,大自然演化出了万紫千红、千姿百态的生命世界。所以有生命的世界都被打上了五行的烙印。

为什么说世界上的生命都有五行的烙印? 而五行和人的健康又有着怎样的关系?

阴阳的烙印大家看到了,伸出手就是,手心手背都是肉,颜色不同,结构不同,功能不同,分得出来阴阳。五行的烙印在哪里啊? 五行的烙印也随处可见。我们的家具很多都是木材做的,木材都有木纹,木纹就是树木的年轮,那个年轮是怎么回事? 就是五行打上的烙印。

春季气展放,所以春季树的细胞就开始变大;夏季气上升,夏季生长的细胞,就变到最大;秋季气内收,秋季生长的细胞就变小了;冬季气潜降,这时生长的细胞就变得更小了,甚至不长了。细胞大的时候,树木的颜色就浅;细胞小的时候,它的颜色就深,这样就留下了一圈圈的年轮。

岂止树木上有年轮,马牛羊的牙齿上也有年轮,大鱼的鳞片上也有年轮,乌龟的背壳上也有年轮。有一次我在台湾,去一个饭店里吃饭,那是个非常豪华的饭店,门口有一只特别大的海龟。因为我没见过那么大的海龟,我就在那儿看,结果服务员过来说:"先生,我们这只海龟1 000多岁了。"可是我定睛一看,海龟的壳上有年轮,我想数数它到底有多少年轮,有多大年岁,数了半天没超过100条。我就跟服务员说:"这个海龟顶多比我大点,不到100岁,也就是80来岁,谁告诉你这个海龟1 000岁了?"她问:"先生,你怎么知道?"我说:"这叫岁月留痕。"海龟的壳上不仅有年轮,它还有季轮,4个季节叠加起来,才是一岁。

我们吃过黄花鱼,黄花鱼脑袋上有两块硬硬的骨头,有这个特征的鱼,就叫"石首鱼"。有人研究石首鱼两块坚硬的骨头,把它剖成薄片以后,用电子显微镜来看,发现它不仅有年轮、有季轮、有月轮,还有日轮。如果这条鱼这一天的生活是风平浪静,食物丰富,伙伴又多,玩得又高兴,它的日轮就宽宽的、亮亮的;如果哪一天遇到狂风恶浪,没有食物,而它又到了一个孤苦伶仃的地方,它又紧张,又害怕,又饿肚子,又焦虑，结果这一天的日轮就是黑黑的一条细线。根据这条鱼头部的骨头在电子显微镜下的日轮，就可以把这条鱼一生的日记写下来，由此就可以推测这个海域过去的气象状况，这就叫岁月留痕。

我们来到这个世界上很不容易，因此，我们每个人不管遇到什么样的事情，都要保持良好的心态、愉悦的情绪，不要在我们生命的进程中留下黑黑的一条线，而要留下一个亮亮的痕迹。

按照天人相应的学说，大自然有什么，人体内就有什么，那么人体内的五行是什么，又在哪里？中医是如何利用五行学说来治病的呢？

五行学说是揭示大自然气的运动方式及其变化规律的学说，是沟通人类与万物、天地之间关系的纽带，也可以看成是大自然这一生命的摇篮所赋予人类和万物的"遗传密码"之一。因此，汉代医学家张仲景才说："夫天布五行，以运万类；人禀五常，以有五藏。""天"就是大自然，赋予了春季气的展放、夏季气的上升、长夏气的平稳、秋季气的内收、冬季气的潜降。大自然赋予了气的5种运动方式，才使万事万物有了生长收藏的生命节律，才使人有了五脏系统。大自然有木、火、土、金、水五行，在人体化育了五脏——肝、心、脾、肺、肾，而五脏又分别配胆、小肠、胃、大肠、膀胱五腑，还分别对应筋、脉、肉、皮毛、骨五体。可以表示为：

木—肝—胆—筋

火—心—小肠—脉

土—脾—胃—肉

金—肺—大肠—皮毛

水—肾—膀胱—骨

在这个配属过程中，肾配着骨，那么肾和骨骼有什么关系呢？中医认为，肾是藏精的，精是生髓的，髓是养骨的，所以患先天性肾病的孩子，大多骨骼先天发育不良。有一个老同志，有一次给我打电话说："郝老师，我脚骨折了，打上石膏固定了40多天，到医院一透视，结果原封没动，没有长。"我说："你吃一点补肾的药。"他说："老师，我不知道吃哪些药。"我给他开了点儿中药，他吃了两个星期，一透视，骨头开始长了。所以中医用补肾的药，就可以使骨折提前愈合。这就是运用了五行的理论。

有一次我遇到一个患冠心病、心绞痛的病人。他的心绞痛，干活累了并不发作，他只是生气、着急了才发作，他经常和家里人生气。心电图显示，他确实心肌供血不足，而冠状动脉造影没有发现明显的冠状动脉狭窄。所以按照一般的治疗冠心病的方法治疗，效果都不好。这个时候，我就想到了这是木不生火。我在治疗上就用了疏肝的药，养肝阴，养肝血，疏肝解郁，然后调畅心气，就这样，他心绞痛症状很快就缓解了，而且心电图也有所改善。

　　人体是一个统一的整体。人和自然是统一、协调的，人体各个器官也是统一、协调的。所以五行学说不仅把人和自然联系了起来，也把脏腑、形体、官窍、情感联系起来了。因此，人体各个系统的气的运动特性，也就和五行相顺应。

（http://daily.cnnb.com.cn/nbrb/html）

◇ 姚鸿昌

他不在教育界工作，却讲了近40年课，内容涉及无线电技术、计算机、现代营销、人才成长、企业文化及智慧家庭教育等方方面面，听众包括：普通群众、干部、部队官兵、政府公务员和学生。

他有数十项创新成果，5项专利，其中有两项达到国内或国际先进水平；他出版的6部教育著作，影响着老少三代人成长，他曾受到全国总工会、全国妇联和教育部的表彰。被中国教育专家委员会、中国教研网、中华学习辅导网、妇联组织、企业、学校等聘为专家、文化顾问、名誉校长等。

核心导读

我们要教育孩子,但我们了解孩子吗? 我们拥有教子的智慧吗?

学业成功不代表人生成功,职业成功也不代表人生成功,甚至有些所谓的事业成功,也不能代表人生成功。

所谓教子与人生成功的智慧,实际上就是全家老少四代人共同成长的智慧,是一个在学习中共同唤醒自己心灵的智慧,是在共同成长的基础上创建和谐家园的智慧。

姚鸿昌老师为我们打开了智慧教子的宝藏。

我是第一次来镇江,久已向往,昨天一下火车我就先到长江边看了看,今天早晨又花了一个小时的时间看了南山,给我留下了深刻的印象。不论是北水也好,南山也好,我看到一种良好的生态环境正在这里形成,我发现镇江市民在与大自然的和谐相处中,找到了和谐的生态家园;在与人类社会的和谐相处中,找到了和谐的关系家园;在与自己的心灵的和谐相处中又找到了和谐的身心乐园。所以我非常羡慕镇江人,也非常愿意和大家一起来讨论,如何智慧教子,如何在享受心灵生活中实现我们的人生成功。

人生的四次成长

我和大家一样,也是一位家长,30多年来,在向自己的儿女学习并与儿女一起成长的过程中,实现了人生的第二次成长。今天,我正面对我的外孙,实现着人生第三次成长。

我想人生实际上要进行四次成长:0~25岁是播种智慧的春天,播种下"善根"而成为智慧人。25~50岁是发展智慧的夏天,我们要发展成"智干",成为智慧才。50~75岁是收获智慧的秋天,我们要在收获到"乐果"的过程中成为智慧师。当我们踏入秋天的园林,无论果实是甜蜜还是苦涩,我们都要收获,收获一个不完美的秋天才是更真实的自然。在人生之秋,我们应该在读懂自己心灵这部书的基础上去感悟人生,用从我做起的实际行动去帮助更多的人成长。我今天正处在这样的一个年龄段。我发现今天来了很多老同志,有的比我岁数还大一些,所以我们共同处在人生的秋天,我们感悟人生,希望能够为我们孩子的成长做一些工作,尽一些我们的责任。75岁之后,应该是浓缩智慧的冬天,要浓缩出"慧种",成为智慧宝典。在这个年龄段,如果实现了成长,那将是一种终生快乐学习、终生快乐工作的自在状态。

但是,我们今天有些老同志,可能由于接受教育或当年成长中的障碍,今天没有继续学习的动力,认为自己岁数大了,没有什么太大奔头了,这种心态会影响我们的身心健康和发展。

我曾经遇到一位老人,他总是说:"完了,完了,没什么意思了。"儿女们也在说:"哎呀,您不缺吃,不缺穿,难过个什么呀?"其实他心里很

人生实际上要进行四次成长:0~25岁是播种智慧的春天,25~50岁是发展智慧的夏天,50~75岁是收获智慧的秋天,75岁之后,应该是浓缩智慧的冬天。

痛苦的,他精神上感到没什么依靠,找不到快乐和幸福感,总认为自己年龄老化、血管硬化、思想僵化、就等火化。这是一种不健康的心态。

所以今天我要说,我们在座的甭管是不到20岁的年轻人也好,还是已经过了75岁的老年人也好,都应该成长。终身快乐学习、终身创新工作,这才是今天我们共同的选择。

所谓教子和人生成功智慧,实际上就是全家老少四代人共同成长的智慧,是一个在学习中共同唤醒自己心灵的智慧,是在共同成长的基础上创建和谐家园的智慧。

我大致看了一下,好像今天来的听众中女士比较多。我想起了《发现母亲》这本书当中的一句开篇语,意思是说,上帝之所以先造出男人,不是因为男人有什么优越,而是因为男人好造。当上帝获得了造男人的经验之后,才开始造我们的女人,怪不得我们的女人这么有气质,这么有魅力。上帝造完女人之后就退休了,因为他把继续造人的任务交给了女人,所以,女人的名字叫母亲!

鲜花再好也需要绿叶扶持,在家庭教育中,只有母爱而缺失父爱,孩子将长不大,缺失父爱的男孩将很难有气概,缺失父爱的女孩将很难有气质,所以作为男士,要积极在家庭中用自己的行动树立起"孩子王"的好形象,成为孩子心中的英雄,这样就能够起到家庭智慧环境核心激励源的作用,对孩子的健康成长和老人的健康长寿都会有非常积极的作用。好,也想借助大家的掌声为我们今天到场的男士鼓鼓掌。谢谢大家!

有人说,男人用知识和力量改变世界,女人用智慧和情感改变男人。男女搭配,干活不累,男女共同搞好家庭教育,我们的孩子才能健康成长,我们的老人才能健康长寿,所以,人人都应该有一个和谐美好的家园。

关于教子的智慧故事

下面我想给大家讲两个故事。

有一位女士,自从嫁到了河北省衡水县一个村子之后,她就努力和她的丈夫一起创建和谐美好的家园,终于建立起一个以夫妻和谐为中心,以尊老爱幼为伦理,以平等沟通为心灵智慧,以融入时代环境为方向的和谐美好的家园。3年之后,她做出了一个感人的决定,她要"放大"这种和谐智慧,以这个和谐家庭为基础,让村子里的孤寡老人也享受到幸福和快乐,她和丈夫决定把村里所有的孤寡老人全都管起来。他们这一干就是30年。30年中,他们除了把这些老人当成自己的亲人一样伺候和照顾外，还在自己的小企业里安置了很多残疾人，为这些人提供就业机会。此外，她还收养了不少智障孩子，让他们享受有家的快乐，帮助他们健康成长。她的事迹传遍了周围的村落，传遍了全中国，许多家庭在她的影响下变得和谐了。她的身上体现了中国母亲的文化智慧。她就是感动中国十大人物之一——林秀珍。

还有一位母亲叫王桂池，有了孩子之后，她发现了一个"秘密"，那就是面对孩子大人有了第二次成长的机会。如果我们能够向孩子学习，和孩子一块儿成长，那么不仅我们自己能够实现人生成功，我们的孩子也会在我们的带动下，实现人生成功。

王桂池和丈夫一块儿带着孩子们回到农村老家，让自己的孩子和农村的孩子开展手拉手献爱心活动。孩子们在这个过程中，体验农村的生活，理解了农村孩子的处境，和农村的孩子交成了好朋友。在爱心激励中，孩子们不仅向农村孩子学习了生活智慧，还主动把自己的书本、铅笔等送给这些贫困中的农村孩子。他们和农村孩子一起疯跑，领略着大自然的风光，接受中国农村生态文化的滋养，也渐渐爱上了农村，爱上了大自然，爱上了农村的孩子。他们在与大自然和农村孩子和谐相处中享受到了一种诗意的性灵生活。后来，她的孩子个个都成了非常有爱心的人，处处都在帮助别人，他们在担任班干部的过程中，努力帮助同学搞好学习，帮助老师做好学校工作。王桂池的丈夫也在和孩子的共同学习和娱乐中成了"孩子王"。他专门准备了一间屋子，里面准备了很多工具，有黑板，还有书籍，他的卧室变成了小图书室和小实验室，孩子可以在这里尽情学习和娱乐，他和孩子一起享受成长，他自己的童心也被唤醒了。这个家庭最后也出现了奇迹，成为中国唯一一个出现了两名十佳少先队员的家庭。

我们说这两个孩子能够这样迅速成长起来，这位母亲起到了积极的作用，当然父亲的作用也不能忽视，他们夫妻共同打造了一个和谐家庭。母亲的爱心、父亲的爱好和孩子的爱学，共同奏响了爱心、爱好、爱学的三爱激励进行曲，这就是他们的成功之道。难道这里没有智慧吗？爱心是成人者之慧，爱好是成才者之神，爱学是成就者之师。这就是"三爱"激励的智慧。

最让我感动的是这家的二女儿。她是一个残疾的孩子，很多人认为残疾人需要保护和照顾，但是她的母亲却用人生智慧引导孩子成长。人生就是生存与生活，一个吃着现成饭，穿着现成衣，除了学习功课什么都不会做的人是不会有幸福人生的。这个残疾孩子正是在自强中学会了自己的事情自己做，学会了生存与生活的能力。这个孩子尽管有残疾，但是从吃饭、穿衣、做饭开始，生活中好多事情她都自己做，甚至做得比她的姐姐和妹妹还要多、还要好。正是这样一种人生态度，使这个残疾孩子实现了智慧成长。就是这样一个孩子，因为学习特别用功，在高三的时候，成绩已经名列前茅，大家都认为她上大学完全没有问题，可是没有想到，因为残疾有很多学校都不肯录取她。在这种情况下，她第二年还接着考，她相信早晚有一天能够上大学，实现她当节目主持人的梦想。有人劝她不要再考了，但她却说："高考是个成长的机会，我要享受在高考中成长的过程，哪怕考不上，我也要为梦想去努力！"她梦想将来当个节目主持人，让更多的人在心灵沟通中实现智慧成长。她说："我希望在沟通中帮助更多的人，我要做一个心灵的使者。"连续3年，她坚持考试，直到第三年国家出台了新的残疾人政策，她才终于考上了大学，后来她终于实现了自己的梦想，成为电台主持人。她主持的心灵热线节目非常受欢迎。现在，她已经成为北京一所大学的对外汉语教学教师。

前段时间，我到一个县里去讲课，有一个孩子给我递上一张纸条，他说："姚老师，我现在正在读高三，我的学习成绩非常不好，我根本考不上大学，即使我在这儿坐着，也是被爸爸妈妈逼迫的，他们非让我在这儿学，其实我根本就不爱学习，姚老师，你说说我还在这儿耗时间干什么呢？我是不是不应该参加高考了呢？"

我把刚才那个故事讲给他听，我跟他说："一个残疾人在被录取的可能性都很小的情况下，还在享受着高考的过程，你条件比她好得多，为什么不能够享受这个高考机会？你根本不是为你爸爸妈妈学习，你是在为你的人生学习。"这个孩子默默地点点头。后来，他经过认真准备参加了那次高考，尽管成绩并不理想，但是有了这样的心灵成长过程，我想他的未来应该是光明的。

这样的两个故事给了我们一些启示。到底什么是智慧教子，什么是人生成功？古人有一句话：知人者智，自知者明。我们要智慧教子，我们了解孩子吗？我们知道孩子吗？有的家长可能会说："我知道啊，他吃多少，穿什么，我都知道，他长什么样，我也知道。"但是孩子心里想什么你知道吗？不是所有人都知道。

有一位家长非常爱孩子，她早期对孩子进行了知识启蒙，所以她的孩子学习非常用功。她经常给孩子讲龟兔赛跑的故事，希望孩子不要学小兔子，不要贪睡，要早起晚睡，好好学习，孩子听着这个故事长大，每天12点睡觉，日夜兼程地苦学，学习成绩不断提高。有时候，这个孩子真想玩一玩，可是每当他贪玩的时候，一看见妈妈那难看的脸色，他就不敢再玩了。就是这样一个孩子，在母亲的呵护下，终于以高考状元的成绩考上了北京的一所名牌大学。父母都认为他成功了，他自己也认为终于考上了大学,自己人生可能成功了。然而,遗憾的是,毕业之后,他跑了几个城市竟然找不到工作。什么原因? 有人说他没有能力,他不爱说话,也不和人交往,有时候遇到不顺心的事就想不开。一个心理不健康,没有能力,和人交往中又经常出现一些尴尬的人,一般来说企业在试用期没满就把他辞退了。这个孩子无法理解:"我按照妈妈的要求好好学习,就盼着我这高才生走向社会一展宏图呢! 怎么社会竟然不接纳我? 人生的路怎么这么难走?"他越想越觉得委屈,最终选择了喝农药自杀。太遗憾了! 这么多年,这样一个孩子心里想的什么,他的父母并不知道,母亲只知道这个孩子很懂事,特别好学,没有想到他是承受着巨大的精神压力在学习。

> 其实,学业成功不代表人生成功;职业成功也不代表人生成功,甚至有些所谓的事业成功,也不能代表人生成功!

有的孩子现在已经进入了职业生涯,正在努力工作,以为职业生涯成功了,人生就能成功了。其实,学业成功不代表人生成功;职业成功也不代表人生成功,甚至有些所谓的事业成功,也不能代表人生成功!

有一个人事业很成功,拥有很多财富,但是夫妻离异了,他唯一的孩子又偷又赌,他曾经到处找人帮助,花一二百万也在所不惜,但是孩子已经十七八岁了,他早干什么去了? 他没有帮助孩子人生成功,却在自己的所谓事业成功中,牺牲了家庭和孩子。所以有这样一句话:任何成功都抵偿不了家庭的失败。可见智慧教子和实现人生成功是最有意义的成功。

今天,我们来共同讨论人生成功问题,实际上是希望帮助孩子及我们自己共同走向成功。

下边我想再和大家分享一个故事。有一个游牧民族,他们每走两天总要停下来歇一天。这一天干什么呢? 又唱又跳,聊天看景,好不热闹。

> "您知道吗? 我们的身体已经走得够快的了,但是我们的心灵还没有跟上来,我们正在等待心灵跟上来。"

旁边的路人就问他们了:"你们前面的路还远着呢,为什么你们不急着赶路,却在这儿浪费时间呢?"他们的长老对这位路人说:"您知道吗? 我们的身体已经走得够快的了,但是我们的心灵还没有跟上来,我们正在等待心灵跟上来。"想一想吧,我们的心灵跟上来了吗? 我们的孩子的心灵跟上来了吗?

有一位作家这样写道:"我们曾以为物质文明的昌盛和科学技术的

发达,自然会给人类带来解放,使人类生活得更自由、更快乐! 然而我们却发现,科技发展了,经济发达了,人们的精神家园却荒芜了。"网络技术使地球变成一个村庄,足不出户就可以和地球上任何一个角落的人聊天谈话,但是我们却感觉到寻找不到一个心心相印的朋友,我们甚至和自己的孩子都成不了心心相印的朋友。在现代社会里,相当多的人不过是一架赚钱的工具,他们被"囚禁"在工厂和办公室里,不得不适应机器沉闷而节奏单调的轰鸣声,他们不得不整天盯着电脑屏幕,敲击键盘。人们不得不用工作去换回报酬,不得不为生存和生活而奔波、挣扎,他们的孩子们也成了不爱学习又不得不苦苦学习的高分学子。

在许多人那里,挣钱本身成了生活的目的,孩子们为了明天不得不挣分,人成了金钱的奴隶,成了分数的奴隶,这样也就无法得到学习和工作的乐趣了。当远离了自然,远离了人性,当人被封闭在一个冰冷的人造机械里时,与其说是人在那里操纵机器,倒不如说是机器在操纵着人。怎么办? 只有回归自然,唤醒我们的智慧心灵,重建我们的心灵家园才会有真正的幸福和快乐,才会有我们孩子的明天。

有一次我和孩子沟通的时候,大家都热烈地鼓掌,为什么热烈鼓掌呢? 因为我跟他们讲了一个我童年时的故事。有很多孩子,都认为自己学习成绩不好,因为真正被认为学习好的就是那前几名,在这种情况下,那些被看做"问题孩子"的怎么办? 我和他们做了一次什么样的沟通呢? 我说我像你们这么大的时候也是一个"问题孩子",上初中的时候,我各科的成绩都不太好,什么原因成绩不好,我还真有理由,我小学因为父母调动工作转了4次学,功课衔接不上,没打好基础,所以上初中的时候,就很遗憾。那么在这种情况下,我遇到了两位高人,给了我指点,这两位高人一个是我的老师,另一个是我的母亲。他们给了我指点之后,竟然出现了奇迹。我经过一年努力,成了班里学习成绩最好的,并且成了班里唯一考上北京最好学校的学生,哪个学校? 清华附中。

那么为什么会有这样一个结果? 孩子们瞪圆了眼问:"我们也能变吗?"我说:"能变。"我讲了其中的原因。我当时为什么学习不好? 还有另一个原因:我痴迷于科技小制作,痴迷无线电,痴迷气象,就喜欢玩那个,尤其是自己最想装一台矿石收音机。有时候一搞起来就忘了做作业,一调试就调试到晚上,非常上瘾。这种情况下我的母亲并没有批评我,也没有直接制止我,而是从药铺给我买来了自然铜,大家知道自然铜就是装矿石收音机的原材料,她用沿着孩子兴趣方向进行引导的方式帮助我成长。她还给我推荐了《钢铁是怎么炼成的》、《林海雪原》、《毛泽东同志初期革命活动》等书籍。一方面鼓励我为兴趣和梦想快乐尝试,同时用励志书籍滋养我的心灵,所以说我的母亲是指导我人生的一位高人。

我的老师也看到我热爱无线电,他对我说:"你光有实践还不行,还要有理论知识,你读读书吧!"我问:"读什么书啊?"他给我推荐了两本书:一本是《电磁学原理》,另一本是《电子管原理》。我看后发现自己读不下去,由于缺乏数学和物理基础,很多问题我都不懂。但是因为特别爱好,还是使劲地啃。啃的过程中,我把不懂的问题记下来,一记就记了好几百个问题。可以告诉你们,今天我这几百个问题还留着,纸都发黄了,为什么留着它?我要留给我的儿女看,让他们看看当年他们的父亲是怎么样学习的。在不断的提问和请教中,我终于啃下了这两本书。最后,老师鼓励我说:"你知道吗?你读的这本书可是大学的教材呀!你有这种水平,那么你现在所学的数学、物理和语文功课就只是小菜一碟了,特别是你看过的无线电方面的书和数学、物理、语文的关系都非常大,你这3门课的成绩也一定会名列前茅的。"事实正是这样,我这3门功课的成绩真的上去了。但是可惜他忘了说,无线电和化学也有关系,结果我的化学成绩总是上不去。我的化学老师找到我,给我看了我们还没有学的化学元素周期表,他说:"姚鸿昌同学,你看看,化学元素周期表中有两个元素你是不是认识?"我找了半天,终于发现了里面的两个元素,一个是硅,一个是锗,它们正是无线电半导体当中用的最重要的两种材料。老师说:"告诉你,你喜欢无线电没错,但是化学和无线电也有关系啊,你要好好学化学啊!"我点点头,不久,我的化学成绩也上去了。

这些说明什么问题?老师和母亲没有告诉我怎么学,没有给我补课,没有陪我读书,但是他们唤醒了我的智慧心灵,让我找到了自信,唤醒了成长的心力。在我的新书——《你活明白了吗?》的第一章中,我写了很多我小时候的人生故事,所以孩子们特别愿意读这本书,问我哪儿有卖的,我说网上就有,新华书店也有。

说到这个问题我要讲什么呢?我们跟孩子沟通就是要以与他们相似的角色去作沟通。你要和他们一样有童心,教育就会有智慧,孩子就会无话不谈了,聊天就聊得多了。

感谢大家的掌声!其实,我们手上有很多穴位与心相连,鼓掌的时候就可以激活经络系统,让我们处于身心和谐的状态。有个孩子说他爸

老师和母亲没有告诉我怎么学,没有给我补课,没有陪我读书,但是他们唤醒了我的智慧心灵,让我找到了自信,唤醒了成长的心力。

我们跟孩子沟通就是要以与他们相似的角色去作沟通。你要和他们一样有童心,教育就会有智慧,孩子就会无话不谈了,聊天就聊得多了。

133

爸特别爱鼓掌，就是常常鼓错地方，鼓到哪儿了？鼓到屁股上了。实际上后来我了解到，这个孩子确实是班里一个调皮的孩子，经常和别人打架，而且在班里学习成绩也非常差，尤其是数学成绩更差。为什么差？怎么帮助他成长？我决定和他的老师一块儿做个家访。这个孩子还不让去，说："我就不愿意见我妈妈的难看样。"我说："这样就不对了，妈妈是养你生你的恩人啊，妈妈长相再难看，你也不能对你妈没有感情啊？"孩子不好意思地低下了头。尽管我有思想准备，但是真正见到这位母亲的时候，我惊呆了，原来他的妈妈长的竟然和电影明星一样。为什么这个孩子说他妈妈难看？原来，这个妈妈在家里从来不笑，对孩子没有微笑，总是训孩子，尤其是孩子成绩一考得不好她就急，一急就说不好听的话。她动不动就是："你简直猪脑子，跟你爸一个德性！"他的爸爸一听，就反驳："谁猪脑子？就你好脑子？"两人一吵起来就没完，而且每次都当着孩子的面吵。吵着吵着，竟然吵到要离婚，一个刚说完，另一个就说："要不是为孩子，我早就和你离了。"连这样的话都说出来了，孩子怎么能成长好？后来我让他们画了3个圆，我说一个代表父亲，一个代表母亲，一个代表孩子，你们的圆怎么画？咱们下面的家长也可以尝试画一画。

那位母亲最后画的是，中间一个小圆代表孩子，左边一个代表母亲，右边一个代表父亲。你们认为三者的关系这样好吗？这就是说，以孩子为中心，要不是为孩子，他们俩儿的关系就没有了。

现在有些家庭实际上是亲子关系为中心，夫妻关系仅是陪衬。刚才我讲的故事中，倡导的是夫妻关系为中心，尊老爱幼是伦理，和孩子平等沟通是心灵智慧，让孩子融入时代环境才是家庭的方向。那这样一来，家庭关系这3个圆应该怎么画？应该先把夫妻的圆交叉，这个交叉的区域就是夫妻共同的情感，孩子应该是下面一个小圆，与父母的圆互相交叉，这样是不是比刚才好一些？

什么叫教育？教育就是唤醒。孩子脑子里面有3对神：一对是"善神"和"恶神"；一对是"智神"和"愚神"，还有一对是"乐神"和"苦神"。你们到底是唤醒了孩子的"善"、"智"、"乐"，还是唤醒了孩子的"恶"、"愚"、"苦"呢？爸爸说：我打他是唤醒了他的"苦"。对了，你打了他，他就去打同学，他要宣泄啊。一旦他长大了，到了一定的时候，爸爸再打他试试，再打有可能就出事了。

有一位母亲告诉我，她的儿子就打了他的爸爸。儿子已经17岁了，整天游手好闲，跟一帮小混混在一起，经常不回家，到处找都找不回来，终于有一天回来了，看到儿子回来了，母亲挺高兴，说："我非常希望孩子能回来，终究是我们的孩子，我们很高兴,儿子可回来了!"挺高兴的,没有想到儿子只说了一句冷冰冰的话:"给我钱,要一千块钱。""为什么要钱?""我没花的。"当父亲的一下就火了:"你要钱? 给我滚吧!"这一句话就把儿子激怒了:"你给不给?"上去就把爸爸推倒了,气得他爸爸直哆嗦:"我真后悔小时候没把你掐死。"这位母亲给我讲完这个故事,我听后挺震撼的。这个孩子到了这样一个地步,已经很难挽救了,父母早干什么去了? 我问:"你们早期的教育是怎么进行的?"这位母亲说:"我们对孩子的早期教育失误了,我们只考虑了知识启蒙,他三四岁就能背诗,上学以后,一年级还不错,但上了二年级就不爱学了,为什么? 我们是逼他学的,我们没有唤醒他对学习的兴趣,他认为学习没意思。"有一次,孩子偷拿了家里钱,还不承认,母亲就找人证明,结果,孩子被人看做是偷东西的孩子,没了自尊,后来就真的开始偷东西了。

知识启蒙代替不了智慧启蒙,错误的教育方法可能会把孩子逼向反面。真正的智慧启蒙是什么? 我最近在外孙子身上做了一个实验。我外孙子发育比较晚,两岁多还不会说话。很多朋友担心地问:"是不是你家的孩子发育不太好?"我说:"没事,大器晚成嘛。"到了两岁零 3 个月,我们带着他出去玩,实际我们早就经常带着他去大自然中玩儿,在这个过程中,他特别喜欢石头,天天回家都要带块石头。一开始我们说:"脏乎乎的带它干什么?"后来我们理解孩子,就允许他带回来,回来以后他就喜欢摆弄石头。有一天我的父亲,也就是他的太公,一听说孩子喜欢石头,赶快把自己的几个非常漂亮的好石头给了他,孩子高兴得直鼓掌。孩子喜欢石头,就教他念石头的"石"吧,后来他喜欢水,又教他水,所以他认识的几个字,是含金量很大的,这些字开通了他的左脑和右脑。

在孩子智力发育早期我们如果在生活场景中教他认识字、理解诗,那么很可能他会一辈子喜欢认字。如果脱离左脑的形象思维,那么识字很可能就变成很枯燥无趣的事情。所以早期智慧启蒙需要开动左脑加右脑,大脑加小脑,人脑加电脑,三脑合一,然后再形成一个互联网,有了电脑互联网、知识互联网、社会互联网,再加心灵互联网,把这四网合一,孩子就不会得上网瘾了。因为他处处有网友,哪儿都可以沟通,这样一来,孩子就会走上智慧成长的道路。

接着说刚才的故事。从家长来说,咱们教育一定要做到当父亲的不要打孩子,当母亲的不要说孩子是猪脑子,当着孩子的面,夫妻之间不要吵架,如果有一个和谐的家庭氛围,孩子就会愿意和家长沟通。沟通过程中,很多问题就好解决了。否则孩子在家,整天看着母亲摆着个脸,没有笑容,你想想他有多难受啊! 在家心理压抑,在学校成绩不好,心情也不好,在两个环境中孩子的心情都不好,唯有和坏学生在一起打打闹闹,干些偷鸡摸狗的事情感到快乐,那这个孩子长大就完了。

依我说这个孩子的问题也好解决,关键是要解决环境的问题。这个孩子的问题后来怎么解决的呢? 他说:"姚老师,我是猪脑子。"我说:"你是人脑。"他问:"那为什么我学习总是不好?"我问他:"你哪门成绩差?"他说:"我数学差。"我说:"我测试你,你如果能把2007年的日历背下来就不是猪脑子。"他说:"要我背几页还行,要我背几月几号星期几我背不下来。"我说:"我告诉你一个奥秘,你就一定能背下来了。"那孩子好奇地说:"是吗?""咱们试试。"

我们教育孩子首先是要引起他的学习兴趣,那么以后兴趣就成了老师。他希望探索怎么回事啊,而且他还得到了自信,能算出这个可不简单啊,很多大学生都不会算啊,他一个上初中的孩子会算,他很美滋滋的。有了这种自信,就是帮助孩子成长的有力武器,所以一定要让他有自信。另一方面,他给别人表演的过程中,你们知道吗? 表演过程中要语言交流吧,整天和同学进行数学游戏,和同学关系也好了,不和同学打架了。第三,很多同学问:"你到底怎么做到的?"他这一讲,当小老师,表达能力好了吧? 最后老师也表扬他了。这样一来,家里的环境变化了,父母不再唠叨了,在学校很多同学都羡慕他,老师也表扬他,本来他是个差生,现在自己觉得自己是有特长的好孩子了,这不就进步了?我们是不是应该为这个孩子鼓鼓掌呢?

> 我们教育孩子首先是要引起他的学习兴趣,那么以后兴趣就成了老师。

说到问题孩子,我最近到山东、河北等地农村搞一个牵手农村的百场讲座活动,来自全国各地的近百名专家参加了这个活动。农村的条件可以说是很差的,我们这次深入到镇、村里面,由于资源少,很多家长都渴望听到一些报告,在这种情况下怎么办? 最后我们是许多学校凑到一起听讲。即使这样,也常常是一位老师讲完上午,下午还有讲座等着他,下午讲完,明天还等着,这就说明我们农村急需要教育思路和方法的指导。每一场都是几千人,他们那么渴望教育,哪像咱们条件这么好啊！很多家长都有一些困惑，讲座中大家提出了很多问题。我根据大家提的问题，然后把它写出一本书叫《问题孩子没问题》，这本书已经交给出版社，临来之前已经做了最后一次校稿，应该是下月初就出版了，欢迎大家阅读。

智慧教育之一——和谐家庭环境的营造

为了能够帮助我们的孩子成长，我想再举三个案例来做一个说明。因为这三个案例共同提到了一个问题，就是孩子学习不好，厌学怎么办？我问过几个家长："你们都用什么办法？"他们的说法大同小异，一个说："我每天陪着他读。"一个说："我整天催促他，还有帮他请家教，找数学家教，找化学家教，找英语家教。"我问："结果怎么样？"他们说："发现效果不好，孩子还是不好好读。"什么原因呢？光是外部的头疼医头，没有解决他的心理问题，他不可能爱学习。那怎么办？

其中一个例子就是我刚才讲的例子，我们通过改善家庭关系，使夫妻更和谐，家庭语言环境净化，不要骂孩子，要用积极的语言激励孩子，那么这个孩子就会成长得好一些。刚才所说的那个故事中，那个孩子还有一个毛病，就是在家里乱来，不知道收拾。一开始我提醒他："在家里你要帮助妈妈干点儿活，收拾收拾。"这个孩子真的做了，妈妈回来以后一看孩子把家里收拾好了，就说："你要是学习也这样认真就好了。"你说这话好吗？是表扬还是批评呢？家长这么说话，孩子的心理就受到伤害了。有一位家长就不是这样做，也是孩子把屋子收拾好了，妈妈进门之后："哇，这么干净啊！"其他就什么都不用说了，孩子在那儿美滋滋的，心里说："这是我收拾的，你看妈妈都惊讶了。"感觉就不一样。所以我们的家庭教育就是学说话。我在一本名叫《和谐家庭》的书中把和四川省的家长们沟通的内容做了整理加工，其中包括家庭语言环境怎么塑造等方面的内容。

> 改善家庭关系，使夫妻更和谐，家庭语言环境净化，不要骂孩子，要用积极的语言激励孩子，那么这个孩子就会成长得好一些。

智慧教育之二——和孩子一同成长

还有一个孩子同样是厌学，学习不好，我后来了解了到，这个孩子在班里考试基本是倒数第一，他不仅在学校和老师关系紧张，在家里和家长关系也很紧张。那么在这种情况下怎么办？通过和这孩子沟通，我发现他的英语成绩相对来说还算好一点。我问他："你为什么这么喜欢英语？"他说："我将来要到美国开肯德基店。"我说："哎哟！那就错了，肯德基本身就是美国的，你为什么不把中国的打到美国去？"他说："行。"我说："你英语挺好的，将来成为英语专家走向国际是没问题的。"通过这种沟通唤起了孩子的自信，发挥梦想的引导作用，这个孩子表示愿意好好学习，后来他的英语成绩还真的逐渐提高了一些。他的母亲是下岗职工，在家没事干，孩子的父亲也希望他的爱人能做个全职妈妈在家管好孩子，她认为自己是大学毕业，教上小学的孩子一定没有什么问题，哪想到她越教孩子的成绩越差。你说没启蒙吧，早期还逼孩子学了一点东西，但是所有她逼孩子学的孩子都不愿意学，怎么造成这个结果？在这个情况下，我说："你和孩子沟通一下吧，你的孩子还是有梦想的，他要把中国的店开到美国去，你能不能成全他的梦？"她说："当然可以成全了，但是你知道吗？他的英语成绩才50多分啊，怎么能行呢？"我说："你儿子的数学和物理成绩你知道多少吗？"她说："我知道，上次只考十几分，相对来说还是英语好一些。"我说："这个孩子在这么不爱学、厌学的情况下，英语成绩还能达到这个分数，那么，只要能唤起他的学习兴趣，他得六七十分没问题。"后来通过做耐心的工作，他的英语成绩及格了，当然比别人还有很大差距。但广告词也说：没有最好，只有更好。孩子能在他的基础上做得更好，这已经不简单了。如果家长看不到这点，总用别人比他，最后把孩子又比得没自信了，孩子将来会更差。孩子的母亲接受了我的观点，开始关注孩子、赏识孩子。

最后我送给这个母亲一幅"帖子"，叫"三多"，这"三多"不仅能治孩子"病"，还能治夫妻之间关系不和谐的"病"。第一是多一些宽容中的接纳，要用一种宽容的心态来接纳，不要总是狭隘地拒绝；第二是多些赏识中的发现，要用一种赏识的眼光去发现孩子的优点，不要总是以审视的态度去挑错；第三是多些关爱中的付出，不要对孩子缺少爱心，不管不问，不闻不问。

刚才我说的第二个孩子的父亲现在因为经营上有问题，销售额降低，本身就着急忙工作。我跟他说："你这个当父亲的也得管一管孩子啊！也得操操心啊！我发现你孩子的问题是成长榜样缺失症。"我是开个玩笑，实际上是说你们当爸爸妈妈的如果能当孩子心中的英雄，孩子的成长就不会有问题，孩子也一定会有梦想，有自信。那么这种情况下，这个父亲说什么呢？他说："你知道吗？我现在忙得不可开交，我就是让他妈管孩子，我哪有时间？"我半开玩笑地对他说："忙字怎么写？左边一个心，右边一个亡。"他说："你说我心死了？我心才没死，我梦想大着呢，我要干大事业，我现在是经营遇到困难。"我说："你经营遇到困难还可以咨询,改变经营思路就可以创造更多的业绩,但是你家里出现了问题,你的事业搞得再大,你的损失也是巨大的。你就这一个宝贝儿子,你不愿意让他成才吗?"他说："我当然愿意,需要多少钱,该花的花。"我说:"没有你的帮助,你的孩子再找别人帮助也没有用,孩子最需要爸爸当他心目中的英雄,父爱非常重要。"这个父亲非常不错,后来逐渐改变了思路,也有进步。这个母亲原来也认为自己这么大岁数,又下岗没有工作,找工作也很难,就把希望寄托在孩子身上,就是要用孩子赌人生,结果因为自己不成长,不仅自己完了,孩子也完了。但是这种情况下,她不得不开始面对现实,实现第二次成长。在这个成长过程中,我也做了孩子工作,我说:"你现在为了实现把你的店开到美国的梦想,除了自己努力学习之外,应该有一个女秘书跟着你,将来一块儿把这个店开到美国,你要培养一个女秘书,这个女秘书是谁呢? 就是你的母亲。"他说:"我妈不学习,我当不了她的老师,她整天数落我。"我说:"你妈会跟你学习的。"这个母亲一开始不想学,后来因为思想工作做通了,就跟孩子做英语小学生。"

这样一来,这个孩子在教妈妈的过程中,得到了两个收获:第一,他和妈妈之间的沟通多了;第二,作为一个学生,只要听懂老师的内容,考个好分数就行了,但是为了教妈妈,他就得要求自己不仅得听懂了,记住了,还得想办法教会妈妈,这是高水平的要求。所以帮助孩子成长的一个秘诀,就是让孩子当小老师。

在这一点上,我很感谢我的母亲。我的母亲在我一生成长中,多次让我给她当小老师。我的母亲是农村人,没有文化,她一辈子在农村,但是她有个愿望,希望儿女们都能到城市里,希望她的儿女们都能成才,都成为专家和博士。解放初期农村进行扫盲运动的时候,她就带着我去扫盲班,每次回来之后,她都要让我教她念字。其实有时候她并不是记不住,她是在有意识地引发我的学习兴趣,让我给她当老师。

我读初中的时候,我母亲当时是卖中药的售货员,很多中药名字她记不住,就让我帮她查字典,这个过程持续了很长时间。后来她成了中草药的专家,这个药叫什么、治什么,她都说得出来,在中草药界,她还小有名气,在我心目中她是个土专家。她是在让儿女给她当老师的过程中,自己也成长起来了。现在她尽管年龄已经大了,还是经常跟我的父亲一块儿到处去讲课。这次我到镇江,我的父母到上海参加一个会议,他们要去发言。我觉得我的父母对我的成长起了很重要的作用。总结下来就是一个观点:全家人要一块儿成长,这就是智慧教育。

智慧教育之三——成长道路上的人生导师

　　我们再讲第三个孩子。这个孩子问题比较严重,他不仅不爱学习,还迷恋网络游戏,初中竟然有两年没有上学,就耗在家里,爸爸打他,妈妈骂他,最后他离家出走了,出走之后实际是到网吧玩去了。面对这样一个孩子,我们该怎么办? 已经十几岁了,这个年龄又是人生的关键期,在这种情况下,难度就大了。尤其是他的母亲是位追求完美的人,在孩子的成长过程中,她整天都在挑孩子的毛病,所以孩子在家里就没好心情。你想想能愿意在家里吗? 在家里,父母不是他的朋友,在学校学习不好,同学讨厌他,老师也批评他,他就不愿意上学。在家里想玩玩电脑找点儿乐趣,可是父母又老限制他,最后他等于是被逼到网吧去的。

　　我前一阵儿在一个全国性的研讨会上介绍了一个观点:帮助这类孩子,要以相似性联想做牵引点,以相似性智慧做创新点。为了帮助这个孩子,我先和他做朋友,和他一起玩游戏。我玩得不好,就让他教我,他图像做得不错,就让他教我 Photoshop。我跟他就慢慢有了沟通,知道了他父母家庭教育中的一些失误。后来我又跟他的父母做了一些沟通,我说:"现在你们的失误就是自己的形象没树立好,家里的坏境最重要的是要有一个核心源,你们俩一块儿学电脑吧!"一开始他们不同意,后来我给他们讲了许多道理,他们就说:"试试吧。"这位母亲非常热心地跟孩子一块儿学电脑,学电脑游戏,学电脑故障维修。一开始孩子碰到小故障还可以修修,遇到大的问题就不会了,母亲就说:"我们去找老师问问吧!"在学习维修的过程中,这个孩子最终把玩游戏的乐趣变成钻研维修和玩多媒体制作的乐趣。这种情况下,家里也好,其他人也好,都鼓励他:"电脑是今天时代的工具,它和其他学科学习是有关系的,你同样应该学好数、理、化,学好语文,学好英语。"我还跟他说了一个例子,我儿子当时不爱英语,就是因为当时迷恋电脑游戏,我让他查,最后查出很多不懂的英语单词的意思,终于把一些电脑故障解决了,从解决这些问题之中他得到了快乐,最后还爱上了英语。这个孩子后来在学电脑维修和编程过程中也渐渐爱上了英语。所以说我们的孩子是可以爱上学习的,关键是怎么引导。

　　另外,这个孩子本身和父母之间的关系很尴尬,很冷漠,所以这个孩子的爱心也需要唤醒。那么怎么唤醒这个孩子的爱心呢? 我们让他参加学校和训练营的感恩活动。感恩活动的形式很多,但是有一个故事确实打动了他。我给他讲了一个 9 岁小孩的故事。

　　这个 9 岁的孩子实际上很爱学习,但是后来他的母亲得了癌症,将不久于人世,她想:如果我对孩子总是这么宠爱,将来他的后妈不会这么宠爱他,那么我现在所做的一切都是害孩子。所以她做了一个决定，就是逼孩子学做饭。孩子不愿意学，她就打孩子，这个孩子后来恨他妈妈。妈妈去世时，孩子因为恨妈妈，连眼泪都没有掉。孩子的母亲去世之前留给他一个铁盒，让他上了高中后再打开。这个铁盒里有一个存折，是她治病剩下的钱，还有一封长信，母亲在信中写道："是我对不起孩子，没让孩子学会生存和生活，我打孩子、骂孩子，都是为了让孩子学会生活。"读了信后孩子感动了，他理解了母亲为什么以前对他"不好"，其实母亲是望子成龙心切，虽然方法不太好，但是她确实是爱孩子的。孩子明白了这些之后，逐渐有了变化，和父亲有了沟通，这个父亲也改变了自己的语言和行为，父子俩的关系越来越好。

这个孩子前不久给我来了一封信，信中说："我非常喜欢音乐，最近一个老师帮助我上了电视台，你看看我的演唱吧。"那天我打开电视，他作为一个少年音乐爱好者，出现在电视里。我把他演唱的全过程录下来送给他，这个孩子也很感动。他说："姚老师，实际上遇到您我很高兴，真的，我们很多同学都非常需要人生智慧导师指导我们成长。"我说："我们一起成长，你的成长过程中，也让我成长了，你的案例在我的书中体现了。我觉得这方面的智慧真的需要研究，你帮我成长，我帮你成长，咱们就是心灵好友。"

说到这儿，我要和大家分享一个观点，在人生成长的过程中，有时候单靠自己的力量是不行的，实际上还需要人生导师。《易经》中也说，要想让孩子成龙成凤，没有大人的指点是不行的。古代的时候，家长经常给孩子认干妈、干爹，有时候还要请师爷。什么目的？我想有一点，在简单的家庭环境中成长的孩子也好，大人也好，如果有另外一个有新思路的人，他就能够启迪你，就能成为你人生的导航人。我们要给孩子找好人生导师，孩子不是光有知识和家教就行了，而是还要有人生导师。当然父母要首先做导师，我们的班主任和其他任课老师也都要来做，另外，我们的同学之间还可以互相做。我刚才说到的那个算日历的孩子后来就给其他的学生当老师。结果，那些孩子受到他的激励也变得爱学习了，这样他不就起到心灵导师的作用吗？所以，智慧教子需要一个氛围，需要人人从我做起，为大家做好服务，在为大家服务的过程中，实际上不仅我们自己成长了，同时也帮助大家成长了，这实际上就是一种智慧。

我们要给孩子找好人生导师，孩子不是光有知识和家教就行了，而是还要有人生导师。

父母要首先做孩子的导师，我们的班主任和其他任课老师也都要来做，另外，同学之间还可以互相做。

讲到这儿,大家可能还有点不解渴,我不知道在座的有没有中学生或大学生?其实最近我和学生家长作过一些沟通,有几个观点和大家分享一下。

变教育观为学习观

一是要把教育观改成学习观。过去我们讲老师有一桶水才能给孩子一碗水,今天我们有一桶水够不够?孩子有一碗水够不够?在知识爆炸的今天,知识增长非常快,据预测,再过几十年,现在的知识只有5%还能见到,另外的95%在今天还没产生呢。我们的孩子,如果只是把前面的知识背下来、记下来,这还远远不够,因为记下来、背下来以后,以后大部分是要淘汰的,最新的知识他们有没有能力学,这才是最重要的。所以,现在我们为了能够实现让孩子终身爱学习,终身成长,就要落实科学发展观。科学发展观的核心是什么呢?就是以人为本,以人的发展为本。也就是说在社会全面协调和可持续发展的同时,让我们的孩子和我们的自身都实现全面协调和可持续发展。在这种情况下,我们必须得具备融入时代的能力、主动自学的能力,凡是没有自学能力的人将来都要落伍。离开老师就不学习,大学一毕业就把书本丢掉了,这样的学生不是真正的热爱学习。

学习的第五个境界——融会贯通

要实现主动学习这一目的,就要做到融会贯通地学习。我们把学习境界分成五个层次。第一个层次——死记硬背。老师教你什么你就背什么,这是最低层次。比这好一点:第二个层次——熟能生巧。爱学习,背熟了,就能记住了。第三个层次——举一反三。掌握了一种情况的处理方法,那么类似的不论多难的问题我们都能得心应手。我们应试教育能达到这种水平就不简单了。那么第四个层次是什么?无师自通。不是不要老师,老师只是起到引导作用、启发作用和服务作用,是为你成为自来水修管道的人,所以无师自通是我们现在真正需要的境界。那么这个境界之上的第五个层次是什么?融会贯通。如果我们的孩子达到无师自通和融会贯通,那他一定是一个终身爱学习的人。但是如果他现在只是死记硬背,那就坏了,将来的问题就大了,那就要赶快调动他的心力,让他爱上学习。

什么是死记硬背?我上学的时候学的是俄语,那时正处在20世纪60年代,中国跟苏联关系不好,所以学俄语没有兴趣,就是死记硬背。到现在,单词基本都不记得了。但是唯一有一首诗，我到今天还不忘，哪首诗啊？是一首歌词的俄语翻译："东方红，太阳升，中国出了个毛泽东。"为什么这个能记住？因为我们当年天天唱这个歌，那是一种情感，那是一种对祖国、对领袖的爱，所以才能做到至今还不忘，凡是没有这种情感的，没有开通右脑，只用左脑记忆的，都忘了。

什么样的人能做到无师自通？你们观察观察，看看你们的孩子上初中的时候是否有一项特别痴迷的爱好，如果这个孩子从来没有什么爱好，除了功课学习，什么爱好都没有，那就危险了。这个爱好怎么培养呢？早期幼儿教育的时候，一定要在3岁之前激活他的爱好，这样才能在小学的时候对这一爱好去实现一个深化，他肯定会将这个特别痴迷的爱好，变成为人民服务的能力。

当年我儿子迷恋网络的时候，我没着急，我就像我母亲对待我一样，和他一起玩电脑，我们在玩电脑过程中变成了朋友，然后我把他的兴趣引导到电脑维护和网络制作上去，后来他果然成了这方面的专家，还到我的单位给我的同事做老师。一个十几岁的孩子给三四十岁的人做老师，这件事也使他找到了自信。他不仅电脑学得更好了，各科成绩也上去了，由中等变成中上等。高中的时候功课那么忙，他还帮助别人学习。

当时我有一个理念，这是一个家长的感悟，就是差生也要当小老师。这条经验在我儿子身上就奏效了。他就爱帮助别人，虽然他学习不好，但是大家看他挺热心，还是硬选他当学习委员，这个过程让他成长了。所以说，我们需要关注孩子是不是具有无师自通的能力。

那么到了高中阶段，我们就应该引导孩子把这种能力转变成信念和意志。要让他们把梦想和兴趣变成一种理想，这是高中阶段要做到的。

到了大学就应该做到融会贯通了。今天我们大学生中有很多人，在校这几年里一看没有人管，就不爱学习了，就有很多时间都浪费了，只想混个毕业。我最近跟很多大学生交流，昨天我还和苏州的大学生做了一次交流。我专门讲了一个新龟兔赛跑的故事，这些大学生很感兴趣。所以说我们要观念转变，这样才能使我们的孩子逐渐提高学习境界，最终达到无师自通和融会贯通的境界。

三种学习方法

学习方法，这也是学生需要掌握的。学习方法有三种。

第一种是仓储式学习。我们接受学习，把自己当仓库，往里面灌。仓库就这么大,仓库里面有很多是垃圾文件,在这种情况下,仓储式学习就有一定的弊端。而且,往往是只是学知识,但是不知道这些知识有什么用。

还有一种学习方法是实用性学习。你学了电脑会维修,行,开一个维修店;你学了插花,就是为了用插花的手艺挣钱,这就是实用性学习。

但是今天要跟上时代,实现融会贯通,要怎么学习呢?要系统框架式学习。打一个比喻,咱们盖高楼的时候,如果将这块工地当仓库往里堆东西,不但堆不了多高,而且想建楼也找不到位置。你如果先把框架建立起来,各隔间隔好,再来装东西,你就可以该往哪运往哪运,同时,由于是立体结构,容量也非常大。

如果我们能用这种系统框架去学习,我们的知识就丰富了。现在我们的学生应该学会自己给自己建立系统框架,这个框架可以建很多种。比如当年我的儿子,初中的时候,他的这种能力就显现出来,他建立什么框架?因为他爱好电脑,所以他就以电脑为框架,然后用外围的电脑知识,数理化知识将其丰富起来。到了高中之后,他就把和工作岗位有关的知识都学习起来。我发现,他不仅是数理化知识都达到基本要求,更重要的是,外界的知识也丰富了。我的儿子虽然最后没有考上什么名牌大学,但是我可以自信地说,他是走出家门能快乐生活、走出校门能放心生活、走出校门能快乐工作的普通人。

人生系统框架

在这里我推荐一个人生框架,叫人生系统框架。人生中,最重要的、能够保证人胜利的、能使人走向人生成功的三个因素,就是三个力:一个是道德力,一个是智慧力,一个是意志力。所以这三者要成等边三角形,并且要能够不断扩大,打好了这样的人生基础之后,以此为基础,建立一个人格框架,这样,未来就很容易走向成功。

> 一个是道德力,一个是智慧力,一个是意志力。这三者要成等边三角形,并且要能够不断扩大,以此为基础,建立一个人格框架。

你的知识框架也要与人生目标一致,你要为这里补充你的知识内容,然后周围要建立几个能力房间。人需要有多方面的能力,包括语言、文字、数学、逻辑、自我反省、自然观察以及音乐智力、视觉智力、空间智力,等等。不要轻易说:"我不喜欢。"该唱就要唱,该画就要画,这些知识应该成为你的知识框架的组成部分。

建立四个通道

然后再建立四个通道,四个通道就是四个好习惯。第一个习惯是关心大局、追求成功的做人习惯;第二个习惯是从我做起、积极主动的做事习惯;第三个习惯是感恩道谢、利人利己的相处习惯;第四个习惯是集思广益、智慧整合的创新习惯。那么有了这样一个人格、能力、习惯的人生框架,我们所需要的知识就会越来越多,就会无止境地往里存。

在写书中读书

另外告诉大家一个办法。大家现在都在读书,可是一年能读几本呢?有的不过读个五六本,有的一年读不了一两本,有没有办法让我们一年读几十本还有兴趣呢?有。想知道这个办法吗?我告诉你们,这个办法就是写书。

写书的过程中,围绕这个主题,你得琢磨,比如你要写智慧教子的八大方法,你得想一想,得到处搜集资料,怎么把这 8 个方法找出来?动力在哪儿?我的书应该怎么写?为了写这本书,你想想要读多少书!

我告诉你,我一辈子没写过书,但是这几年一下就写了六七本,为什么写这六七本书?其实是为了读书。这六七本书就是我的读书笔记,读书笔记整理整理就是一本书。所以为了能够让大家了解自己所感悟的人生,我写了一本《你活明白了吗?》。其实这书都是写我自己,其中,第一章就是写我自己的成长过程。第二本是写自己的孩子是怎么成长的,书名叫《智慧教子的八大方法》。第三本是围绕建立一个和谐的家庭氛围的,书名叫《和谐家庭》。最近,我到农村和很多家长交流,大家对问题孩子有很多疑问,所以我又写了一本书叫《问题孩子没问题》。这本书的最后一章有 100多个问题,其中,有 60 个是家长提的,有 40 来个是孩子提的。

由于时间关系,今天有很多内容不可能展开,只是画龙点睛地把几个故事和主要的内容和大家分享一下。大家有问题可以写成纸条,留下信箱地址,将来我用邮件回复你们。

谢谢大家!

[现场互动]

　　听众: 我想请教一个问题,我们现在应该怎么去跟小孩子沟通? 怎样跟他们交朋友?

　　姚鸿昌: 这个问题其实是一个普遍性问题。沟通有几种办法。第一种叫毫无目的的沟通,就是陪孩子聊天。这个聊天过程中,要和孩子谈故事,谈自己。我在孩子的成长过程中,他什么年龄,我就讲我这个年龄时发生的故事,讲得有意思他也模仿我,在这个过程中,他就知道:噢,原来我爸爸那时候也犯过错误,那时候学习也不好,我可以超越他。这是一种沟通形式。

　　第二种办法,孩子有好的方面可能我们没有看到,但是我们要努力发现,就是要了解孩子,哪怕他有十个地方做错了,只要一个地方做得对,对这做对的地方,就要用欣赏的角度来看待。如果孩子有问题,不要怪,所有的问题都不要怪孩子,哪怕真是孩子的问题,你要考虑是不是早期教育有问题,要分担孩子的压力。有一个家长就是这样做的:自己的孩子打人家了,就带着孩子一块儿到医院,这个过程中孩子也感到打人不对,不用批评他,孩子就全明白了。

　　听众: 姚教授,您好! 我的孩子今年4岁,我想请问一下,现在的小孩应该给他一个怎样的启蒙教育,才能让他更好地成长?

　　姚鸿昌: 对幼儿的成长要抓住他成长的敏感期,及时激活他的智慧,敏感期是0~3岁。3~4岁已经在反映0~3岁的教育是不是有失误了。我们打个比喻,大家都懂计算机,0~1岁是格式化,咱们起个名叫人化,0~1岁的孩子如果是狼教的就是狼孩了。2~3岁是建立基础的操作系统,装DOS,那么到3岁可能就装Windows。对到了4岁的孩子,我们就是要接纳孩子0~3岁教育的现实,孩子有什么毛病也不要怪他了,那就是我们早期教育的失误。那么4岁的孩子应该是什么样呢? 应该是一个特别喜欢故事的故事年华。这个年龄的孩子一个是爱听故事,一个是爱讲故事,爱模仿,爱当小主人、小老师,要鼓励他为兴趣和梦想表演,在游戏体验当中,让他找到乐趣,甚至于在认字的过程中,让他联系实际认字,并和他一起学习。

　　听众: 我想问一下,6岁的孩子有没有自尊?

　　姚鸿昌: 孩子都有自尊。哪怕是刚出生的孩子,你冷落了他,他都能受到伤害。应该尊重他。

　　听众: 有的时候我们夫妻管教孩子,有点着急,着急的时候,就会不理他或者打他,我就会有点舍不得。

姚鸿昌：孩子到 6 岁的时候，有些问题已经暴露得比较明显了，有的比较逆反，有的可能会淘气，干一些不该干的事。我们可能管束过多，我建议稍微给孩子自由多一些，让他大部分的时间感觉没有受管束，有严重的问题再管束，这样孩子的逆反情绪会缓解一点儿。另外，孩子如果有了问题，最好能够和他处于同一个角色，和他一块儿来体验这个错误，然后和他一块儿来挽救，这样做有利于孩子反省自己。

听众：姚教授，我的儿子现在上大三了，谈对象了，请问我们怎么跟他沟通？还有就业问题也是我们所关心的，就是不会跟他沟通。

姚鸿昌：你的孩子已经这么大了，有一句话，儿孙自有儿孙福，好多事情你已经把握不了了。这个情况下，应该让他和他的同学和老师一块儿成长、沟通。孩子在这个年龄谈对象也是正常的，怎么把握，应该让他上这个课。婚姻家庭是有层次的，婚姻有 3 个层次：一个是性爱层次；一个是情爱层次；一个是爱情层次。爱情层次是什么？那是两个人性格的互相包容、文化的互相渗透，没有这个基础，早晚还要离。结婚是一门学问，孩子要上这门课，你要引导他听听这方面的课，多做这方面交流，指导他谈恋爱。

听众：姚老师，您好！刚才您谈到了对孩子人生框架的构建，在《易经》里也有这个说法。您认为人生的框架是不是正确的人生观？另外怎样从中国五千年的国学中给孩子一个人生的框架？谢谢！

姚鸿昌：这个问题提得非常好。我们现在学习一方面是要学知识、学技能，另外就是学思路、学观念。五千年的文化要不要学？这个很有智慧。比如弗洛伊德心理学中讲到人的三梯次，升华"本我"为"自我"，让人提高道德力、智慧力、意志力；而儒家提高你的道德力，道家给你智慧力。

再一个就是刚才这位老师提到《易经》，《易经》有三个智慧：一个是系统思维，变革共生，就是系统思维辩证知识，那么这个智慧也要求我们在解决孩子的问题的时候，不要单纯地要求孩子解决问题，而要建立环境，包括建立家庭环境和社会环境；第二个是集思广益，智慧整合；还有一个是自强不息，厚德载物。这些就是《易经》的观念，让人从小就要有自信、有自尊，要能够厚德载物。这些东西都建立起来，我们的孩子的成长就没有问题。就是要用家庭文化去熏陶，老少四代人都崇尚这种文化。

听众：姚教授，您好！我是江苏省镇江中学的一名老师，我想请教一个问题，就是今年（2008 年）10 月份以来，发生了很多学生和老师之间不和谐的事情，甚至也发生了很多学生伤害老师的事情。这样的事情发生之后，我们作为第一线的教育工作者，感到很寒心。那么现在有什么方法能让孩子的心灵柔软一些？要做到像过去那样师生之间拥有一辈子的情分，我们的老师和家长应该怎么培养孩子的感恩心？

姚鸿昌：她提出一个很重要的问题，发生那样的事情不仅老师受伤害，很多家长也受伤害，社会也受伤害。未成年人的很多问题不是靠我们某一个人能解决的，这和教育思路是有关系的。我们正在进行中国的第三次教育改革。大家知不知道？中国历史上曾经进行过三次教育改革：第一次是春秋改革，四书五经开始流行，文化走进民间，不是贵族文化了；第二次改革是四书五经被打倒，开始学数理化；现在正进行第三次改革，这次改革要解决一个问题，就是不仅要培养科学家，还要考虑普通人如何成长的问题。所以，国务院也好，全国各地方也好，都在抓教育思路改革。我刚刚在苏州开了一个会，也在研究这个问题，我们应该看到希望，现在大家终于从老百姓的角度认识这个问题了，大家一起来共同努力。

另外，我的夫人是一个小学老师，她的工作重点就是帮助问题孩子。但是从考核上看，这样的老师可能得不到最好的评价，她的学生的分数不是最高，但是她的工作难度比要普通教师大得多。问题孩子是多年形成的，我们希望一些优秀的老师在这方面做一些贡献，我们一块儿推进这件事。

听众：姚教授，听完你的讲座，我非常有感触，因为我现在正投身于第一线的教育。我不是老师，但是我从事教育工作。我已干了五年教育工作。我想说，怎么把这个教育扩大化，我们怎么整合这个市场。

姚鸿昌：好。那我来说几句。和你交流一下，这位朋友很热心，我想你在做这项工作，也着急，希望把这个工作做起来，还有刚才老师也提出问题，我们这个讲座讲完了，听听很感动，过后问题还解决不了，怎么办？现在全国很多城市都在搞类似这样的机构，民间和政府合作，正在为未成年人教育和家长培训方面做大量的工作，我们都应该服务于社会来支持这项工作。如果镇江有需要，我随时可以来，愿意把镇江作为我的第二故乡，为大家做后续的服务。谢谢大家！

[延伸阅读]

明天我们拿什么去竞争？

围绕"明天我拿什么去竞争"的话题，咱们看看中间有几层意思。第一层，"拿什么"去竞争。有的说了我是大学生，学习功课还不错，我拿知识去竞争，我拿学历去竞争，行不行，够不够啊？恐怕不够吧。还有能力、人脉，是不是也需要啊？所以拿什么竞争是我们首先要考虑的。第二层，我们的竞争对手是谁。是我们的同学吗？是我们的同事、同行吗？还是自己？和谁竞争是我们需要考虑的问题。当我们考虑完之后，会意识到真正的竞争对手是我们自己，是自己的思想观念。第三层，谁都希望自己事业成功，今天我们来了很多人，可以看出来大家很关心未来竞争中的成功，其实未出生的婴儿都需要取得成功。

现在我们就来进行这个主题：到底怎么样才能赢得明天的竞争？主导思想就一个：科学发展观。科学发展观的核心是什么？以人为本，以人的发展为本。我们的社会要在全面协调可持续发展的过程中促进我们人的全面协调和可持续发展。

下面的时代是什么样的时代？将会发生什么样的变化呢？

钱学森曾经说过的一段话：一方面是以太阳光为能源利用生物、植物、动物、景物和水与大气，通过对农林草畜禽菌药鱼工贸等知识密集型产业的革命，最终消灭工农差别和城乡差别，这是一场革命；另一方面是以人体科学为主导，带动各种科学技术飞速发展，特别是用系统学的理论把医学（包括中医、西医、民族医学、中西医结合）与电磁治疗仪器等进行整合，此外，还要对教育学、脑科学、心理学等智慧进行整合，促进人的全面发展，使大智大德的人才大批涌现。也就是说随着信息时代的发展，我们最后应该面临这样两场革命。你做好准备了吗？你能在这个要求下有竞争力吗？我们必须做到各学科的融会贯通，这将决定你在未来是否具有竞争力。

《黄帝内经》中说，一个人除了生理生命系统，即看得见的外形和体重外，和他一同诞生的还有一个系统，看不见，摸不着，这就是我们的经络系统。哲学家说，人是生理人，也是头脑人，更是灵魂人。生理人使人走向自然；头脑人使走向社会；而灵魂人使人走向神圣，所以我们人之所以为人，不在于我们有躯体，而在于有一个灵魂。难道我们不应该等一等，让我们的灵魂也跟上来吗？当我们的灵魂跟上之后我们的竞争模式就变了，有的时候竞争可以是一种合作。当我们的灵魂跟上来之后，我们对世界的看法也会有变化。那么我们来问一问，我们的心灵跟上来没有啊？如果我们自己心灵都没有跟上来，孩子的心灵怎么能跟上来？如果孩子已经成长而我们没成长，那我们怎么能理解孩子成长呢？所以，我们的教育真的要从心灵开始，真正有竞争力的人是拥有心灵生活的人。

心理学家弗洛伊德提出了三个机制。他认为人原始的动力就是欲望，人是欲望的动物：一个是生存的欲望；一个是沿袭后代的欲望。弗洛伊德提出用三个机制来调整人的欲望,让人从本我升华到自我,再升华到超我。第一个机制就是求同机制,咱们共性化的教育就是一种求同,求同机制是我们社会必须的;第二个机制叫移植机制,就是让人的多元智能得到启蒙,让人的心灵畅想,所以我们在人生成长中应该通过这种机制提升我们的智慧;第三种机制叫防御机制,通过防御机制突破我们的心灵障碍,而使我们成为有信念和意志的人。弗洛伊德的这三个机制最终使人们变为有道德力、有智慧力、有意志力的人。

如何提升我们的道德力、智慧力、意志力?其实从我们传统的中华文化中可以找到很多内容帮助我们提升,所以在此希望大家要学习好我们的传统文化,学习儒家的仁爱观,帮助我们自己和我们的家人学会爱;学习道家的自由观,提升我们的智慧力,让我们的心灵去畅想;学习佛家的觉悟观,在突破心灵障碍中实现人生的第二次、第三次、第四次成长。

提升竞争力还体现在把经销改成营销。什么是经销?经销是以我为核心,我赚多少钱为你办事,这就是经销观。什么是营销呢?营销是以客户为核心,以社会需要为中心,全方位地为这种需要服务,这就是营销观。现在如果你只考虑我将来怎么上学,工作后怎么能够挣到很多钱,这样最后反而会失去机会。凡是那些为他人,为别人活着的人,在为他人全方位的服务中反而容易找到机会。我们只要努力去为他人服务,我们自己的乐趣自在其中,这其实也是一种竞争力。把岗位当作自己的事,认真履行好岗位职责,实际上不仅我们自己能够得到技术的成长,我们的心灵能够得到充盈,还能够让我们获得意想不到的机会。所以所谓的经销变营销的思想,不单纯只适用于卖产品。我总结了四条:第一条营销人生学做人;第二条营销产品学做事;第三条营销服务学相处;第四条营销智慧学创新。

(http://www.zker.cn/book/4223225)

老子智慧与人生成功

主讲人： 姚淦铭　　**时间：** 2008年12月12日

◇ **姚淦铭**

　　文学硕士，毕业于南京大学中文系。江南大学文学院教授，博士生导师，古文献研究所所长。被校方授予"江南大学名师"称号，多次被学生推选为"最受欢迎的老师"之一，并获部级"有突出贡献的中青年"奖。曾先后在央视作了"国学大师王国维"、"老子文化"等系列演讲，同时还是上海电视台"文化中国"栏目的知名主讲人之一，系列讲座"孔子"受到广泛好评，并因此获"最具亲和力"奖。

核心导读

老子的著作《老子》又称《道德经》。走进老子的世界,最先接触的便是他的"道"。如果能够问其道,并且能得其道,这便是一种智慧的提升,从而将古代的智慧转化为今人的智慧。大家看,《老子》就那么五千言,但是含金量特别高,好像一座挖了几千年的金矿,但现在还那么富有。比如成功这个话题,这是一个世代绵延的永恒主题,我们是否可以从老子那里借鉴到一些智慧呢?

——姚淦铭

非常高兴在 2008 年的 12 月 12 日来到镇江,受镇江市委宣传部的邀请给大家汇报一下自己学习老子智慧的心得,谢谢领导! 谢谢各位听众! 谢谢!

今天,因为时间关系,我们只讲几大智慧。老子的智慧很多,在两个半小时之内很难全面讲到,今天我着重讲和我们的人生和事业有关的内容。所以我的题目是"老子智慧与人生成功"。下面我们就直奔主题。

第一大智慧——人生五道

人生的成功要有五个道。

诸位,我们都经常会想:我们一样出生,一样一年一年地过,为什么他特别成功呢? 为什么他不仅成功,而且大成功,我只有一般的成功呢? 为什么我事业上成功了,我的家庭生活不幸福啊? 为什么我的婚姻不幸福啊? 为什么我在单位里不顺利啊……充满着疑惑。老子跟我们讲,任何东西,都有一个道在里面,你要成功,就要找到这个道,你要成功,就走上这个道,所以,老子这本书叫什么?《道德经》,3 个字:一个叫"道",一个叫"德",第三个叫"经",合起来叫《道德经》。

大家看,这是什么? 这是白纸。人人都知道是白纸,还叫什么? 还叫 A4 纸。是不是? 我讲这个什么意思? 老子那个时代,没有纸的概念,所以老子这本书是写在什么上面? 写在竹简上面,所以我们挖出来的叫简书。有钱的人家不写在竹简上,写在绸缎上,所以叫帛书。如果老子这本书采用 A4 纸,用小 4 号字打印,一张纸可以打印多少字? 1 100 来个字。那就来了,老子这本书是世界经典,可是,老子这本书,用 A4 纸,小 4 号字去打印,只要六七张纸就可以把它搞定了。我们写一个工作报告,我们写一个计划,我们写个什么东西,都远远超过六七张纸。这么一部伟大的经典,六七张纸就搞定了。在世界上所有的经典当中,老子这本书是最薄的。薄到什么程度? 六七张纸就把它搞定。老子这本书又是最短的,短到什么程度? 短到只有 5 000 来个字。但是,老子这本书是最短的,又是最长的,长到什么程度? 长到 2 500 多年过去了,大家还没有把这本书全部读懂。老子这本书是世界经典中最薄的,又是最厚的,厚到什么程度? 厚到 2 500 年过去了,研究它的人成千上万,但是还没有

老子这本书是最短的,又是最长的,长到什么程度? 长到 2 500 多年过去了,大家还没有把这本书全部读懂。老子这本书是世界经典中最薄的,又是最厚的,厚到什么程度? 厚到 2 500 年过去了,研究它的人成千上万,但是还没有把其中的智慧挖掘出来。

把其中的智慧挖掘出来。这就是老子的魅力,这就是老子的智慧。

诸位,上海最热闹的地方是南京路,北京最热闹的地方是王府井,苏州最热闹的地方是观前街,镇江最热闹的地方我不熟悉,是什么? 大市口。大家可以去看一下,大市口过一段时间橱窗里面就变动一下,这叫什么? 叫时尚。还叫什么? 还叫滚滚红尘。接下来有一个问题。你看,时尚的东西,它一定永远存在吗? 不! 所以,时尚的东西不等于经典。但倒过来就不一样了,经典的东西可以永远时尚。诸位看,2 500多年过去了,正因为老子的《道德经》是个经典,所以,今天我们读这本书还是那么感动,还是那么激动,还是那么冲动。为什么? 因为它永远时尚。诸位看看,我们女同胞穿的鞋不要太时尚啊,一下子叫松糕鞋,一下子又是尖头鞋,你到街上看看,凡是爱美的女性穿的一定就是尖头鞋,但是有一个鞋永远不会淘汰,那就是高跟鞋。高跟鞋是经典,为什么经典? 它让我们的女同胞都增高,高跟鞋一穿就增高! 为什么大家都喜欢? 因为高跟鞋还有一个特点,一个女同胞原来走路不精神,高跟鞋一穿让你该挺的地方都挺出来。这叫经典。

所以,做人要做经典的人,做官要做经典的官,做妈妈要做经典的妈妈,做爸爸要做经典的爸爸,做儿子要做经典的儿子,做女儿要做经典的女儿。这样你可能不在人世了,但是你还活着,这就是老子这句话的意思。

什么是长寿? 120岁是长寿,130岁更长寿,但是一个人只有二三十岁,就为国家做出贡献,就牺牲了,这不是长寿吗? 老子说照样是长寿。老子有句话叫做“死而不枉者为之寿”。人已经走了,但是那个事业、那个名声、那个功绩永远在,那你就是一个长寿的人。为官不就是这样? 好多有名的人不就是这样吗? 你看看我们这个讲堂叫文心讲堂,为什么叫文心讲堂,写《文心雕龙》的刘勰死了吗? 还没有死,我们这个讲堂叫文心讲堂,这就是真正的长寿。所以有一个经典的人生,那就是成功,我们就是要寻找一条成功之路。

人生要有五个道。

第一个道叫学道。你不学怎么会得道?

第二个道叫知道。学到了以后才知道,所以说,一学道,二知道。

第三个道叫悟道。心要悟,这个道我想通了,被我悟出来了,被我悟出来的道就不是老子的道,也不是姚淦铭的道,而是自己的道。所以,第一,学道;第二,知道;第三,悟道。

第四个道叫出道。什么叫出道？我学了道要去用用看。

第五个道叫得道。

诸位，人生成功要五道：学道、知道、悟道、出道、得道。这就是成功之道。

诸位，我们说，一个人生，两大主题，三度空间。人的生命只有一次，但是在一次生命当中主题不一样，一个人的一生有两大主题，哪两大主题？第一个主题是成功；第二个主题是幸福。成功的人不一定幸福。

诸位，我们生活在镇江，我生活在镇江这个单位，我回到家这个空间，但是我们有没有想过，人生有 3 个空间：第一个空间是你的事业，每个人的工作就是事业。比事业更广阔的是生活，比生活更广阔的是我们的灵魂。诸位看，我现在有一份工作了，就像一条船在大海里航行，我要驶到成功的彼岸，这个船就是我的事业。而比船更广阔的是船所处的大海！大海就是你的生活。到了 60 岁、65 岁退休了，事业好像退下来了，但是还有生活、还有人生啊！天空是第三个空间，是我们的灵魂，所以，比大海更广阔的是天空。所以大家一个人生，两大主题，三度空间，四字成语。人生记住 4 个字，你就能获得成功和幸福。哪 4 个字？老子说的"大器晚成"。

诸位，谁希望做一个纸杯，一次性的啊？如果我做一个玻璃杯，那价值就比纸杯厉害。你是玻璃杯，那我就是一个瓷杯；你是个瓷杯，我就是不锈钢的杯子；你是不锈钢的杯子，我就是一个大鼎。所以我们不要做问杯中人，要做一个问鼎中人。我们在座的一些人都有儿子、孙子，我们要教育他们，人生要标准，不要做一个小纸杯，要做就要做一个精品，要做就要做一个经典的器物，慢慢来，要不断地雕琢、雕琢、雕琢，最后终于做成一个大器、重器、传世宝器。老子这本书就是跟我们讲人生成功的事。

在中央电视台讲老子时，我就有这样一个问题：老子究竟在我们现代人的心目当中占什么地位？当时我去苏州玄妙观调查，苏州有一个观前街，为什么这么叫？因为是道观前面的一条街，所以叫观前街。这个道观叫玄妙观，玄妙从哪里来的？《道德经》第一章里说："玄之又玄，重妙之门。"这叫玄妙。玄妙观前面很热闹，我看到 3 个天真的小孩儿在那里玩，一看，一个虎头虎脑的小男孩儿，一个眉清目秀的小男孩儿，还有一个玲珑乖巧的小女孩儿,一个女的,两个男的。

我问小女孩儿:"孩子,读几年级了?"

"一年级。"

我试试看:"还知道老子吗?"

"知道!"

哎?都知道老子?再试试看。先看看那个虎头虎脑的小男孩,问:"你知道老子吗?"

"老子当然知道,老子还不知道,老子就是我爸。"

我又转而问那个眉清目秀的小男孩。

他说:"老子就是玄妙观靠右边的那个塑像,我不仅知道他叫老子,还知道他叫道德天尊。"

这个小孩子不简单,知道玄妙观靠右边的那个塑像的事情,还知道叫道德天尊。"你怎么知道的?"我问。

他说:"老伯伯,我下课以后经常在这里玩,听导游说的,知道这个叫老子。"

边上那个小女孩儿说:"老伯伯,他们两个都是八卦。"

我说:"你不八卦,那你说说看。"

她说:"老子是中国的哲学家,老子还是一本书叫《道德经》。"

"哎哟,你怎么知道的?"

"我爸爸的桌子上就有这本书。"

一个问题,3个不同教养的孩子,就有不同的答案。这说明一个什么问题?老子老了吗?老子不老。老子死了吗?老子没死。老子不老,青春永远;老子不死,永远存在,还活在我们每个人的心中。在德国,80%的家庭都有《道德经》这本书,但是我们中国的家庭有多少有《道德经》这本书,知道老子的呢?事实上这是可惜的。但是不要紧,今天我们有这么多的人不怕冷,跑到这儿来听老子,说明什么?老子还活在我们心目中,今天回去以后,大家每个人的心目当中就会有一个不同的老子在鞭策我们的人生。

老子跟我们讲什么?老子跟我们讲"天网恢恢,疏而不失"。我们今天有一句话叫"天网恢恢,疏而不漏",你是不是讲错了?你怎么不讲

老子跟我们讲"天网恢恢,疏而不失"。

"失"？原版本是"天网恢恢,疏而不失"。后来我们变了一变,叫"天网恢恢,疏而不漏"。我们今天的互联网是整个网的一部分,天网很大。老子跟我们讲"天网恢恢,疏而不失"。老子说,世界上一切东西,都在这个网当中,没有一个逃得出。所以做任何事情都要找到一个道:婚姻要有一个道,家庭生活要有一个道,身体健康要有一个道,什么都有一个道,道无处不在、无时不在、无物不在。现在我们就来看看这个道。

> 老子说,世界上一切东西,都在这个网当中,没有一个逃得出。
>
> 什么都有一个道,道无处不在、无时不在、无物不在。

诸位,这个茶杯里倒满了茶水,现在,我把茶杯里的水全部都倒掉了,请问茶杯里还有东西吗?你看,茶杯我倒得干干净净,水都倒光,茶杯里还有东西吗?

你看,镇江的听众厉害,到其他地方讲座,听众都会回答说:"没有了。"镇江还是厉害,说:"有。"请问有什么?有空气、有水。这个水不可能全部倒干吧?此外,还有道。

任何东西你都要看到中间有道,旁边人问了:"什么道啊?"当我们的茶杯里装满了水,这个茶杯就死定了。为什么说死定了?这个茶泡好了,装满了水,当我把这个茶杯里的水倒掉了,一个空间来了,一个"无"来了,这个"无"是不得了的东西。"无"就是没有的"无"、无产阶级的"无"。这个"无"是什么啊?正因为我腾空了,所以我可以怎么样?我可以泡茶,可以放镇江醋、糖、盐、酱油,可以放沙子,还可以放钱币。这样一来什么东西都可以放,千千万万的东西都可以放。什么意思?这叫以一驭万。

> 当我们的茶杯里装满了水,这个茶杯就死定了。
>
> 当我把这个茶杯里的水倒掉了,一个空间来了,一个"无"来了,这个"无"是不得了的东西。
>
> 这样一来什么东西都可以放,千千万万的东西都可以放。什么意思?这叫以一驭万。

我经常跟大学生讲,我们大学生一毕业,有人会想:我爸爸妈妈背景一般,没有社会关系,也没有资金,怎么办?今天听这个课,你就知道了:当你两手空空的时候,里面就有无限的东西,中间就有一个道。

诸位,前面来了一个白狼,我抱着娃娃,我怎么逮着这个白狼啊?有一句话叫"舍不得孩子套不着狼"。意思是你要先把孩子放下,然后想办法把狼套住。真正高明的人是把孩子放下,想办法把狼套住。所谓"空手套白狼"是什么意思?这叫无,这是无的妙用。有一次讲到这里,几个搞房地产的老板哈哈大笑,他们说:"姚老师,我们各个都是空手套白狼的高手。"你看看,一样吗?不一样。茶杯正因为空了,才给你一个空间让你创造,所以我经常教导我们的年轻大学生,什么都没有不要紧,现在给你一个大学文凭了,你要利用这个空间去创造,这个以一驭万是什么东西都有的啊!

老子给我们一句话:"常无以观其妙。"这个道就在里面,这是一个成功的道。经常在无当中观察到妙。女儿谈恋爱了,"女儿啊,你找的什么对象啊?""哎哟,爸爸、妈妈,不好意思啊,他是个农民的孩子,家里子女特别多,穷得很。"妈妈说:"怎么不找一个城里的、有钱的、做官的?"这个未来的女婿懂得这个道理,跟丈母娘、丈人说:"老子有一句话叫'常无以观其妙',你别看我赤手空拳,但是我有本领、有才能,我可以创业,8年、10年以后,我可能就是一个大老板,你的女儿眼光很厉害。"所以说老子的"常无以观其妙"很厉害,只要给你一个人生,就像给你一个空的茶杯,你去装各种各样的东西,关键在于创造,这就是智慧。智慧从哪里来?就是要学习,要学道、知道、悟道、出道。但是老子马上跟我们说一句话:"常无以观其妙,常有以观其徼。"你看看好多人不懂,前半生很厉害,但是后半生"啪嗒"一下掉下来了。

诸位,2007年3月17号,上海市人事部门给上海的厅长、局长、处长组织了一个报告,我给大家讲陈良宇的事情,你说陈良宇有没有智慧?当然有。你说他有没有成功?当然有。而且不是一般的智慧和成功。诸位,在那个时代,普通大学生要留在上海工作谈何容易?不像今天打工的都可以去,都可以买套房子做上海人了。这么一个大学本科毕业生在上海,他走的就是从无到有的成功之路,一毕业,从无所有,我跟上级搞好关系,跟同事搞好关系,然后"蹭、蹭、蹭"上去,做到上海市市委书记。你看看,陈良宇在上海这个地域上从无到有,几千万上海人被他领导,不要太厉害啊!这就是"常无以观其妙"。他找到了个人发展的妙道,他成功了。但是陈良宇不知道老子还有一句话:"常有以观其徼。"东西叫徼?这个徼是什么东西?边际。我们这样不走出这个边际,就不会倒下去,但是老子跟你讲,要观其徼,就是你脚下的东西,当你过了这个徼,扑通一下,什么都没了。所以我们江南人有句话叫"出了边"、"滑边"。这个边是什么东西?社保基金不能动的,你要出这个边,就会滑下去。所以你看看老子的智慧,这两句话让你终身受益:"常无以观其妙,常有以观其徼。"

于幼军,成功人士,做到深圳市的市长,后来做到山西省的(行政)一把手,文化部党组书记、副部长,对不起,"啪嗒"一下下来,突然落马。一样的道理,他们前半生很辉煌,但是后半生不知道老子"常有以观其徼"的教导,出了边,"啪嗒"一下,什么都没有了。

老子跟我们讲:在社会上,有好多好多人,从事教育的有教育之门,从事税务的有税务之门,从事运输的有运输之门,每个人都有一个门。老子说:"玄之又妙,众妙之门。"每一个门后面是什么东西?是道,所以叫"门道"。门的后面有什么东西?有路,所以叫"门路"。为什么你做官升不上去？你没有门道，为什么做生意蚀本，发不了财？你没有门路。什么叫门道、门路？就是规律。大家注意！人总要进某个门的。进入门以后，老子说："玄之又玄，众道之门。"一个门后面还有一个门，一个门后面还有一个门，你看看我们进来这里有多少个门啊？第一个是图书馆的大门，然后一个门、一个门地进来，出了电梯，一看，原来这么一个演讲大厅，每个门后面都有门道。那么一个门、一个门、一个门地走进去，渐行渐远，叫门槛精了，叫得道了。

我们有的人喜欢总结，喜欢反思，喜欢学习，他从一层一层的门进去，玄之又玄。小青年不懂，把这个女人娶回来，婚姻这个门进来，就完了？错！爱情是要一重一重地进去，真正的爱情的果子还在后面，所以如果两个人都不愿意走进爱情里面的门，到最后会怎么样？婚姻破裂了。工作也是一样，进入一个职场，几年以后职位上升，这个时候你没有继续进门，你停滞不前了，所以，你可能干一辈子都没有进这个门。我们到公园里看看，那些打太极拳的人，天天起劲得不得了，从早上6点到10点，4个小时，你以为他们都进门了？或许有的人进门了，但真正的太极拳高手看看，笑笑，你的动作很标准，但是你没有得到精髓，太极拳的精髓在阴阳、在气和，不是在动作上。这叫进门，要一层层地进去。人生也是这样。有一句话叫："师傅领进门，修行靠个人。"一个木匠3年学成了，明天要出师了，要去谢谢老师："师傅啊，明天我要走了。"师傅呵呵一笑，对的，3年学成了，我再给你一个作业。他想："我学了3年，师傅，有什么题目，你出。""来！给你一个木头，给你4个柱子，做一个方凳。"徒弟讲："我学了3年，方凳还不会？"方凳做成了，师傅说："放平了。"徒弟怎么也放不平。怎么不平呢？师傅哈哈一笑："我还是跟你讲，师傅领进门，以后修行靠自己了，今天再教你最后一招。"师傅上去两三手就搞平了。徒弟这才知道，原来我的本领还差得远呐！我们人生的门就是一层门、一层门地进去的，所以老子说："玄之又玄，众妙之门。"

诸位，我们现在再来看一个命题，有多少条路通向富啊？若要富，先修路。所以，你看看我们山东的路修得多好啊！苏北的一些路也修得很好啊！还有沿江高速，条条道路，一边通南京，一边通上海，苏州人、无锡人好聪明啊！这边和上海密切联系，把上海的血抽出来。你看看，江阴大桥，苏通大桥，还有润扬大桥，条条通苏南，苏南富啊！若要富，先修路。他们找到了成功之道。有人说：我在陕西啊，我没有钱修不起路，怎么富呢？有办法，若要富，少生孩子多养猪。多养猪就行了啊！有的人他偏偏不养猪，就少生孩子多种树。有人想：我是个男人，我也想办法富。怎么办？他想出一个办法：若要富，去盗墓，一夜一个万元户。到了晚上他扛着锄头去盗墓了，"咔嚓"一下，一个青花瓷瓶，这就不是万元户的问题了，但这是犯法的。还有若要富，盗金库。你看看，河北邯郸农业银行有两个管金库的，他们从金库里盗走五千万。原来条条道路通向财富，要富很容易啊！有的杀人放火，有的贩毒，有的怎么样？看看温州人怎么富。

我到温州去讲学，讲完以后他们很客气："姚老师，带你参观参观温州。"一看，温州很繁荣。"姚老师，你看看温州富不富啊？"我说："当然是富的。""姚老师，告诉你，什么叫温州人的小富，1 000万才是个小富。"哇，温州人真厉害啊，1 000万才是个小富。大家都知道20年前的温州人苦啊，平阳、文城、永江、洞头包围着温州，改革之前温州非常穷，平阳去逃难，文城做人贩，永江去要饭，洞头靠贷款吃饭。他们苦得有的逃难，有的当人贩，有的要饭，有的靠贷款吃饭，20年后他们成了小富。

温州人很会总结，若要富，有四点。哪四点？第一点，勤一点。温州人特别的勤奋，吃苦耐劳。第二点，群一点。第三个是什么点呢？他说："姚老师，你看看我们温州人的眼睛跟人家一样不一样？我们的眼睛叫市场眼。"什么意思？温州人眼睛很特别，一出去马上就看到市场的空白点，这是第三点。第四点呢，温州人说了："我们温州人会把利润多提高一点，哪怕几分钱，几毛钱我们都要赚。"诸位，我们要用老子的道指导我们的行动，原来一个目标可以有好多条路，但是这个里面，有的是白道、有的是黑道；有的是正道，有的是邪道；有的是小道，有的是大道。

诸位，大家看，要钱其实很容易，但是，要正道，要白道，要大道，不要邪道，否则钱再多，终有一天也会栽下来。

第二大智慧——成功12字诀

如果你记住老子讲的这12个字，可以达到上面讲的5个道，那你就头头是道了。家家都有一本难念的经，如果你记得这12个字，那你就得到这本《道德经》。这是一本真经。当你有了这一本真经，其他难念的经都好念了。所以我给好多企业家、大老板讲老子，他们特别感动，说听老子的课，对中学生作用不大，大学生才开始有点悟，在座的怎么样？有丰富的阅历，那就不得了了！小学生一片空白，悟不了。老子这本书要用自己的人生去体会、去挖掘。

我经常打比方，诸位你们来听课，像什么？你们心中充满着酸、甜、苦、辣，每一次挫折就像一根干的木柴，一次拾到一根柴，一次成功也是一个柴，所以你们年龄越大，这个柴火就越堆越高，越堆越大，但是没有一把火把它烧起来，就不能照亮自己的内心。今天我做的是什么事情？今天我就带来一盒老子的火柴，从中抽出一根，火柴烧旺了，就将火柴扔下来，扔到各位的心中，你们积累的多少不一样，这个火烧起来的大小就不一样。

把内心全部照亮，想想自己在前半生犯了什么错误？今后是否还来得及补救？是否暗合了老子的道？我今天的工作就是把老子的火柴扔给大家，照亮大家的内心，照亮过去和未来的路程。诸位，老子跟我们讲什么？4句话，12个字：第一句话叫"道生之"，第二句话叫"德畜之"，第三句话叫"物形之"，第四句话叫"势成之"。记住这经典的4句话。

老子就是这么简单。他只告诉你12个字，不讲的，你自己悟吧。这就是老子的智慧。所以，只有用全部的精力、智慧去解读老子，你才会燃烧起熊熊大火。

我不能讲到这里就没了，我今天来就是讲老子的智慧，我要跟大家讲怎么去理解这4句话。

老子说的第一句话："道生之"。你要有活路，要抓住这个道。诸位，什么道？什么叫道？道这个字怎么写？一个首长的"首"，下面一个走之。为什么老子喜欢这个字？这个字里面有丰富的智慧。这个字是怎么写的？一个人来到十字路口，这个人是一个有头脑的人，是一个首长的"首"，这个字怎么写？两点一横一撇，下面一个"目"，由这两个部分组成。两大因素，眼睛和脑袋。所以什么叫首长？眼睛比人家厉害，头脑比人家厉害。所以诸位我们经常管没有文化的人叫睁眼瞎，你爹妈给你再好的眼睛也没有用，你没有文化，你的眼睛看不远。而老子给我们的一双眼睛，它看到一个东西能够马上知道里面有一个道。比如说，今天我们回去看这个茶杯还一样吗？不一样。我们把水倒空，就知道里面还有一个道。为什么有的人能不断成功？就是因为他不断地发现道，看到应该走的路。

"首"字，一个头脑一个眼睛，还有一个十字路口，人生就是不断地在十字路口寻找前进的目标。所以诸位，我们知道人生是一个曲线，人生当然是一个曲线，但是你要知道在这个曲线上面有好多的十字路口，就好像在高速公路开汽车一样，上了高速公路，无数的十字路口排在那里，进口错了，怎么达到目的？进口对了，出口错了，也不能达到目的。

无锡有一个能人叫王选，他是中科院院士，他的人生怎么成功的？8次选择，8次成功。所以人生在弯弯曲曲的曲线上不断行进，前面有不同的十字路口在等着你，所以，你要非常谨慎地用你的眼光、头脑选择进口、出口，不能搞错。所以这是一个非常厉害的问题，要不断地寻找正确的进口和正确的出口。王选说自己的人生是8次选择，8次成功。第一次选择是在无锡的中学，他成绩非常优秀，考大学时，他选择清华大学，选对了；清华大学里面又学了一个数学力学系，又选对了；数学力学系里面有一个纯数学，当时其他的人都搞纯理论，他不一样，搞纯数学，他看到计算机是一个前途学科，是一个旭日东升的事业，他跟人家不一样：你们搞纯数学，我就搞计算机，选择成功；在计算机当中好多人搞硬件，他就选择搞软件，又成功了；人家都搞软件了，他又一跳，我要选择产业化；当大家都选择产业化的时候，他的目标是日本市场；当人家进入日本市场时，他又进军广电产业。人生的8个重要的关口他都作出正确的选择，终于完成一个大写的人生。

道是什么？是规律、原则、原理、方法、方式。掌握正确的规律就会不断地成功。所以老子跟我们讲"道生之"，没道你就死定了。诸位，你看看，原山西省（行政）一把手于幼军因为前面有道，后面没有道，掉下来了。大毒枭，前面有道，后面没有道，掉下来。

第二，老子跟我们讲"德畜之"。人生只有道，没有德是不行的。诸位，我们来看李嘉诚，李嘉诚文化程度不高，李嘉诚原来是做小生意的，为什么做到后来的顶级大老板？"道生之，德畜之。"李嘉诚当时在香港做塑料花，做到第一。不简单啊！订单纷纷而来，来不及做。来不及怎么办？偷工减料。我来不及啊！要赶时间啊！顾客纷纷退货，他把一批工人辞退了，心情非常沮丧，满面愁容回到家。我们经常讲一个成功的男人后面必有一个厉害的老婆，其实千万不要忘记，一个成功的男人后面还有一个女人，就是自己的妈妈。妈妈往往很重要，李嘉诚的妈妈很厉害，李妈妈出身很苦，年轻的时候生了好几个孩子，老公死得早。她一个寡妇带着这么多个孩子，靠给人家缝缝补补养活几个孩子。李妈妈文化程度不高，但是她跟孩子们讲，人活在人世上最重要的是做人。李妈妈的教育水平太高了，李妈妈发觉这段时间儿子不太愉快，她并不急着从儿子那里打听儿子厂里发生了什么事情，她从边上一打听就知道了。她说："嘉诚啊，我跟你讲一个故事。"李嘉诚这么大了，做老板了，还给他讲故事？我们看一下李妈妈的故事。

某个城市的郊外有一座庙，庙里有一个和尚，这个和尚叫云洁，手下有两个徒弟，一个是一洁，一个是二洁。老和尚年纪慢慢的大起来了，要寻找接班人。一看，两个徒弟都非常好，那么，到底这个衣钵将来要传给谁呢？

这天他把两个徒弟叫出来："你们两个徒弟都很优秀，师傅都很喜欢你们，但是师傅的年纪大起来了，总要传下去啊，我实在拿不定主意，出个题目考考你们吧。这里有两口袋谷子，分量一样，质量一样，你们一人领一袋，回去种，种到明年秋收，过来比比看，看谁收获的粮食多，收成好，我就把我的位子让给谁。"

两个徒弟回去刻苦地种田。这个师傅呢？过了一年，身体蛮好，精神抖擞，没死，等着两个徒弟来汇报。大徒弟来了，满面红光，喜气洋洋，扛着两个箩筐来了，满满的箩筐里面装满了粮食。

师傅一看，哈哈一笑："丰收了？"

"丰收了！我刻苦耕种，两箩筐都满满的。"

师傅说："你师弟怎么没有来？"

左盼右盼，小徒弟终于来了，没精打采，两手空空，满面沮丧："不好意思，师傅，我对不起你。我下力气种了，可是颗粒无收。"

师傅脸一沉："怎么回事？你看你师兄两箩筐呢？是你不肯下力气，不肯用功。"

大徒弟出来说："师傅你说了，谁的粮食多，位子应该让给谁。这个位子应该让给我了。"

小徒弟也说："应该让给师兄。"

这个时候老和尚哈哈大笑："大徒弟，你太聪明了，但是聪明过头了，紧要关头就出问题了。"

大徒弟不服气："师傅你不要忽悠我，你说的好好的，说谁种的好位子给谁的，今天为什么反悔了？"

师傅说："平时你很好，但是在关键时刻，利益冲突的时候你就不对了，我告诉你，我给你们的两口袋的谷子都是蒸过的死谷子，根本就种不出来，你怎么可能种出来？你还两箩筐，这不是忽悠我嘛？"

这个时候大徒弟仰面痛哭，什么也不说了，悄悄退了出去。

李妈妈讲到这里不讲了。这个妈妈"厉害"。我们教育子女，不要又是打，又是踢，又是骂，这样孩子一句也听不进去。李嘉诚听到这里，说："妈妈我懂了，看我的行动吧。"第二天，李嘉诚亲自上门，把那些退回去的工人一个个请回来："虽然现在困难，但是可以贷款，以后慢慢会好，这次是我李嘉诚的错，不是你们的错。"从那以后企业慢慢地发展起来。钢铁怎么炼成的？就是这么炼成的。当遇到这个经济危机，这位大人物怎么做？他准备了1 190亿现金准备过冬。这就叫"道生之，德畜之"。

有句话叫"富不过三代"。无锡有一个家族就是富过四代。谁？荣家，荣德生，中国的首富，红色资本家。他怎么积德？举一个例子你们就知道了。荣德生，20世纪20—30年代，这个品牌很有名气，纺纱厂、面粉厂……荣老板说："别看我现在神气活现，死了以后大家不知道无锡有一个荣老板。"他私人掏腰包给无锡人造了一座桥，无锡的第一辆公共汽车怎么来的？就是他带来的。以前的花园都要收门票，他的私家花园都不要收门票，所有的人都可以到他的私家花园去玩，什么气派啊！接着是第二代：荣毅仁。一个大资本家能够成为中华人民共和国的副主席，什么档次？荣德生将儿子荣毅仁培养出来了。然后他的后代荣智健，第四代又有一个儿子、女儿接班。诸位到太湖，可以看到两座桥，一座桥是祖父造的，几十年过去了，已经老了，现在只能走自行车。一看祖父的桥老了，后代说："我也要学祖父，我也要造一座桥，这座桥上面可以开汽车。"你说这是什么档次？

再讲一个故事。有一次荣家的纺纱厂着火了，那些女工不得了，她们虽然身体柔弱，但各个都是端着水盆浇水。这个时候荣毅仁出现了，他走到必经之路，把两个胳膊一伸。女工说："老板啊，现在火这么烧，烧的都是你的钞票，我们都是主动救火的。"荣毅仁说："统统跟我回去。"这些女工都不懂了："老板，烧的都是你的棉纱，都是你的钞票啊！"荣毅仁说："你们这些女工的生命比我的纱布、我的钱更重要。"哇，你看看，什么档次啊！

诸位你看，这些人赚了这么多的钱，他们做了多少慈善事啊？这就叫"德畜之"。德不"畜"你试看看。

湖南有3个贪官被判刑，当地市民连夜在广场上放鞭炮。做官没有德到这个样子，做了官也要掉下来。诸位再看看陈水扁。陈水扁小时候是个穷困的孩子，很穷，很能干，很用功，很聪明，靠自己的努力爬上去，你以为上去容易吗？不容易。人才济济爬到一把手不容易，做到台湾的"总统"。他找到了道，但是他没有用德去养育它，做"总统"也没有用，今天被铐起来了。对不起，做到"总统"照样叫你做阶下囚。所以，无论大毒枭、台湾"总统"，还是郴州市的3个贪官，他们都是没有德。没有德怎么样？对不起，掉下来。所以教育我们的孩子，为什么做人重要？重要就是在道和德上。所以老子这本书叫《道德经》。

老子跟我们讲的第三句叫什么？"物形之"。

诸位，什么叫人生？大家想过什么叫人生吗？你家养一条宠物，小狗，叫狗生吗？家里养一只猫，叫猫生吗？养匹马，能叫马生吗？不，它们统统叫畜生。只有人才叫人生。这个人生怎么写的？撇、横、竖。人生是爹妈一颗种子种在大地上，然后你这个小苗苗在妈妈的肚子里长大。人生最痛苦的是什么事？胎死腹中。我们在座的都幸福了，都被妈妈生出来了。

什么叫成才？就是最后长成大树，派用场了，这叫成才。人生就像一棵树，最高级的树就是国家的栋梁，叫栋梁之才。

我们有句话："十年树木，百年树人。"培养人才不容易啊！人生这棵树一样吗？不一样。就算刚钻出妈妈肚子的时候，也不一样。人生这棵树生出来要慢慢长大，长大后树上除了长枝叶，还要开花。这个人生树上开的花和那个人生树上开的花一样吗？不一样。这个树开花结果，那棵树开花不结果。两棵树都开花结果就一样吗？也不一样。你是大果，他是小果；你是甜果，他是苦果。如果两个树上都是大果就一样吗？你人生树只有一个大果，他的人生树上是硕果累累。你的人生树长成之后，不久凋谢了，他的人生树永远挺拔。我们单位的院子里有棵树，我每天看到这棵树都肃然起敬，几百年的树，高过 7 层楼房，这是生命的境界。为什么好多树都死了，为什么这棵树从明代开始经历了 370 年留下来了呢？我发现：原来边上有一个水潭，它终年不断地滋润着生命。

人生也要跟大树一样。我到愚公移山那个地方去讲课，他们说："姚老师，陪你去看看？"我说："好啊，去基岩看看。"一踏进庙门，他们考我了："你看这棵树多少年了？""我们那儿的树 370 年，你们这棵树大概 500 年。"他笑笑："姚老师，往上数。"500 年不够？700 年？"往上！"700 年还不够？1 000 年？"还往上！"1 200 年？"往上！"1 400 年？"往上！"1 500 年？"往上！"1 600 年！一棵大树过了 1 600 年还挺立着，你看看什么档次！诸位，这叫经典，我家的 370 年的树跟它比比就不算什么了。所以，"道生之，德畜之，物形之"。

老子的最后几个字太重要了："势成之"。诸位，人活着要靠势，这 3 个字太重要了。没有势，你怎么能够成功？

山坡上有一个人在放羊，来了一个智者问他："你在放羊吗？"

那个人说："我就是在放羊嘛。"

这个人问他："请问你放羊干什么？"

"你这个人真笨，放羊就是把羊养大、养多啊！"

"把羊养大养多干什么？"

"就是换钱啊！"

那个人还问："换钱干什么？"

"你这个人真是笨到底了，换了钱可以造房子啊，然后娶老婆啊！"

"那你娶老婆干什么？"

"你这个人笨到底了，娶了老婆可以生孩子啊，再叫他养羊啊。"

……

智者哈哈一笑。把他带到北京看看，带到上海看看，带到镇江看看，还有这么大的世面啊！再到大学里面学几年，他就会感到自己太可怜了！只知道那个羊鞭，只知道羊，只知道老婆，只知道生孩子。原来还有这么大的世界！

我们很多的房地产老板都是读了大学，开阔了眼界，最后成功了，这就是"势成之"。一个人不识势不行。多帅的小伙子，两个眼睛炯炯有神，他就是保罗·克鲁格曼，2008年诺贝尔奖的获得者，你看这个帅哥两个眼睛多厉害啊！他能够参透形势，为什么这个诺贝尔奖给他啊？140万美金，为什么给他140万？因为他之前就说会发生亚洲金融风暴，给他说中了。之后他又说美国会出现经济危机，又给他说中了。他的眼睛跟我们不一样，他分析形势是"势成之"。涨到高点必定要跌下来，跌到底必然要涨上去。当全部人疯狂地涌进股市的时候，就是你悄悄退出股市的时候；当别人不进入股市的时候，可能就是你进入股市的时候。

所以，人生要做到10个势。第一是要审时度势。诸位，为什么李嘉诚在经济风暴来临时有1 190亿现金准备好？他事先关照一些朋友：你们当心，经济上可能要出问题。有的经济学家还说李嘉诚胡说八道。谁胡说八道？李嘉诚太厉害了，这是几十年的磨炼的结果。

第二是要规避逆势；第三是要看清拐势；第四是要选择优势；第五是要巧妙却势；第六是要懂得借势。人不懂得借势能行吗？懂得借势的人，分手了可以重新牵手，哪怕我们是对手，还可以联手，哪怕你是凶手，也可以让你金盆洗手，洗手了做我的助手。第八个是要寻机找势。要寻找机会。为什么？越是低潮我们越是要充电，越是要学习。

诸位看，当我们两个脚，一个脚踏在老子的肩膀上，一个脚踏在孔子的肩膀上，这样，你是什么档次？那就是站在巨人的肩膀上，这样，你的眼睛怎么能不厉害？所以海尔的总裁张瑞敏说:"我有两个好老师,一手拿老子去赚钱,一手拿孔子去做人。"我们从老师那里听到一点点智慧,从家长那里听到一点点智慧,那才一点点,你学习老子的智慧,你学习孔子的智慧,那不得了。所以各位,你们吃过饭,电视不要看,回到小书房,泡一杯清茶,一本《道德经》。读一读老子的教诲:"道可道,非常道。名可名,非常名。无名天地之始。有名万物之母……"

诸位,你看看,一杯清茶,一本《道德经》,滚滚红尘中所有不愉快的事都离你远远的,它给你这样一个智慧:我怎么这么糊涂,这些名利、美色原来都没有什么意思。它让你的心灵放飞:还有一个灵魂的广阔天地是那么的美好,我真是,怎么活了这么多年,还不知道有这么美好的智慧。你每天读一读《道德经》,你出去的那种表情就会不一样,你的眼光就会不一样,你的智慧就会不一样,你的档次就会上去了,甚至你们家庭的文化氛围也会改变,到达一个新的境界。

所以老子说:"道生之,德畜之,物形之,势成之。"要做到这样,你要因道使力。最后达到一个什么,你成功了,就是英雄造势。小人谋利、大人谋势。小人赚钱不看形势,大老板不一样,钱照赚,更厉害的他看到是势。圣人谋道,小人牟利,大人谋事,圣人谋大道。所以,老子给了我们成功12字诀,让我们大家一起读一下。这个要读,要脱口而出:"道生之、德畜之、物行之、势成之。"

> "道生之,德畜之,物形之,势成之。"
>
> 小人谋利、大人谋势。
>
> 圣人谋道,小人牟利,大人谋事,圣人谋大道。

第三大智慧——人生的真相

大家看一个茶杯,我打它,它疼吗? 它不疼。我骂它,它难过吗? 它不难过。换成是人,打我,疼;骂我,晚上睡不好觉。老子说了,人生的真相是痛苦。请你们注意,人活着是很幸福的? 不! 人生的真相就是痛苦的。他有痛苦吗? 他没有痛苦,为什么我痛苦? 因为老子说:"吾有大患,为吾有身。"因为我是肉身。等到我没有这个身体我有什么可忧愁的? 所以大家明白,人生的真相是痛苦的,家家都有一本难念的经。

大家要知道人生的真相是痛苦的,所以要人定胜天,超越痛苦。你不要傻乎乎的认为人就是幸福的,首先要知道人是痛苦的,然后要超越这个痛苦。

怎么超越这个痛苦？老子给我们出了 3 道问题，即人生 3 大考题拷问我们的灵魂。老子的第一个问题："名与身孰亲？"名利和身体健康我们亲近哪一个？我们在座的没有哪一个人会说亲近名利，因为我们坐在图书馆听着这个课，但是我们一踏出图书馆，到了单位里就要名利了。

老子的第一个问题："名与身孰亲？"

老子的第二个问题："身与贷孰多？"我们是钞票多一点好，还是身体好一点好？

老子的第二个问题："身与贷孰多？"

老子的第三个问题："得与亡孰病？"你失掉一些东西，不一定不好，人生要懂得"得"和"失"的辩证。

老子的第三个问题："得与亡孰病？"

诸位，我到温州去讲课，走到一个地方，有人说："姚老师，看这个大楼。"我说："这个大楼有什么好看？"他说："姚老师你知道这个大楼是什么？""我刚来怎么知道呢？"他说："这个大楼是均瑶大楼。是王均瑶的企业。"我说："哦，可惜啊可惜！楼在人亡。"王均瑶 36 岁，个人资产 36 亿，36 岁赚到 36 亿，很聪明，但是很可惜，他又不太聪明，甚至很不聪明。怎么不聪明？36 亿不能买回来 37 岁。死了。王均瑶难道不知道身体要紧？当然知道，但是他不能够全部把握住。

老子的问题很深刻："名与身孰亲？身与贷孰多？得与亡孰病？"我们有时候失掉一点未必不好。老公做官做不上去未必不好，儿子暂时学习不好，可以慢慢培养。所以一个人在滚滚红尘当中要真正回答这 3 个问题并不容易。

老子跟我们讲心灵的四化。

第一个叫淡化。淡化身外之物，淡化名和利。身体是自己的，名是外在的，所以你要去淡化身外之物，得和失你要好好摆正。

第二个叫洗化。人不能把乱七八糟的东西都放在心上，现代人心里太重太重。诸位，1980 年—2004 年的 24 年当中，中国的企业家自杀人数有多少？1 200 人。这是有统计根据的。这些老板有的是票子，有漂亮的车子、美丽的妻子，老板的妻子个个都美丽啊，老板现在都不得了，有了钱就换掉老婆。现在我们有的大老板最喜欢同学会，车门一开,一个漂亮的太太下来,你知道他的老婆是第几任? 第五任。你以为他真的好过? 不一定。所以老子跟我们讲,心灵不要被乱七八糟的东西堆满了。如果我们有电子邮箱的话,每天上去看看,那些垃圾邮件,要及时删掉。你要知道我们心灵的邮箱每天也塞了垃圾邮件,你要学会清理。

第三要静化。要安静下来。诸位,你看我们有一些人退休不上班,但是生命在于运动,要怎么动法? 比如我 8 点上班,有的人开着小轿车上班了,到了办公室就等、等、等,等到 6 点下班,回到家。你回到家,想象自己的 18 岁早过了,28 岁也过了,38 岁也过了,48 岁也过去了,人生怎么动过来的? 我们好多时间在乱动,好多时间在盲动,好多时段在骚动,好多时间在被动。你想一下你多数时间在做什么? 如果我们把人生的乱动、盲动、骚动、被动变成人生的主动、人生的能动,对一些诱惑我们来个不动,最后达到人生的灵动!

诸位,你不要总觉得我们后面的路还长得很,你想想,今天晚上睡的时候,一张日历拉下来了,明天,“咔嚓”,后天,“咔嚓”,我们在“咔嚓”、“咔嚓”当中 18 岁过去了,30 岁过去了,40 岁过去了,50 岁过去了,开始觉得后面的时间短了。在每天拉下一张日历的时候,你知道人生一共有多少天啊? 就算你活 100 岁,也只不过 36 500 天,就36 500 张。“咔嚓”一张,“咔嚓”一张,3 万多天,就 3 万多张纸。所以要把这些动变成主动、变成能动、变成有一些不动的东西,达到最高的境界——灵动。

第四个要净化。诸位,我们生出来时都是一样的,每一个宝宝生出来,心灵都很宁静,干干净净。渐渐地我们被污染了,而且不得了,是大污染。老子教我们人活着要超越痛苦,我们在座各位每过一段时间要洗澡、擦皮鞋、洗衬衫,还有什么东西要洗一洗啊? 要洗心。老子教我们经常去洗心,“涤除玄鉴”,老子教我们这 4 个字,我要把这 4 个字放在书房里,我在滚滚红尘当中这个样子,我要慢慢洗,洗到白纸一样,那个时候露出的笑容才是天真灿烂的,那时你的生活才是没有污染的。虽然你活在被污染的空间里,但是你的心灵是没有被污染的。

刚才讲老子的四化:淡化、洗化、静化、净化,这四化是我帮他总结的,老子并没有明确说这四化。

第四个大智慧——穿越人生两大困惑

在四化的基础上,我们要穿越人生的两大困惑。诸位,人生的两大困惑是什么?

第一个困惑就是钱财。这是人生的困惑，老子给我们怎样的智慧？什么叫幸福指数？现在西方的哲学家在讨论这个幸福指数，有了车子打几分，有了别墅打几分……老子才厉害，什么是幸福？老子说了一句话："为腹不为目。"

老子说了一句话："为腹不为目"。

一个人要为肚子活着，不要为眼睛活着，这就是真幸福。

一个人要为肚子活着，不要为眼睛活着，这就是真幸福。什么意思啊？老子太智慧了，诸位，你看，人身上一双眼睛、一个嘴巴、一个肚子，老子说这个东西不一样的，现在4点多了，大家肚子饿了，送快餐，大家吃得下吗？吃得下；刚吃完，又送来5份快餐，有的人还吃得下；过半小时又送来了5份快餐，这一来，你觉得怎么样？讨厌！吃不下了。这个是肚子，老子就是说这个肚子，这种欲望是应该的，这种欲望是很快就能够满足的，这种欲望是可以满足的。现在给你送5盒快餐可以吃得下。这个时候老板又说："大家不要走，我们有美女展示。"上来第一个美女，镇江美女出来了，好美，好美！"大家不要走，还有一个更高级的。"来了一位南京美女，接下来是一个江苏省美女，还有什么？华东片美女，一个一个出来，大家都不肯走，要看！要看！到商店里，女同胞的眼睛很灵活，骨碌骨碌地转：这个电脑好啊，那个钻石好啊，那个宝玉好啊……没完没了。所以老子说，肚子的欲望可以满足，眼睛这个家伙不是好东西，甚至不好到这个程度：人死了眼睛还不想闭上，还想看看。所以有一个成语叫"死不瞑目"。

所以，大家要懂得，眼睛是贪欲的。一个人饿了要吃，一个人到了年龄要娶老婆、生孩子，这都是正常的欲望，但是你不断地娶老婆，那就是贪欲了。人的痛苦从哪里来？从贪欲来，贪欲无法满足。所以老子说，一个人要为肚子活着，不要为眼睛活着，那就会活得很愉快、很幸福。老子对我们说，财富问题也是一样。什么叫富？我有10万，你有50万，他有100万……老子认为，今天我们这个财富是世俗的财富，真正的财富，老子给了我们这几个字："知足者富"。知道满足的人才是真正的富有；不知道满足的，哪怕你是国际首富都不是真富有。

第一，财富并不是全部可以用金钱来计算的。你住在小别墅里面，很有钱，亿万富翁，而他们两个是下岗工人，每月只有1 500块钱，他们一定比你穷吗？不见得。如果以财富来说你是富的，但是你天天吵架，儿子不争气，吸毒，而他家的儿子茁壮成长，夫妻俩感情好得不得了。

所以老子说"知足者富",好多东西不是金钱能够买到的。

第二,老子跟我们讲,知足者富,不能改一个字,老子没有说知穷者富,老子说知足者富。拿出你的智慧来,拿出你的能力来,一步一步地走,走到什么程度?知足者富。财富是人生的高级游戏,只不过我们没有洞穿。我们两手空空来到人世,正因为要生存,所以我们要从无开始赚钱、赚钱、赚钱,然后在这个财富的轨道上前行,有一些不好的人还要捞一把。你看看,读大学、做事业、找工作、赚钱,从两手空空开始赚,用手抓钱。现在你已经做到镇江市的首富,你会停下来吗?不会。你还想做江苏省的首富,还想做全国首富,然后是华人首富,还要上福布斯排行榜,还要跟比尔·盖茨比一比。人的贪欲是无止境的。老子跟我们说,我这个档次是小康,我满足了,我没有能力跟中康、大康比,我满足了。这就是幸福!

老子再给你一个词叫"莫之能守"。哪怕你到最后成了国际首富,就像巴菲特这样成为最有钱的人也一样,最后扑通一下,变成零。人从零开始一步一步上去,然后又变成零。所以人回去的时候都是笔挺的,两个手是这样摊开的。我们老百姓有一句话叫"生不带来,死不带走"。哪怕你赚、赚、赚到家里金条、银条、铜条、铁条全部堆满了,美元、人民币、马克、欧元,全部堆着钞票,老子说,对不起,"莫之能守",没有一个人能够守得住。所以,财富就是这么一回事,想穿了就是这么一回事,比财富更重要的还有好多好多东西。

老子还跟我们讲,人还有第二个困惑要穿越,就是男女感情问题,就是一个色的问题。我们好多人掉就是掉在这两个陷阱:一个陷阱是钱,后面还有一个就是色。

今天我们整个婚姻关系、家庭关系都很浮躁。诸位,外面的男我们就不管了,今天来听讲座的男的都是好的,是不是?今天外面的男人不好,把我们女人都当成球。20岁的女人是橄榄球,这个橄榄球要抢了放在心窝上;30岁的女人是乒乓球,传来传去;40岁的女人更苦了,是足球;50岁的女人惨了,是棒球,一棒子打过去远远的了。

今天,有一些女同胞也不知道什么叫女性的真正美。男人也不知道女人真正美在哪里。现在出个题目考考大家,女人有三大真美,哪三美?首先要硬件美。第二个什么美?软件美。内心就叫软件。还有一个什么美?配件美。

女人要三美:硬件美、软件美、配件美。硬件没有办法,爹妈高的就高,爹妈矮的就矮,这个没有办法。但是女人更重要的是要软件美。我们男人会不会看啊? 人人喜欢外表美、装饰美。有一次我坐飞机,边上坐着一个蛮漂亮的女人,一上飞机,这个姑娘就开始忙了,掏出一个小包,拿出镜子开始化妆,里面有一个小喷雾剂,开始朝脸上喷,你好好的喷啊,她斜喷,一半喷到我身上。然后她画眉毛,接下来涂口红,涂口红好好涂啊,血红的。我上个洗手间回来一看,刚才两个嘴唇是红色的,现在两个嘴唇是黑的,我吓一跳。再看手指,这5个手指是红色的,那5个是黑的,下面的脚趾也是,一边黑的,一边红的。

真正高级的女性是气质美,气质是学问。举个例子。老公回来,老婆坐在沙发上对着老公傻笑,这个好吗? 如果老公回来了,老婆在沙发上冷笑,这个好吗? 老公回来了,如果这个老婆来个蒙娜丽莎的笑,那是什么档次? 老公想这个笑里面是含着什么含义? 为什么好多老公不喜欢老婆呢? 是因为你这个人没有心智。心智从哪里来的? 学习来的。女人要是一本书,永远不要被你的老公解读完。如果他全部解读完了,他就一点没有兴趣了,那他就要换一本了。心智那是真正的厉害,有心智的女人,即使60岁了仍然是一个美丽的人。宋美龄是一个美女吗? 不见得。但是她的气质在,她的内在美在那儿。

你不要老是觉得外表美重要。一个80多岁的老太太,满头银发,夕阳下,戴着一个老花镜,看着《道德经》,那是什么档次? 讲的话都是莎士比亚的、《红与黑》里的,那是什么档次? 笑起来是祖母般的笑容,那是什么档次? 老年人就不值钱吗? 不一定,每一个年龄段都有美。智慧的心灵全部写在脸上、在五官上、在气质上。真正高雅的女人你解读不了,她深如大海,是不是? 所以诸位,我们要看的是女人内在的美,女性不要太在意外表美不美,有更高层次的东西在等待着我们,生命境界是可以提升的。

第五大智慧——"修之以身,其德乃正"

最后我们要讲一个问题,讲一个什么问题? 老子跟我们讲:"修之以身,其德乃正。"要修炼,你这个德才正。

上士、中士、下士3个档次是不一样的。勤勉学习的人叫上士。高等人听到一个好道道,脑筋就开始转着:我回去要试试看。老子说,上士闻道,要勤而行之;中士闻道,要若闻若枉,好像存在又好像没有了;下士闻道,不对了,哈哈大笑,笑什么? 你在胡说八道！这个道理怎么对？你说知足就是富？错！要千万富翁、亿万富翁才是富，你是阿Q。所以老子讲了3个层次的人：上士闻道，勤而行之；中士闻道，若闻若枉；下士闻道，哈哈大笑。所以人有上、中、下士三种。

我一直在找，生活当中有没有实例可以说明，有一次终于被我找到了。

一个星期五的黄昏，一个星期结束了，我下班回家，在林荫道上走着，后面来了一个蹦蹦跳跳的女孩，很活泼，背着书包，头上梳着几十条小辫子，非常好玩。一看，天真活泼，一棵好苗子。

我说："孩子啊，看来你很聪明。"

她说："那当然，老师都表扬我聪明呐。"

她说："你要试试才知道我的聪明啊。"

"你读几年级啊？"

"一年级。"

我说："给你出三道题目，看看你聪明不聪明？"

小姑娘说："出难一点，不然显不出来我聪明。"

第一道题目来了："17加14等于多少？"

小姑娘眉头都不皱："31。"

"哇，真聪明。"

小姑娘眼睛放光："我们老师表扬我聪明的，当然聪明了。"

大学生会这样吧？表扬一个女生，她会说："不不，姚老师，我还差得远。"你看，小孩子就不同了。第二道题目来了，小姑娘期待着。

"3减2等于多少？"

这个时候小姑娘朝我白了白眼："3减2还要我做？我没上学的弟弟都会做，我看你没有文化。"

第三道题目来了，小姑娘嘴巴撇了撇："出难一点。"

"2减3等于多少？"

小姑娘红了脸，然后她咯咯大笑："我说你没有文化就没有文化，刚才的两道题目还可以做，现在题目都出错了。我们老师从来不出这样的题目的。你看看题目都出错了，那不是没有文化？"

这个时候轮到我哈哈大笑了。

所以诸位，我讲5个道，学道，知道，悟道，要悟啊！我也在悟啊，哎哟，我悟到了"下士闻道，哈哈大笑"。你还没有到这个文化档次，你还不知道。悟出来了，我很得意:今天悟出个道。

老子这本书2 500多年里被人们批判了很多次,正因为人们不理解它,把它当成封建的东西践踏,根本不知道是宝贝。当美国的前总统里根看到上面的一句话时,他被深深地触动、打动了。老子说:"治大国若烹小鲜。"没有想到2 500年之前,中国的一本书中只用7个字就概括了治大国的道理。可惜,人们忘记了老子的教诲。"大跃进"、"十年动乱",折腾来,折腾去,结果"文革"结束时,中国的经济到了崩溃的边缘。里根总统被这7个字感动了。不只是那个小姑娘,不只是我,也不只是我们一帮人,原来我们都是下士,根本不懂得高级智慧,所以我们都很蠢啊。

老子说:"治大国若烹小鲜。"没有想到2 500年之前,中国的一本书中只用7个字就概括了治大国的道理。里根总统被这7个字感动了。

各位,悟道的"悟"怎么写?竖心旁一个吾。一个道在那里,这是你的吗?不是,是他的,要悟。悟,要用心悟道,这样道就变成你了,不再是他的了,所以悟道非常重要。经常看自己的孙子、儿子太用功了、太苦了,早上7:30就去上学了,功课做到12:30,真的很认真,但是再用功也上不去,关键就少这个字:悟,即用我的心悟我的道。同样,这个人悟到了,你没有悟到,这样,道还是老师的,不是你的,你怎么用功成绩还是上不去。所以老子讲要"修之以身",修炼身体,你悟到了才能够得到。

悟道的"悟"怎么写?竖心旁一个吾。一个道在那里,这是你的吗?不是,是他的,要悟。

一个庙里有一个和尚叫白隐,庙的外面有一个夫妻店,店主有一个黄花闺女,特别漂亮。和尚在庙里做他的功课,夫妻老婆店做着生意相安无事,日子一天一天地过着。后来,老板发现自己家的女儿肚子大起来了,老板对老板娘说:"我们家的黄花闺女肚子怎么大了?你去问问女儿怎么回事!"

老板娘问女儿:"女儿,你怎么回事?你的肚子里是不是有孩子了?"

"妈妈,你不能乱说,我没有跟男人交往过啊!"

妈妈说:"你不要骗我,我是过来之人,女儿,什么人,我们给你报仇。"

女儿没有办法,跪在妈妈跟前:"妈妈,实在对不起,女儿犯了一个错误。"

妈妈说："跟什么人？说！"

"妈妈，我不敢说。"

"说！说出来给你报仇。"

"妈妈，不是别人，是庙里的和尚。"

"庙里哪个和尚？"

"庙里最老实的和尚——白隐和尚。"

那还得了。妈妈气死了，看起来那么老实，每天化缘，我们还给他东西吃，怎么能够欺负到我们头上。

第二天夫妻俩跑到庙门口，破口大骂："不要脸的和尚，出来！"白隐和尚在里面念经，听不到。自有进进出出的人告诉白隐："禅师，外面好像有人在骂你。"白隐禅师出来一看，这不是小店里的老板嘛，看到这两个老人在骂，他就低着头静静地挨骂。

等到他们骂完了，白隐和尚只说了一句话："是这样吗？"

老夫妻俩儿火得不得了："我们女儿孩子给你生出来，你还这样说？"继续骂，白隐还是继续听着。到最后，他们实在骂不动了。

白隐又说了一句话："是这样吗？"

这个家伙，还要抵赖，今天骂不动了，明天接着骂。白隐每次听着骂声，都是出来听着，这两个老夫妻骂、骂，骂到累极了，白隐最后总是说一句话："是这样吗？"

这是什么日子啊！以前白隐出去化缘大家都给他东西，现在名声臭了，都拿东西砸他。他只好在屈辱当中一天一天地过。

宝宝生出来了。这个宝宝该给谁啊？店老板夫妻想：有这个宝宝，女儿将来怎么嫁人啊？这是个野种，你不要，我们更不要。第二天，夫妻俩抱着宝宝来了，在庙门口破口大骂。白隐也听惯了这个骂声，马上出来，低着头挨骂。

老夫妻骂到最后："不要脸的白隐，这个野种是你的，拿去。"往他脚边一放。

和尚一看，哇，好漂亮的孩子，两个眼睛骨碌骨碌对着自己看，和尚弯下腰去把孩子抱起来。老夫妻气冲冲地回去了。

宝宝饿了，诸位，和尚有奶吗？和尚没奶整个和尚庙里都没有奶。可宝宝要吃啊，所以就到处找奶。找这个大娘喝几口，找那个大妈喝几口，这个宝宝吃百家奶茁壮成长。当时没有百货公司，小孩的衣服没有啊，就求这个大娘、这个阿姨、这个奶奶给做，孩子穿百家衣茁壮成长。以前一张口，现在两张口，和尚名声不好，抱着个野种，一个老不要脸，一个小不要脸，人家常拿东西砸他们，和尚保护着宝宝，宝宝终于会说话、会走路了。

孩子经常沿街跟着老爸这么走，被人家骂，被人家扔东西。人心肉做的啊！终于有一天这个姑娘受不了了。以前每次小孩走过的时候，这个姑娘都转过身不看，为什么不看？伤心啊，自己的儿子。现在她实在受不了了，跑到爸爸妈妈跟前，跪了下来。爸爸妈妈天不怕，地不怕，就怕女儿跪。

看到女儿跪下来，爸爸妈妈急死了："怎么，女儿又有了？"

"不不不！"

"那为什么下跪呢？"

"爸爸妈妈我实在受不了了，你们犯了两大错，第一个错，孩子根本不是那个和尚的。"

"作孽啊，作孽啊，你怎么可以这样讲呢？你说，到底是谁生的？"

"妈妈，我犯了一个大错，冤枉他了，这个孩子是我跟菜场卖鱼的小伙子的。"

"怎么可以冤枉这个和尚？你怎么可以这样？这几年这个和尚受了什么罪？还把这个孩子养这么大。"

接着她又说："第二个错就是不应该把这个孩子给那个和尚，又做爹又做妈，我明天向那个和尚赔罪，然后把儿子领回来。"

爸爸妈妈犯了大错，心里不知道什么滋味。

第二天，3个人来到庙门前，声音非常柔和，也不骂了："白隐禅师！"

白隐和尚想，又什么花招了？白隐低着头，孩子也低着头。白隐说："是这样吗？"

孩子也说："是这样吗？"

3个人跪在那里，开始赔罪："原谅我们，我们犯了大错，今天我们要把孩子领回去。"

孩子给他们领回去了。和尚只说了一句话："是这样吗？"

诸位，做人就要做到老子所说的"修之以身，其德乃正"。我们看看白隐和尚这个人，一盆脏水泼到我身上，就让人们看看我是这么一个人，这种修炼，不得了，了不得，就几个字："是这样吗？"所以，这次听了这个报告，如果老公对你不理解，你只要说几个字："是这样吗？"在单位里，别人诬蔑你了，你只要说这几个字："是这样吗？"不得了！你的档次上去了！

讲座到此结束。谢谢大家！

◇ 徐小跃

1958 年生于安徽滁州。南京大学哲学系、宗教学系主任;南京大学"哲学概论"首席教授,哈佛大学高级访问学者,南京大学及江苏省"教学名师"。主要从事佛道思想、中国天人之学、中国宗教与民间宗教的教学研究工作。著有《禅与老庄》、《罗教与〈五部六册〉揭秘》、《罗教与禅宗》、《禅林宝训释译》等,合著有《中国无神论史》、《中国宗教史》、《哲学概论》等。

中国传统文化与人生智慧

主讲人: 徐小跃　时间: 2009年2月10日

核心导读

　　文化的基础和核心是哲学,每种文化都体现在具体的价值观念、价值取向和思维方式上,而每种价值观念和思维方式又体现在每个民族的生活方式中,因此有些学者把"文化"定义为是一种生活方式。中国文化也可以说是中国人的生活方式。简单地说,传统文化就是在农业社会基础之上产生的文化,所以中国传统文化是在中国农业社会基础上产生的文化。

——徐小跃

各位镇江市的领导，亲爱的镇江市民，大家新年好！

《周易》中有一句名言："观乎天文以察时变，观乎人文以化成天下。"它体现出中国的人文传统和人文精神的终极目标是为了完善社会、完善人生。用今天的话来说，它的价值取向就是"社会人生"。现在我们讲的和谐社会、科学发展，它们的渊源是中国传统的和合文明、偶性文明，这就是我们所讲的思维方式。

关于文化

我们讲中国传统文化与人生智慧，首先要了解什么是文化，了解了这个以后，才能够了解中国传统文化和我们的生命、我们的人生有什么样的关系。我想大家听了很多次讲座，很多专家都试图对什么是文化给出定义，古今中外对文化的定义不下千种之多。我曾经就这样的情况说过以下的话："关于文化的定义是杂而多端，众说纷纭，莫衷一是。"就是说它的定义很多很杂，没有一个统一的认识，所以给文化下定义非常难。

尽管关于文化的定义是杂而多端，但是有一点是清楚的：文化的基础和核心是思想。而思想又包括两个方面：一个是价值取向，一个是思维方式。换句话说，我们谈中国传统文化，一定要从价值取向和思维方式这两个最核心、最基础的部分展开。与此相关，我们每个单位、每个企业，包括我们镇江市，我们要加强文化建设，最后体现为：我们把镇江人的价值取向究竟引向何处？我们镇江特有的思维方式究竟是什么？只有明确了这些问题才能打造颇具特色的镇江文化。

如果要我用中国传统哲学的语言来说的话，这个文化它是有不同层次的。我们可以认为，只要人所创造的，都是文化。人们用这样两句话概括："形而下者谓之器，形而上者谓之道。"实际上我们讲的中华文明，或者中国文化，都是在这两个层面上体现的。

什么叫形而下？就是具体的、看得见、摸得着的文化形式。比如去年（2008年）夏季奥运会，这是我们光辉灿烂的中华文明的展示，我们看到了造纸，我们看到了活字印刷，我们看到了火药所制的烟火，还有罗盘，这就是中国的四大发明；此外，还有长城、都江堰、兵马俑，所有这些都是形而下的器物文明。我们要为中华民族，为我们中国有这样的文明而感到骄傲和自豪。应该自豪，应该骄傲，但是，当我们真正了解到形而上的"道"的文明以后，我们更会为中华民族的文化的光辉灿烂而感到自豪和骄傲。

所谓的形而上者就是在有形之上的、背后的、更本质的这样一种存在。这是我要告诉大家的，就是思想，就是价值取向，就是思维方式。

关于中国传统文化——"社会人生"与"天人合一"

当我们了解了这些以后，我们反过来问：什么是中国传统文化呢？说得通俗一点：中国传统文化就是在传统农业社会基础之上所建立的文化。说得再通俗一点：就是过去的文化。

既然是在传统农业社会基础上产生的文化，或者是过去的文化，那么今天已经是 21 世纪了，我们的基础已经是工业化或者后工业化了，为什么还要来研究那些过去的文化呢？

这实际上涉及一个理论问题：我们的哲学和宗教喜欢谈 3 个字：超然性。所谓超然性，就是超越时间、超越空间而具有永恒价值的存在。

我们中国古人提出的很多观念，很多核心的价值观念、做人的道理以及思维方式，甚至更深层的民族的心理结构，这些并不会随着时间的推移、空间的变化、制度的变化而有所减弱。比如孔子、孟子、荀子的儒家传统思想，离开我们已经两千多年了，但是我们今天仍然觉得他们的教导充满着人生的智慧。道家的老子、庄子，佛教的释迦牟尼，他们的教导对人类精神、人的生命智慧的开启都有着不可替代的作用。也就是说：它们是超越时间、空间而具有永恒价值的。两千多年过去了，今天，不但我们觉得它很有价值，美国人等西方人读到它也觉得有价值，这是它的一种超然性。明白了这一点，我们就可以这样说：我们中国传统文化的价值趋向是社会人生。

我们中国传统文化或者说我们的古人关注的是什么问题？社会人生。中国古人的"思以其道易天下"这句话是什么意思呢？中国古人在建立他们思想的时候，就在思考着用这些思想价值观念干什么呢？改变天下。用今天的话说，中国古人建立他们的思想的重点，最终就是要改变天下、和谐社会、进化人心。我用这 12 个字：改变天下、和谐社会、进化人心。

我们中国传统文化或者说我们的古人关注的是什么问题？社会人生。

中国古人建立他们的思想的重点，最终就是要改变天下、和谐社会、进化人心。

我们学习这么多中国传统文化干什么呢？因为中国古人会告诉你这样一个道理：不管是儒家、道家，还是佛家，他们的思想就是要使人安身立命。什么叫安身立命？如何使自己身心得到安宁，如何获得符合人性的正确的生活方式。说得再通俗一点：安身就是使肉体生命、精神生命都得到安宁；所谓的立命，就是确立一个好的生活方式。整个中国文化就是在谈这个问题。所以我们说，中国传统文化，中国古代的圣贤大德，他们关注的是什么呢？关注人文。

《周易》里面有一句话："观乎天文以察时变，观乎人文以化成天下。"也就是说，关注人文的这样一种精神，这样一种道德，这样一种礼仪，这样一种伦理，它的目的是什么呢？是为了成就社会以及构成这个社会的人的心灵，也就是所谓的"化成天下"。

大家注意，中国古人不太讲我们现在意义上的教育，他们谈什么呢？他们只讲教化。所谓教化，就是把你人之所以为人的本性激发出来、呈现出来、表现出来，所以说他们非常注重人文的这样一种关注。当然，关注社会人生要通过具体的学派、人物以及他们的思想体现出来，我下面会具体谈到有关的思想。

从民族文化心理结构这个层面上讲，在秦汉以前，中国有儒、墨、道、法四家，它们笼罩着中国的文化世界；唐宋以后，一般而言是儒、道、佛三家笼罩着文化世界。

我认为，构成中国传统文化的思想有三大家：一是儒；一是道；一是佛。曾经有这样4个字的概括儒：修齐治平。大家对这4个字并不陌生，修，修身；齐，齐家；治，治国；平，平天下。它们的价值取向，它们所关注的都是社会和人生。

道家，包括道教，我给它4个字概括：性命双修。中国人喜欢谈安身立命，儒家喜欢谈，道家喜欢谈，佛家也不例外。安身立命就是指，我们的这个生命体，如何立于天地之间，如何永存于宇宙之间。这是哲学家、宗教学家孜孜以求的。道家、道教为了实现长生久世、长生不老，用今天一个玩笑话说就是"今年20，明年18"，向这样一个目标去努力。这样一个生命的延续和生命质量的保证如何做到？道家、道教提出要进行肉体生命的修行。肉体生命除了外在的吃药、内在的修炼，还有一个他们感觉到很重要的，就是要培植人们的心性，说通俗一点就是心要好。心太坏，吃什么药、练什么气功都没有用。所以道教谈性命双修。但是，大家要注意，道教更注重人的生命体，包括人生。

佛教呢？我也给它4个字：法身慧命。说得通俗一点就是获得佛教所说的那种智慧。获得那种智慧，就是能够成佛，至于这种成佛和获得的智慧是否是佛旨，我下面讲到佛教的时候再跟大家聊。你要先有一个印象：儒家主张修齐治平；道家主张性命双修；佛家主张法身慧命，他们的价值取向都是指向社会人生或者是人生。这是首先要给大家提出来的。

我们了解了中国传统文化的价值取向是社会人生，那么，中国传统文化的思维方式又是什么样的呢？中国人观宇宙、观天地、观社会、观人生，他们以什么样的方式去思考，这叫思维方式，也是四个字：天人合一。

中国古代哲学，素来把人与自然、人与社会、人与人以及人与自身之间的和谐与平衡作为追求的最高目标。再说一遍，中国古人，一向是把人与自然、人与社会、人与人以及人与自身之间的关系的平衡与和谐作为他们追求的最高目标。所谓人与自身的关系，就是灵与肉的关系。

讲到这里我要给大家一个常识。我们谈到中国传统文化，能说几句呢？中国传统文化上下五千年，这句话大家会说吧？源远流长，会说吧？光辉灿烂，也会说。但是人家听了以后还是不知道中国传统文化的实质究竟是什么。你讲了上下五千年，蛮长的；源远流长，是说没中断；光辉灿烂，那也是形容词。我今天告诉你，中国传统文化或者说中华文明，有着两个性质，你们以后再也不要忘了。

我们中华文明的性质，第一个是偶性文明，就是注重关系。所谓注重关系，就是注重人与自然、人与社会、人与人以及人与自身之间的关系的构建，所以叫偶性文明。第二个性质叫和合文明。大家记住这两句话。关于中华文明，当我们说到上下五千年、源远流长、光辉灿烂时，不要忘记加上中华文明是偶性文明、和合文明。所以，我们可以这样讲，如果你在之前有这样一个知识，你看奥运会你感受到的味道都会不一样。大家想北京奥运会上，几千人在那儿呼啦呼啦的喊出来一个字：和。这样一个思维就是天人合一的思维方式的展现和呈现。

我前几天看到报纸，温家宝总理到剑桥去演讲时说："和，在中国古代被奉为最高价值，是中华文化的精髓。"中国古代的经典之一——《尚书》就提出"百姓昭明，谐合万邦"的理想，主张人民和睦相处，国家友好往来。你看，温家宝总理，甚至以前的江泽民主席，不管到美国、到英国、到法国，发表演讲的时候，他们都要展示我们中华文化的价值取向

我们中华文明的性质，第一个是偶性文明，就是注重关系。所谓注重关系，就是注重人与自然、人与社会、人与人以及人与自身之间的关系的构建，所以叫偶性文明。第二个性质叫和合文明。

和思维方式。

也是前几年，温家宝总理到美国哈佛去访问，有人问他："中国文化是什么？"他说了北宋张载的四句名言。我经常和我们南京大学的学生说："作为一个南大人，你不知道许多古代的警句、格言没有关系，你不知道'道可道，非常道；名可名，非常名'没有关系。但是作为一个南京大学的学生，有4句话你不知道不行。"我今天同样和尊敬的镇江市民们和各位领导说这样一句话：听我徐小跃讲课，听我徐小跃讲中国传统文化，这4句话不知道，是蛮遗憾的。

这4句话凝聚着中国传统文化的价值取向和思维方式。这4句话是谁说的呢？是北宋一位著名的哲学家、思想家张载。因为他在陕西横渠镇讲过学，所以人们叫他"横渠先生"，这4句话也被称为"横渠四句"。"横渠四句"是彪炳千秋的名言。这4句话真是凝练和概括了中国传统文化，特别是儒家文化的价值取向和思维方式。

第一句："为天地立心"。即为天地制定一个道德之心。我们人秉承于天地之心而显得神圣而伟大，为生灵确立一个正确的生活方式，为美好的未来去开拓太平之世。所以讲"横渠四句"反映着中国古人天地的精神，宇宙的情怀。

第二句："为生民立命"。这句话体现了对生民的关爱。人民都是我们的同胞姐妹，万物都与我休戚相关。

第三句："为往圣继绝学"。这句话体现了对文化传承的关怀。

第四句："为万世开太平"。这包含了对历史勇于承担的责任感和使命感。

这是对道德律令的敬畏坚守以及对美好未来的崇敬和为之奋斗的决心。你看，中国人，中国古代人，他们谈这四句话并不是就事论事的，现代人对中国传统文化丢弃最多的恰恰是这种精神。我们过去的人谈什么呢？谈天地良心、天地正气。现在有几个人谈这些？过去人谈人心和天地，良心和天地紧密相关，所以讲中国文化的天人合一这样一个思维方式强调的就是天地的精神和宇宙的情怀。

以上讲的大家可能觉得太学术了。我下面再讲古人的两句话，这两句话在座的许多人都知道，我把这两句话写下来，你们就可以发现，中国

"横渠四句"是彪炳千秋的名言。这4句话真是凝练和概括了中国传统文化，特别是儒家文化的价值取向和思维方式。

"为天地立心"。

"为生民立命"。

"为往圣继绝学"。

"为万世开太平"。

古人天人合一的思维方式。第一句话是"君子以自强不息";第二句话是"君子以厚德载物"。我想在座有许多朋友对这句话是耳熟能详的。

解释不难,第一句话:"君子以自强不息",是说要做一个有德有才的君子,首先应该自强,要有为,要奋斗,要不懈,要永不停止。为什么?大家思考过吗? 一个人应当在宇宙天地之间具有怎样的德行,怎样的行为? 中国古人给了我们答案。前面"天行健"3个字我故意没有说。因为天的运行是刚健有为的,所以人应该像天那样去行事。春夏秋冬,四时变换,没有一刻停止,包括阴阳风雨。所以人应该像天那样刚健。

第二句话:"君子以厚德载物",是说人要厚道,要有深厚的德行。我们要承载万物。为什么? 古人告诉我们,因为大地的品质就是包容,就是广博,就是无私。你设想,如果大地是这样的:我喜欢这样一类人,我不喜欢那样一类人,所以我把他消灭掉;我喜欢这个物种,不喜欢那个物种,我把它消灭掉。行吗? 不行。生命的物种生存在这个地球上,就应该得到包容。作为一个君子,就应该像大地那样广博、无私、宽容。容忍的品德是中国文化最大的秘密。天人合一,叫天人合德,这个德行是一致的。

我们讲中国传统文化,我们讲古代文化,讲了那么多,能不能有一个非常简单的结论? 曾经有一位学者跟我说,一个人的德行的厚薄、多寡、高下和你能够挑多重的担子成正比。德行越好,挑的担子越重;德行越不好,挑这个担子就会把你压垮。所以有一个观念和思维方式说,我们做人应该大气。而所谓大气,就来源于天地之德。天的德行就是它的刚健,大地的德行就是它的宽容,就是它的依顺,就是它的包容。儒家告诉我们,做人要乾坤健顺,就是我们人应该给予这样一种积极的智慧。关于中国传统文化,从这样一个形而上的层面去理解,就得出这样的价值取向和思维方式。

如果我再用《周易》的4句话来概括中国古代文化的思维方式,就是所谓著名的中国古人的"四合理论"。什么叫四合呢? 这是大人的境界,这是圣人的境界,做人的最高境界是"与天地合其德,与日月合其明,与四时合其序,与鬼神合其吉凶"。这就是四合理论。用我们今天的语言怎样解释呢? 这个人德行很高啊,令人高山仰止,其精神、其德

这是大人的境界,这是圣人的境界,做人的最高境界是"与天地合其德,与日月合其明,与四时合其序,与鬼神合其吉凶"。这就是四合理论。

行与天地同在,与日月同辉,实际上这都是中国传统文化天人合一这样一种精神的体现。

可能大家对最后这一句话很难理解。原来我也是对这句话很难理解,因为这句话是"与鬼神合其吉凶",我们共产党人不谈鬼神。但是中国传统文化谈。孔子说:"子不语怪力乱神",他只谈神不谈鬼就不错了。佛家不要讲,道家更不要讲,他们都谈鬼神。但是,我今天要跟大家说,因为我也是一个中国共产党党员,而且我得过南京大学优秀共产党员称号,我肯定要遵循马克思主义的无神论教诲。现在我们不谈鬼神究竟有没有,我们先不要作这样一个科学的论断,但是我们要同情和理解古人和各大宗教为什么要把鬼神抬出来。鬼神当然是超自然、超社会、超能力的一种力量。

大家知道,鬼神祸福于人,要讲因果,而且你注意,这种判断是无私的、公正的,你有罪就判你,有德就赏你,不管你是什么级别的干部,他照罚不误。因此《周易》讲的"与鬼神合其吉凶",我们现在可以理解为:在座的有老干部、年轻干部,我们在赏罚、在做事的时候,能不能做到像中国古人所说的鬼神那样无私、公正、刚正不阿,这就是"与鬼神合其吉凶"本来的文化意义。

我非常高兴在这里看到很多年长者,他们都是德行非常高尚的人,多年受党的教育,实际上对中国文化你要这样去进入。再抽象一点儿谈,中国古人为什么说要天人合一啊?为什么把鬼神拿出来呢?就是说,一个人,在任何时候,都要有一个敬畏感和畏惧感,说通俗一点你要惧怕一个东西。因为人性是很恶的,你如果不怕一个东西,任何胆大妄为的事情都能做出来。比如讲,虽然有法律是"法网恢恢,疏而不漏",但事实上它漏得太多,也就是说法律不能解决所有问题。那怎么办?必须要诉诸道德和宗教,因为这是一个劝善惩恶的途径。

我们中国人丢掉的是什么?其中之一就是敬畏感。不敬畏了,对什么也不敬畏了,天不怕,地不怕,鬼也不怕,什么都不怕。什么都不怕的人最可怕。这个敬畏之心是中国传统文化中的一个非常重要的内容。因此我们要抽取其中积极向上的这样一个内容。这是我和大家讲的中国传统文化的思维方式。

讲了这么多,那么,中国传统文化包括哪些部分呢?4个字:三教九流。

三教就是儒、佛、道。九流是什么呢?有人讲就是各行各业。老百姓是这样理解的,这个九流就是不同的行业:一流皇帝二流官,三僧四道五流医,六工七匠八娼妓、九流书生十乞丐。书生排在第九。

九流是在先秦产生并发展起来的九家学派。在先秦一共有11家流派非常有名,所以有先秦诸子之说。先秦诸子包括：儒家、墨家、道家、法家、名家、阴阳家、杂家、兵家、纵横家、农家、小说家等。先秦诸子有名的主要就是这11家。最有名的是哪几家呢？在这之前有两个记者跟我聊这个问题，他们学识很渊博，先秦诸子最重要的有两家：一个是儒家，一个是墨家。这两家的命运是截然不同的，儒家到汉代成为统治思想，但是墨家到了汉代就传不下去了，成了绝学。我今天不讲墨家。到了汉代很多的学者把小说家、纵横家去掉，他们说在这11家当中，可观者九流也，就是说可以蔚为大观的，思想比较重要的，实际上就是儒家、墨家、道家、法家、名家、阴阳家、杂家、兵家等9家，因此叫九流。

这里我要给大家讲一个常识，作为中国传统文化，它各个时代是不一样的。在秦汉以前，有儒、墨、道、法四家笼罩着文化界；而到了唐宋以后，只有儒、道、佛三家笼罩着中国文化界。大家要注意，这里我只是就总体来说的。

我听说今天来了很多我的校友，还有学中文和古汉语的，他们会问：唐宋以后就只是儒、道、佛三家，没有法家吗？法家一直是中国传统文化中很重要的一家，这是不错，但那只是作为一个政治文化、制度文化。自秦始皇以后法家从来没有退出中国的历史舞台，近代有一位著名的思想家谭嗣同，他有两句名言："中国两千年政治皆秦政也，皆暴政也……中国两千年的学问是荀学，而培养出来的人都是乡愿也。"大家注意，前一句是什么？中国两千年政治都是秦王朝那样的政治，性质都是暴政，因此说法家从来没有离开过中国政治文化。

我们这里讲的文化是什么呢？是普通人的价值取向、思维方式，法家没份，法家是专门给那些君王提供统治思想的，跟老百姓没有关系。明白吗？我们讲中国传统文化唐宋以后主要是儒、道、佛，是从这个意义上来说的。

儒、道、佛的核心价值体系

好了，谈到这儿，我要给儒、道、佛的功能稍微做一个概括。我用入世、有为、现实6个字来概括儒家最重要的特征和功能；那么道家呢？我用超世、无为、超现实7个字概括；佛家，我用出世、空无、非现实7个字来概括。

儒家：入世、有为、现实。儒家主张现世，不相信来世，不相信彼岸。孔子说："未知生，焉知死？"就是重视生命，不关注死亡以后的状态。孔子又说："未能事人，焉能事鬼？"人现在这么郁闷烦恼，自己的事情还没治理好，搞这么多鬼的事干吗？所以，孔子说"敬鬼神而远之"。这就是说的儒家的入世情怀。

道家：超世、无为、超现实。我说得简单一点，在中国这块土地上，你如果仅仅按照儒家的思想去做事，那肯定是不行的。为什么？人生会有不同的际遇，不同的遭遇。如果你一马平川，蒸蒸日上，那你可以遵循儒家的思想奋斗啊，有为啊，积极进取啊。你一旦官场失意，情场失意，怎么办？死吗？不要死。道家思想是给你解脱、给你超越的。什么叫超越呢？说得简单一点，你要这样想，他非要把你带入更深刻、更超越的层面去想。用老百姓的话通俗地说：退一步想，退两步想；掉过来想，反过去想；上下左右来想一下。再用老百姓的话说：你不要一条道走到黑，要超越。所以说中国人也受道家思想的影响。道家跟儒家并不完全一样，儒家讲现实、讲理性、讲通情达理，讲就事论事；但是道家讲作为一个人，你要有超越的情怀，道家崇尚空灵、浪漫、飘逸、超凡的生活。

佛家：出世、空无、非现实。所谓的出世就是离开这样一个现实的社会、家庭到寺庙去。主张这样一个空无的境界。时间关系这里不能展开讲，如果以后有时间我再讲。佛家思想是非现实的。

儒、道、佛三家的思想有着不同的功能，古代人、现代人都曾经做过很精辟的论述。儒家是治国的，治世的；道家治身的；佛教是治心的。这是北宋一个皇帝对三教的一个概括。

作为一个中国人是非常幸福的，但是作为一个现代的中国人又是非常遗憾的。怎么说呢？幸福来源于你在不同的情况下，有不同的思想给你慰藉，给你开脱。但是现代人对我们拥有的这样的宝藏却知之甚少，不了解儒家、佛家、道家。就是说，这样的宝藏就在我们手中但是我们不知道如何运用，或者你会背几句格言、警句，但是这没有用，因为它们没有化在你的生命中，没有改变你的生活方式。

儒、道、佛三家构成中国传统文化，但儒家、道家、佛家的核心价值体系在哪里？我们都学过党的十七大精神了，社会主义的核心价值体系是什么？能不能用几句话说？社会主义的核心价值体系是以马克思主义为指导，以社会主义为核心，以爱国主义为主的精神，以改革开放为主的荣辱观，正确吗？都正确。但是儒家、道家和佛教的核心观念是什么？

儒家的核心：仁。儒家奠基人是孔子和孟子。所以，先秦儒家是孔孟之道。因此我要花一点时间跟大家讲"仁"。所谓的仁，古书里讲"仁者亲也，从人从二"。什么意思呢？就是人的本意是二人为仁。一个人不存在仁爱的东西，两个以上的人才存在仁爱。"仁"这个字就是解决人与人的关系问题。所以说,儒家核心的价值观念就是"仁"。我今天讲课的题目是人生智慧,人生智慧很重要啊,讲人的智慧而不是其他的智慧,只有人才具有这种智慧。

首先,儒家喜欢谈人。这个有什么好谈的呢? 儒家讲,什么叫人? 作为人并能成为"仁"的那种人。这个话听起来有点拗口,但正是我们儒家所关注的东西。

儒学经历了漫长的历史发展进程。有先秦的原始儒学,有两汉的经学化的儒学,有儒道兼备的魏晋儒学,又有隋唐儒学,更有儒、道、佛三家融合的宋明儒学。但是儒学的中心是"仁"的思想。儒家主要是谈三个问题:第一是人的价值,即人的主体性问题;第二是人与人的关系;第三是人与天地、自然的关系。

孟子说过这样的名言:"人之所异于禽兽者几希。"大家一定要记住这句名言。理解它的关键就是最后两个字:几希。什么叫几希呢? 就这么一点点,微乎其微,叫几希。就是说人和禽兽的差别就一点点,微乎其微,几乎就一样。哎呀,中国古人怎么这么说! 在生活当中如果讲你衣冠禽兽,你一听就会暴跳如雷。但我跟你说,差不多。如果说你禽兽都不如,那才是骂你,那才是否定你。

孟子讲这句话有什么科学根据吗? 现代医学和生物学研究表明,人和动物的相同点达到多少? 99.99%,4 个 9,足金啊! 因此两千多年前孟子一句"人异于禽兽者几希",一下子给说出来了。这个"几希"太重要了,"几希"是什么呢? 人之所以为人的"几希"是什么呢? 儒家告诉你是良知,是良心,是德性。这太重要了。什么是良心呢? 什么叫良知呢? 这是人与生俱来的,只有人才具有的。我们经常讲人要有理性,要有知识,要有道德,这些还不够,你有理性,有知识,却有可能做出伤天害理的事情来。现在很多毁灭性的武器就是人的理性制造出来的。日本鬼子的刑具都是靠人的智慧造出来的,这些通过理性和智慧制造出来的东西比禽兽不知道凶残多少倍! 所以,没有良心和良知那还叫人吗? 禽兽都不如。因而人和禽兽的区别绝不在知识,也不在理性,而在道德。

道德有一个重大的特点,就是它的相对性。我举一个例子你马上就知道了,什么叫相对性? 古人讲的道德,今天能说道德吗? 不好说。三从四德是古人所说的道德,父母之命,媒妁之言,也是古人所说的道

儒家讲,什么叫人? 作为人并能成为"仁"的那种人。

儒家主要是谈三个问题:第一是人的价值,即人的主体性问题;第二是人与人的关系;第三是人与天地、自然的关系。

德。现在还讲媒妁之言、父母之命吗？在网上聊几下就有关系了。花前月下、干柴烈火在古代肯定属于不道德，对不对？包括我们的审美，古代人讲男不露膝、女不露皮那才是美，现在男同志能够做到不露膝、不露皮，但是女人的膝盖却都露出来了。过去衡量君子有很多标准，目不下带，就是眼睛不往裤带以下看，现在呢？过去讲寡妇不能再嫁，但是为了生活，也不能再嫁吗？我们讲没有爱情的婚姻是不道德的婚姻，但是古代讲这个吗？所以，这个道德是根据时间和空间变化而变化的。但是有一个东西是永恒不变的，那就是每一个人秉承于天地的良心和良知。这个判断标准是不变的。这就是人之所以为人的"几希"。

有一本书叫《礼记》，上面说："鹦鹉能言，不离飞鸟，猩猩能言，不离禽兽……不亦禽兽之心乎？"什么意思？讲鹦鹉会说话但还是飞鸟，猩猩会说话但是还是禽兽，作为人，你虽然会说话，但是你和禽兽还是没有任何差距。人是什么呢？荀子说，人有气，有声，有知，亦且有意。人为什么尊贵呢？不是人有没有知、能不能说的问题，而是他有没有上升到人的高度。

大家讲，那行，每个人都有几希，我保险了。且慢，因为孟子讲：搞不好这个几希就可能跑掉。孟子所谓的"放心"，就是心跑掉了。大家想一想，一个人只有0.01的那点东西，再跑掉了那不完了吗？把这点东西跑掉了怎么办？孟子举了一个例子说明这个道理：一个家，一个小器掉了，举家都要找。你人最珍贵的"几希"——德行、良知跑掉了，你都不去找，那不是悲哀吗？反过来说，作为我们今天的人，你可能都不知道人的尊贵在于这个"几希"，岂不更悲乎哀哉？

大家读《红楼梦》、《西游记》有没有收获？肯定有。但是中国人的价值取向和思维方式，不能仅通过这些文学作品来取得。你唐诗宋词背得多，有用、高雅，但是要记住，中国传统文化的核心在于哲学、宗教、伦理的层面。所以儒家非常注重人的主体性，注重这个"几希"。

孟子给我们这样一句话："学问无他，求其放心，而已。"意思是说，求学问没有其他任何的目的，就是使人能够寻找其跑掉的心，不断地加强道德的修养，把你跑掉的良心找回来，这样你才能够真正做一个人。

孟子反过来说："无恻隐之心，非人也，无羞恶之心，非人也，无辞让之心，非人也，无是非之心，非人也。"大家在听我介绍中国传统文化的同时，要不断地去回想中华大地上发生过的一幕幕的事情，那些时代所发生的，

"学问无他，求其放心，而已。"意思是说，求学问没有其他任何的目的，就是使人能够寻找其跑掉的心，不断地加强道德的修养，把你跑掉的良心找回来，这样你才能够真正做一个人。

正是我们做人的尊严的丢失的表现。人之所以为人，就是那个良心而已。人品你都不要了，你说良心值多少钱？良心在哪里？正因为它不值钱才最值钱。如果一个东西我们可以衡量其价值，可以称重，那它就不值钱，因为它是有价的。

在解决这个问题的时候，大家想，儒家讲人生之所以具有智慧是由于其建立在这样一个人的主体性之上，所以他们就进入了下面一个探讨：如何去呈现这个"几希"呢？在具体的、日常的人与人的相处当中就能够体现这个"几希"，就能够扩充这个"几希"，所以说他们进入了仁学的领域。

孔子怎么定义这个仁呢？《论语·颜渊》有："樊迟问仁，子曰爱人。"樊迟问孔子：什么是仁？孔子回答：所谓的仁就是爱别人。这句话在现在用得很多，即所谓的仁者爱人。当然这过于抽象，当儒家讲人生要有智慧，体现在你怎么处理好人与人的关系。你说你很聪明，你把所有人都看成敌人，你那是聪明吗？那是最没有智慧。所以，古人讲，处理好人与人的关系，是智慧的一个非常重要的表现。

孔子的"仁者爱人"要通过三个方面去理解。

人与人为什么要相爱呢？首先孔子从最原始的自然的真实的血亲之爱进入。子女对父母的爱叫孝，弟弟妹妹对兄长的爱叫悌。儒家讲人与人相爱是从人与人的血缘关系推出来的。所以，《论语》有这样一个观点："孝悌也者，其为仁之本欤。"说通俗一点，儒家跟你讲这样一个道理：一个人如果连他的父母都不爱，你能设想他对其他人有爱吗？儒家强调衡量一个人，用一个人，要看这个人是否孝顺。现在所谓的政治表现好，那都是假的，因为他连人最自然、最本质的东西都不能自然地呈现，他完全是为了达到个人的目的而伪饰出来的，这样的人是不可以用的。

儒家讲孝是人的一个根本出发点是有道理的，但是对这个孝不能狭隘地理解。孔子实际上已经看到了这样一个情况，孔子说："今之孝者，是谓能养，至于犬马，皆能有养，不敬，何以别乎？"什么意思啊？孔子说：当今的人认为什么叫孝顺啊？我就给我的父母一点生活上的供给。孔子反问：那么，狗和马能不能做到？照样能做到。如果一个人作为子女对你的父母都不敬的话，你和狗、马这样的畜生有什么区别呢？《常回家看看》这

人之所以为人，就是那个良心而已。

首歌之所以能够产生影响,就是因为这样一种诉求:父母长辈对子女的期望不是物质的提供,更重要的是精神的慰藉。因此中国的孝要和敬、顺联系在一起。

子女对父母最难做到的是什么呢? 孔子认为是"色难"。什么叫"色难"? 就是对长辈和颜悦色最难做到。你整天横鼻子竖脸对父母、公婆,脸色难看那是最大的不孝。所以,真正能够把血缘的关系正本清源的话那就叫天伦。什么是天伦? 天伦就是最自然的、最神圣的、最绝对的关系,父母、兄弟、姐妹,当然包括夫妻都是天伦。你们有体会吗? 夫妻会越长越像,因为天天在一起生活嘛。一个家庭撇开这个亲情,或者你隔三差五地换,你想真正获得快乐那是很难的。你说:"我在感官上快乐了。"那你不是人了。感官的快乐不是人之所为。孟子讲:"无羞辱之心,非人也,无是非之心,非人也。"你只是物质意义上的人,我所讲的人是有仁、义、礼、智、信的人。

在中国古人那里,我们每个人在天地宇宙之间如何去寻求快乐和幸福? 孟子曰:"君子有三乐。"作为君子有三种快乐。"父母俱存、兄弟无故,一乐也。"中国人讲,父母都在,你又孝敬,有机会报答他们,你的兄妹没有因为这个事、那个事被搞进去或者死于非命,家庭比较完整,这是人生的一种快乐。我有体会。我妈妈常说,喊我的小名儿是她的快乐。我说:"真正感激的应该是我,不是讲你给我生命,那是浅层次的,而是因为你的健在能够保证儿子有机会去孝敬你,这给我提供了快乐和幸福的源泉。"因为我父亲过世很早,我经常感到很遗憾,过去不懂事,很少孝敬他,等懂事以后却没有机会了。幸运的是我妈妈还健在,因此我每次讲:"妈妈,谢谢你! 谢谢你的存在,谢谢你的健在,能让儿子有机会去孝敬你,我的快乐和幸福是你提供给我的。"

孟子又说:"仰不愧于天,俯不怍于人,二乐也。"你做人做事上对天、下对地、中对人,无惭愧羞愧之心,你就快乐。大家生活中有这个体验吗? 你对他人做了一件亏心事,你能够觉得快乐吗? 仰不愧于天,你仰望天空的时候不愧疚,不愧对他人,没有惭愧的事,这就是快乐。前阵子为什么温家宝总理说:"让我们每一个中国人没有事要仰望天空。"什么意思? 不是真的让你仰望天空,意思就是你做人做事要对得起自己的良心。但是我们现代人有多少会"仰望天空"啊? 所以,我们说你要想真正获得快乐其实并不难,快乐就在每一个人的手中。仰不愧于天,俯不怍于人,二乐也。

第三乐:"得天下英才而教育之,三乐也。"孟子讲,你如果有机会,得到天下英才,并且能够谈人性、谈人生、谈生命、谈生死,这是人生最快乐的事情。所以,我今天要对你们讲:我谢谢你们! 这是我发自内心的话,为什么? 因为我面对这么多我敬重的镇江市民,我跟你们一起去翻开这样一部部典籍,一起进入古人的心灵,和古人去谈论我们的心灵,和古人去对话,让我们的精神世界得到提升,让我们的心灵世界得到净化,让我们的心理层次得到这样一个提升,这就是快乐。而这种快乐,是你们提供给我的。

人生有三乐,在座的里面有很多退休的老同志、老首长,你们退休以后,除了物质保证以外,一定还要有一群志同道合的朋友,一盘棋、一壶酒、一壶茶,谈道论学,这是最快乐的。

儒家的忠恕之爱

今天在这里,道家和佛家真的没有多少时间跟大家讲,但是我觉得,我一定要把一家的思想透彻地讲一下。即使这样,也很难把儒家讲透彻了。

孔子讲忠恕之爱,什么叫忠恕之爱呢?《论语》有 11 000 多字,谈那么多的道理。作为一个中国人,人家问你:"《论语》讲的是什么?"你们能够回答吗? 孔子讲:"吾道一以贯之。"他讲完这个话就出去了,他的弟子一头雾水:老师讲他的道是一以贯之,这是什么呢? 于是学生之间就互相问,后来他的一位非常著名的弟子叫子贡,他说:我们老师所谓的道叫夫子之道,就几个字:"忠恕而已"。

孔子宣传的思想就是忠恕之道。所以忠恕之道是进入儒家以及儒家仁学思想的最关键的概念。所谓的忠,用孔子自己的话说就是"己欲立而立人,己欲达而达人"。自己想要站立也要使别人站立,自己想显达也要使别人显达。说得通俗一点就是我好,也希望别人好;我有,也希望别人有,这就是忠。

大家注意,因为我们中国人受"文革"的影响,对这个忠会认为是下对上的忠,这就大错特错了。儒家所谓的忠,恰恰是爱的一个具体的表现,所呼唤的精神是平等、是给予。不是吗? 曾子有这句话:"吾日三省身,为人谋而不忠乎? 与朋友交而不信乎? 传不习乎?"连用 3 个"乎",什么意思? 就是你替别人做事,要有一个平等的意识,有一个负责的精神。

举一个例子。

"这位小姐,麻烦你明天在你家门口的商店给我带一个茶杯。"

孔子宣传的思想就是忠恕之道。所以忠恕之道是进入儒家以及儒家仁学思想的最关键的概念。所谓的忠,用孔子自己的话说就是"己欲立而立人,己欲达而达人"。

"好的。"

你见到我："不好意思，我忘了。"

我说："没有关系，你明天别忘了。"

第二天你又说："我又忘了。"

第三天又说："我又忘了。"

啊？你这个人怎么这么不忠啊？你做一件事这么不上心？所谓的忠就是尊重对方，忠是爱的表现。

儒家学说又叫成己成人之学。首先是要自己成功，随后再帮助别人成功。我用8个字概括：自强不息，善为人模。用儒家的话来说，就是成己成人。你要实施更大的爱心你首先要自强，要自己成功。如果到此为止，不把这个爱推及到他人身上，那你就不叫爱。所以你要善于替别人去谋划，就是你自己成功了之后还要使别人也成功。

为什么讲人与人相爱，我自己成功还要使他人成功，这是一个智慧呢？为什么我有好处还要给你好处，这个叫智慧？根据前面讲的，你要抓住人生的幸福，大家越到上面的层次越会感受到，你的给予，你尊重他人，你真正帮助他人所获得的快乐，那才是真正的快乐，这就叫智慧。你讲："我去帮助你成功，但我的东西我坚决不给。"你那只是小智慧。佛教讲"四施之首是布施"。所谓布施是给人以信心，给人以勇气，给人以力量，而因布施而获得快乐的是自己。

老子讲"为人己愈有"，"与人己愈多"。这个道理很深刻。意思是你给别人越多，你自己反而会越有。大家可能有信佛教的。佛教要度什么呢？度人的吝贪。人的本性是非常吝啬，非常贪婪的。但是如果你要在你日常的生活中多给别人一点施舍，把你觉得好的东西提供给别人，这个时候恰恰能够归置你的吝贪，从而给你自己带来快乐。不知道这里有没有基督教信徒，基督教徒在唱赞美诗的时候，那是最快乐的。这个就是智慧。

儒家告诉我们人与人之间的忠非常重要。宋代一位哲学家名叫朱熹，他怎么解释忠呢？他说的"尽己之谓忠"是什么意思？尽到自己的心了，尽了自己的力了，这就叫忠。用我们今天通俗的话说：我帮助别

"尽己之谓忠"是什么意思？尽到自己的心了，尽了自己的力了，这就叫忠。

人,尽心尽力,这就是忠。

在这里我要给大家谈两种情况,孟子通过两个例子说明这个问题。其一,要求一个人用一只手把泰山拿过来夹在腋下飞过北海,那个人说:这个我怎么做得到呢? 孟子讲这个人"非不为也,不能也。"这个人不是不做,是做不到。我有这个心但是没有这个力。他又举第二个例子,麻烦你小伙子,从高的地方帮助一位老人把东西拿下来,或者一个老人的拐杖掉到地下,麻烦你年轻人帮我扶起来,这个人说:"我不能做。"孟子讲:"非不能也,是不为也。"你不是不能够,是你不做,你没有这个心。所以,儒家讲的这个忠是"尽己之谓忠"。

当然儒家也讲"己欲立而立人,己欲达而达人",但是从消极的一面有没有规定人与人相爱的原则呢? 回答是肯定的。孔子追求简练,孔子讲了那么多的道理,他只说"忠恕而已"。孔子的学生还不满足,有一位弟子问:"老师,有一言而可以终生行之者乎?"意思是有没有一句话、一个字,我按照它永远去做就行了,孔子说:"有啊,我告诉你,其恕乎。"我要给你一个字,就是这个"恕",如果给你一句话则是:"己所不欲,勿施于人。""己所不欲,勿施于人"就是孔子所要强调的恕道。这句话的意思是说,自己所不想要的,自己所厌恶的事情不要强加到别人头上。这是从反面去规定人与人相爱的原则。

大家或许有这样的体会,有好处我不给你,你最多说我这个人境界有待提升,但是我把不喜欢的东西给了你,强加到你头上,你就会说我这个人不是人,有没有这样的体会? 所以这个恕道更重要。但是恕道呼唤的是这样一个精神,它包括两个品质:一个是尊重;一个是宽容。为什么呢? "己所不欲,勿施于人。"

什么叫己所不欲呢? 举一个我们现实生活中的例子。我们来好好琢磨这句话,特别我们领导干部,比如我徐小跃在单位是一个书记,我不喜欢某某某,而喜欢另外 3 个人,我不能要求所有的人都跟我一样,都喜欢这 3 个人,但是在现实生活中这样的人大有人在,我不喜欢的我非要让你跟我一样不喜欢,如果你喜欢了我这个书记不喜欢的人,你肯定就是我的敌人。孔子讲这样就是不尊重人,你不喜欢这个人,你非要让我跟你一样不喜欢他吗? 因此这样的尊重,这样的宽容,在现实当中是非常需要修养的。在国际的事务中也是这样。

"己所不欲,勿施于人"就是孔子所要强调的恕道。这句话的意思是说,自己所不想要的,自己所厌恶的事情不要强加到别人头上。这是从反面去规定人与人相爱的原则。

在现实生活中,我给你一点好处容易做到,但是这个恕道却真的能衡量你的胸怀。很多领导者没有这个胸怀,把单位搞得乌七八糟,我不喜欢我要所有人都不喜欢,我拥护的我要所有人跟我一样拥护,这样就太不尊重他人,太没有爱心了。所以儒家这个思想对于做人确实有它的价值。我经常这样说,一个人,你要成功,关键就在于你的心胸要宽,心胸宽广可以做大事,心胸狭窄一定做不了大事。成功的经验有千条万条,但是总结下来就那么几条。为什么人们讲失败乃成功之母? 此之谓也。我给你总结这三条,这是每个时代不变的经验。如果你想成功,你记住这三条:你不要贪,你不要动不动就发怒,你不要把人事关系弄得那么紧张。这是人生的哲学。人生的哲理。

古人讲,人非圣贤孰能无过,最大的善就是能够改过。人犯错误没有关系,但是你不要犯同样的错误,真正有智慧的人不犯同样的错误,这就是人生智慧。

关于恕道我还要讲几句。1993 年,在美国芝加哥召开了一个世界宗教大会,这个大会是要寻求一个能够被全世界不同制度、不同民族、不同国家一致认同的黄金规则,要在古今中外的世界宝典里找。但是在找之前确定了两个原则:一条原则是这个规则一定是要符合人性的,我最欣赏这一点;另一条原则是这条规则一定是要最小公分母。分母越小包括的范围越大,要按照这两条规则去找。找啊找,最后终于找到了孔子的"己所不欲,勿施于人",就是将这句话作为全世界都能够遵循的黄金规则。体会一下作为中国人的自豪和骄傲吧! 当我们谈到中国文化的时候,你再说,中国上下五千年、源远流长、光辉灿烂、四大发明……这些都不足以让中国人自豪,值得自豪的是在形而上的层面,一个核心价值的确定。因此我相信,随着人类的发展,儒家的文化、中国传统文化必将得到世界越来越多人的认同。

事实上,对儒、道、佛,特别是《论语》和《道德经》,国外比我们中国要重视得多。这是一个怪现象。

195

儒家的惠民之爱

我最后再讲一个惠民之爱。惠民之爱,就是给人民以恩惠。应该

（左侧批注）

如果你想成功,你记住这三条:你不要贪,你不要动不动就发怒,你不要把人事关系弄得那么紧张。

古人讲,人非圣贤孰能无过,最大的善就是能够改过。

真正有智慧的人不犯同样的错误,这就是人生智慧。

说，在这里，孔子尽管是就一些领导人民，统治人民的道理而言的，但他提出来，对人要做到恭、宽、信、敏、惠，这是人与人关系的具体的表现。

什么是恭呢？恭敬。恭则无辱。当你做到恭敬便不会遭受屈辱，你宽容对人就能够得到很多人的拥护，说通俗一点就是有很多朋友。如果你这个人小肚鸡肠，朋友就会很少。如果你对人诚信，人家就欣赏你。你做事情要敏捷要干练，就能够事半功倍。作为一个领导干部，你一定要多关注民生，关注人民的切实生活，包括人民的精神状态，也就是要解决好安身立命的问题，这样你就能够足以"使人"，即驱使人、管理人、调度人。做到了这样，就能真正实现一个状态，什么状态呢？你如果能够做到恭、宽、信、敏、惠，你就好像北极星一样，众星拱之。通过仁爱去实施你的政治，你就会像北极星一样，有众多的星星拱卫着你。所以儒家讲的这个仁爱，首先是一个爱，爱所体现的精神是平等，是尊重，是宽容，是给予，是布施。所以，儒家讲的人与人的关系充满着人生的智慧，得与失究竟要怎么把握？这是需要很高的智慧去理解。

中国文化绝不止儒家，我在前面跟大家说过了，你在事业一马平川、春风得意之时，你幸福。但当你失意了呢？你落魄了，你处于逆境了，怎么办？因此中国古人有这句话：得意信儒，失意崇道。人生在顺境的时候一般都比较崇信儒家思想，逆境的时候就比较崇道了。

道家超越的情怀，包括它的道，包括它的无，包括它的自然，包括它的无为以及无为而无不为。道家的人生哲学是不争、处下、上游、敬畏。道家不是告诉我们不做，而是怎么做。人们都想往上面走，孔子告诉你要具象。人们都崇尚刚强，孔子告诉你要柔弱，柔弱胜刚强。当然了，这其中有很多很多的道理，真的非常的抱歉，因为给我的时间可能是远远超过了，给我90分钟，我现在讲了整整两个小时了，而且我要给半个小时的提问，还是佛教那句话，只要有缘，一定能够再相见，我是比较重缘、惜缘的人，我今天重点讲了儒，如果大家还有兴趣，我的时间允许，再来跟大家讲道，因为道是我专门研究的内容。

中国文化太丰富了，儒、道、佛的思想太丰富了，短短的时间内无法究尽。当然我想，今天通过这个讲座，就儒家来谈中国传统文化和思维方式和价值取向，通过这种方式把大家引进来，引入中国文化的殿堂，使大家产生兴趣自己去看一些东西，我目的就达到了。

［现场互动］

听众：镇江是历史文化名城，有几千年的悠久历史和文化。老子在我们镇江的茅山留下了4个字："道法自然。"想请徐教授给我们指点一下！

徐小跃：老子哲学思想的核心是道，道的本性是自然。当然，这个自然不是我们所理解的与文化世界相对的自然。什么意思呢？说得通俗一点，老子、庄子讲的自然，并不仅仅指日月星辰、山河大地。他所讲的自然是什么呢？是本然，是原始状态。所以说，老子有这样一句话："人法地，地法天，天法道，道法自然。"意思是说：人应该效仿大地的品行，大地应该效仿天的品行，天应该效仿道的品行。注意：因为道是最大的范畴，无所效仿，所以只能够以自己的样子坚守原来的自然状态，就是天然、天成、天就，不加雕琢的状态。一个社会、一个人就应该追求这样一种自然的状态。因为我们的现实社会被人为扰乱得太多、太多，我们的自然被人的理性和非理性扰乱得太多、太多，已经不那么自然，不那么像原来那个样子了。所以说，道法自然就是叫我们要把自然恢复到它的原来的样子，用佛教的话说就是它的本来面目。

听众：徐教授，你好，刚才你谈的一个人失败的3个原因，老子《道德经》里也说"我有三宝，一曰慈，二曰俭，三曰不敢为天下先"。你认为是不是这样？谢谢！

徐小跃：很好，高人啊！老子的"我有三宝，一曰慈，二曰俭，三曰不敢为天下先"。我解释一下，在老子这儿所谓的"慈"，不单单是指慈爱，还有慈柔；"俭"，也不只是简约，还要简束。不该你做的事情你不能去做，你要是做了你就不俭了；"不敢为天下先"更是这样。老子讲，要处后，要谦逊，要不憎。现在很多年轻人没有这样的智慧。我经常说一句话，在中国大地上行走，在中国这块疆土上行走，没有道家老子的智慧，你就会到处碰壁。你如果把这样一个"慈"、"俭"和"不敢为天下先"舍弃了，那你一定死定了。一般的人都会说要往前，要敢为天下先，老子就是要反这个常识。老子认为你这样是没有深刻的智慧，你肯定会失败，因为你"老子天下第一"，你处处占先，你什么都抢，你死定了。所以老子讲"我有三宝"，你持而保之，保证你笑傲江湖。

听众：徐教授，你好！你讲的为天地立心，我想请你再解释一下。

徐小跃：说明你懂中国文化，我刚才没有展开，我只说了一句，人的"几希"从哪儿来的？中国古人讲是天地禀授。孟子曰："诚者，天之道也。"真诚无悯，不虚假，是自然的禀性。我为什么要做诚信之人呢？这是天地禀授。我们人为什么要爱呢？因为天地大德，天地最大的德就是给人性命，给人勇气，给人爱意。所以中国古人坚信天地是有德行的。我们作为文化人就有这个责任，把这个天地之心不断地扩充，不断地彰显，这就是所谓的"为天地立心"。其前提是，中国古人相信天地有其德行，而人之德行就是从那里来的，这是典型的天人合一的思想。今天我们这个意识已经淡化了，我们在座的都要做到为天地立心，归来兮！天地之心；归来兮！敬畏之心。

听众：尊敬的徐教授，我想问的是，先有道教还是先有佛教？这是其一；其二，我们镇江实际上有很多道教遗迹，华山村那个张王庙也是道教，它恢复了以后，有很多人对这个问题提出异议。我觉得这是中国的传统文化，应该发扬光大。请问，目前我们国家对宗教文化的保护与恢复是怎么规定的？想恢复这个庙宇是不是可以？谢谢！

徐小跃：关于这个问题，我要区分道家和道教两个概念。外国人对道家和道教不分，在他们那里是一个意思，但是在中国，学界道家主要指是老子、庄子的学识，而在东汉时创立的那个宗教组织就叫道教。道家在前，道教在后。道教的起源应该说是杂而多端，没有人能够说清楚道教的起源究竟在哪儿？但是作为一个宗教一般都认为是起源于汉代。关于佛教在前还是道教在前这一问题，佛教是在两汉之际传到中国的，传到中国以后跟本土的道教发生了很多的争执。大家如果有兴趣的话，可以去读《史记·老子本传》，其中记载：老子西度流沙不知所终。这个老子不知道到哪里去了。大家知道紫气东来的传说，是说有一个叫灌云子的人观察到，今天有紫气自东而来，认为肯定有高人来，果不其然，中午有一位老者乘着白云而来。他判断，这个人一定是得道高人，就故意刁难他，你没有护照，我退而求其次，你有没有钱呢？没有护照又没有钱能放你过去吗？这样吧，我们互相退一步，你没有钱又没有护照总得留一样东西吧，这个人就把纸一样的东西准备好，老子为了尽快出关，就写道："道可道，非常道，名可名，非常名……"话分两头，灌云子看到这个《道德经》以后，就没有心思做官了，飘然而去，在深山得道成仙。老子到哪儿去呢？就演绎了。道教跟佛教就吵："你怎么知道我们老子西部流沙到哪儿去了？"僧人说："你们司马迁不是说不知所踪吗？""告诉你，老子是从新疆到你们印度去了，去教化你们佛祖释迦牟尼去了，不管你的老师多长，我的老师是你老师的老师。"所以，当时的道教徒就编了一部经典叫《老子化胡经》，这个人姓杜，因此他写的这个东西叫杜撰。

关于那个政策，我讲不清楚。现在很多寺庙都盖起来了，灵山大佛都起来了，如果镇江再搞一个，就没有机缘了。对佛教、道教，政府还是比较支持的。但是现在宗教界最有气候的，发展最快的是基督教。道教香火没有佛教那么旺，我也很奇怪，道教是我们中国的本土宗教啊！

如果让我给宗教下一个定义的话，我认为宗教既深刻，又学术，又通俗，我把三者结合起来，宗教就是要提供给人们不可避免的，必然发生的那样一个超越之路。什么意思啊？必然发生的，人有生就有死。

老子说"出生入死，"一出生就往死里去，有生必有死，这个必然发生的。但是所有的宗教就是要避免和超越人的死亡。就是要实现永恒。

到哪里永恒呢？不同的宗教指出了不同的道路，基督教讲天堂和地狱，人死了，好的灵魂要上天堂，不好的则下地狱；佛教讲什么呢？你死了就死了，你是出生入死，修成正果，至于你死后到哪里，那要看你的表现。你要到一个好地方，你要做三好，即做好人、说好话及存好心。就是根据人的行为和业绩的不同，有的在人道，有的在天道，还有的在修罗道，不好的就在畜生道。佛教、天主教、基督教那里人死了以后是到另外的地方，在这个世界你不能永存。中国人就不信这个邪，道教就要追求在这个世界上永存，长生不死。既然要长生不死，那么胡子拉碴的也不行，还要长生不老，所以道家讲炼丹修养。宗教就是要让人有一种希望，有一种追求，当然今天讲人生智慧，讲养生，更讲养心。为人己愈有，与人己愈多。

听众：徐教授，在中小学教育教学当中如何将传统文化融入其中，帮助学生树立高尚的道德品格和健全健康的思想品德呢？

徐小跃：其实，最富有历史责任感的是中小学老师，这是我的第一个观点。我认为中小学老师最需要培养的就是爱心。

　　我有一个极端的说法：中小学老师千万不要成为杀手，因为你的一句话，你的冰冷的一句话，你的一个轻视，可能毁了孩子的一生。存在于中小学教育教学当中的一些社会现象必须引起我们的警示和反思。

　　我在小学和中学阶段做了 11 年的班长，很少有人打破我这个记录，这就是老师对我的培养。这对我的一生影响太大了，信心、勇气、爱心、责任就是这样培养起来的。非常感谢这位女士提的问题！

复旦大学华商研究中心主任，美国哈佛大学费正清东亚研究中心访问学者、客座研究员，美国麻省理工学院国际研究中心访问学者。主要从事市场营销、企业文化、品牌管理、保险营销、传统文化与现代管理、中外企业经营思想等领域的研究。

市场经济与传统文化

主讲人：徐培华　时间：2009年3月27日

核心导读

任何市场经济行为模式都离不开文化传统，都与一定的文化力交织在一起。由于不同的文化基因，从而形成了美、英、德、法、日等国各自不同的市场经济的发展模式与特点。

文化可以被认为是一种有教养的处事方式、生活方式和生存状态。因此，一个人如果仅有课本知识而缺乏人文修养，依然是没有文化的。中国传统文化有存在的价值，特别是在市场经济中有其运用价值。儒、道、佛是中国传统文化的核心与精髓。

——徐培华

大家下午好！今天我们交流的题目是"市场经济与传统文化"。实际上我要讲的内容是如何用市场经济的视野来看我们中国的传统文化，为了表述更简洁一点，用了"市场经济与传统文化"这个题目。我今天主要讲3个问题。

第一，讲市场经济中的文化基因。我们今天身处在市场经济当中，总感到经济活动的脉络和经济的影响力。为什么会是这种经济的表现和活动？背后有着文化的基因。

第二，讲中国传统文化与儒、道、佛的关系。可能这部分内容比较多，虽然很多老师都讲到了这方面的内容，但是仁者见仁，智者见智，我们可能会有很多不同的观点。

第三个问题，讲中国传统文化在市场经济中的运用价值。传统文化在今天到底还有没有存在和应用的价值？有的人认为传统文化已经过时了，不要翻老古董了，但我认为传统文化还有它存在的意义和应用的价值。

市场经济中的文化基因

我们很多人讲到市场经济的时候，往往只看到经济的行为、经济的表现，但是实际上，人类社会进入市场经济时代，这本身就是人类的一种选择，是人类发展的一个必然的过程和趋势。这种选择是人类的选择，而人类所有的选择都是一种文化的表现。内在的东西是文化的动因。

中国经过改革开放30年，我们从原来的传统计划经济走到今天的社会主义市场经济体制。我们为什么要强调社会主义？这本身是中国人内在的交织，是一种内在的不同于其他国家的市场经济的追求。我们中国搞的是社会主义市场经济体制，和美国、欧洲、日本是不一样的。但是从本质上来讲，大家都是在追求市场经济。

什么叫市场经济？市场经济就是以市场为导向的经济活动。以市场为导向的经济是指以市场的需求、以市场上顾客的需求来引导各种社会资源的配置。市场经济是以市场为导向的资源配置方式。中国是不是在这么做？我们正在这么做，所有市场经济的国家都在这么做。

但是，世界上并没有完全相同的市场经济体制的国家。比如，早期英的市场经济体制，跟美国的自由市场经济体制、法国的以政府计划为导向的市场经济体制、德国的以社会公正型为特色的市场经济体制以及日本的以政府主导型的市场经济体制都是不一样的。虽然他们都在搞市场经济，但是，他们的特点是不同的。所以没有两个完全相同的市场经济国家。美国强调自由市场经济,自由市场经济更多的是由市场来支配、配置资源。但是,德国做的跟美国不一样,德国强调的是什么? 因为德国是晚起的资本主义国家,如果按照完全、充分的自由的标准,这个国家在市场上是没有竞争力的,他们除了通过市场调整,还特别强调社会的公正性。作为晚起资本主义国家的日本,自19 世纪60—70 年代才发展起来,更多的是依靠政府来帮助企业,需要有市场导向,政府会直接到企业去指导,帮助企业制订经济发展规划。而我们中国搞的社会主义市场经济体制是从原来的计划经济体制的基础上转变过来,不是凭空建设一个新的经济体制,它与原来的基础有着千丝万缕的联系。

为什么这些国家的市场经济体制都不同? 这是由于不同国家具有不同的文化基因。美国是自由竞争的市场经济,因为美国是一个移民国家,很多移民到了那里,他们只有靠竞争才能生存。而这种竞争需要提供一种能够进行竞争的条件,所以,它是自由经济。而德国这个民族被要求要有一种公正性,这方面也是它的文化基因的一个非常大的特色。日本原来是接受了中国的传统文化中"天下一家"的思想,所以家和国可以合在一起,政府可以参与,可以帮助企业制订计划。而这种现象在美国是不可能出现的。所以,不同的市场经济体制是由于文化的基因带来的。

我们中国为什么是社会主义市场经济体制? 我们跟其他的市场经济国家具有不同的特点,但是经济的发展还是通过市场来调节的,还是市场为导向的,整体上还是市场经济体制。这是我要说的第一点,从市场经济体制的不同可以看到不同的文化基因的作用,和这种作用所形成的市场经济的不同特点。

第二个,从市场经济活动来看,市场经济活动也就是经济行为,这种经济行为到今天越来越变成文化的内容。企业和社会的经济通过什么在运行? 通过商品。但是这个商品,原来运行的这个商品,做到后来做成啥了? 做品牌! 就是说今天市场经济最亮点的东西已不是商品,最赚钱的、带来收益最大的已经不是商品,而是品牌。品牌是什么东西? 品牌不是物质的东西,不是任何一种物质的商品,它是一种形象、

世界上并没有完全相同的市场经济体制的国家。

虽然他们都在搞市场经济,但是,他们的特点是不同的。

中国搞的社会主义市场经济体制是从原来的计划经济体制的基础上转变过来,不是凭空建设一个新的经济体制,它与原来的基础有着千丝万缕的联系。

一种承诺、一种诚信、一种标准、一种文化。所以我们的市场经济原来做的是商品，是物质的东西，而现在我们做什么呢？我们要做服务。做什么服务？为什么要做服务啊？服务就是消费者在市场经济当中，在他内心的需求当中，不光是物质的东西，还有其他的需求，还有精神上的需求。甚至你的东西卖给我，你对我笑一下，我心情很高兴；你板着脸把东西卖给我，我就不高兴，我要得到的不仅仅是商品，我还希望得到微笑。

所以，今天我们的市场经济活动中，工厂在做什么？工厂在制造产品；而同时，工厂的员工和企业的管理者又要用心灵来创造品牌。产品是实体的，品牌是无形的，但它能带来更多的效益。比如我们今天走到街上，我们到咖啡馆，你要喝咖啡，有多少家咖啡馆都在卖咖啡，但是卖得好的是那家叫星巴克的，这个星巴克在经营什么？应该说它是在"做"咖啡。为什么很多别的咖啡馆赚不到钱，星巴克却可以大把大把地赚钱？因为星巴克讲究经营之道。它往往是选址在商务大楼的底层，一些员工，特别是一些白领，他们工作累了、约会朋友、商务洽谈的时候就会到星巴克。原来我们说的咖啡是用开水冲出来的，现在星巴克的咖啡不一样，在星巴克的柜台上放着很多玻璃瓶，里面放着很多咖啡豆，原生的咖啡豆，你点的那个咖啡不是已经给你煮好的咖啡，是你看到的那个玻璃瓶里面的咖啡豆，服务生用白晃晃的金属的铲子铲出咖啡豆，放在咖啡壶里面，然后放在柜台身后，接通电源，马上咖啡壶就在那里开始煮咖啡。你坐在星巴克咖啡馆，那个咖啡就在那边煮，你可以听到它煮的声音，看到它煮的过程中冒出来的蒸汽，闻着那弥漫在空气里的香味，你经历了它的整个加工过程，所以很多人喝咖啡就是要感受这样一种体验。

这就是今天的市场经济，它不仅仅是产品经济，它也是一种品牌经济，而更多的又表现为体验经济。那么到底这个市场经济怎么发展？你们看，今天它体验的味道已经特别重了。我们来看那些企业在做些什么？比如麦当劳、肯德基，看上去他们在做汉堡包、鸡腿、土豆泥等食品，实际上他们是在做经营，在做一种生活方式，他们是在经营一种美国的快餐文化，这跟我们原来想象的不一样。

今天，在市场经济当中，我们的企业要发展，要做企业文化。企业是搞生产经营的，是要盈利的，做文化干什么？不做企业文化的企业是短

这就是今天的市场经济，它不仅仅是产品经济，它也是一种品牌经济，而更多的又表现为体验经济。

今天我们从事市场经济的活动，已经从销售商品变成销售品牌，从单纯的企业经营变成了企业文化的经营，这里面文化的成分已经越来越重了。

命的,企业文化搞不好的企业是要倒闭的。比如海尔集团,它就特别注重企业文化,强调企业的品牌。所以,今天我们从事市场经济的活动,已经从销售商品变成销售品牌,从单纯的企业经营变成了企业文化的经营,这里面文化的成分已经越来越重了。

第三点,从市场经济的经营理念来看。从经营理念看,大家都在做市场,但是,怎么把市场做好? 不同的国家是不一样的。比如美国,在美国的市场经济当中,推动力最强大的是科技,是不断的科技创新。

美国的科技创新从 1945 年的第一台计算机到 20 世纪 50 年代初的航天技术以及接下来的海洋工程、生物工程、遗传基因工程,一直到 90 年代互联网的出现,实际上美国的市场经济是随着科技的不断创新而不断地发展的。为什么是靠科技创新? 因为美国这个国家是一个多民族的移民的国家,这些移民的文化基因当中富有冒险精神。美国都是移民,本地的印第安人在美国已经几乎销声匿迹,没有任何的影响力。所有移民到美国去的人,都有冒险精神,甚至可能是九死一生、生死一搏去了美国。最早发现美国的,就是英国的基督教里面被称为异教徒的那批人,他们被赶出来,为了生路,坐在船上漂泊在海上,后来到了新大陆——北美,这就是大家熟知的五月花事件。凡是从世界各国去美国的移民都是有冒险精神的。

美国的市场经济就是通过这样一个人群的组合去实现,它的文化不是单一民族的文化,是各种不同的民族的文化,但这些文化却有着同一个特质——冒险精神。他们最善于创新,世界上最注重科技创新的 IBM、通用、微软等都出现在美国。所以,美国这个国家的市场经济在经营当中,在产品发展当中,是可以做大做强的。你看麦当劳,两片面包加一片牛肉可以卖遍全世界;一张《华盛顿邮报》可以卖几千万份,卖到世界各地;美国百老汇的歌剧可以连演几万场,就是因为这个文化让他们能够创新,但是它同时又有致命的弱点。不是说美国什么都好,美国能做到,但做不精。世界上市场经济发展当中能够做到精的是德国,精密仪器的制造德国一定是世界第一。20世纪 70 年代上海引进的 30 万千瓦发电机组不是美国的,而是德国的;你们到上海坐的磁悬浮列车不是美国的,而是德国的;同样的小轿车,我们看到美国的家庭,他们如果买了福特和通用汽车,想把这个车二手卖出去,这个二手卖出去的车最多打八折,一般只能打七折,但是如果他买的那个车是德国的奔驰,即使开了多年,作为二手车卖出去,仍可以打九折。

为什么? 德国的车质量好,它买得贵,卖得高。德国人有德国人的文化,因为德国人是讲诚信的，德国人做事情是一丝不苟的、守时的、讲效率的，在这一点上美国人比不过德国。所以世界上精密仪器制造的第一名一定是德国。

除了德国以外，与其相邻的其他北欧国家也同样做得到精，比如芬兰，同样生产手机，美国的摩托罗拉、韩国的三星跟芬兰的诺基亚，大家的手机拿出来，一起往地上扔扔看，一定是诺基亚表现最好。美国再先进，它的摩托罗拉也扔不过芬兰的诺基亚。这就是命啊！这就是文化基因。德国人能够做精密仪器，质量始终第一，质量始终最好。上海的地铁一号线就是采用德国的技术，德国人来监理、管理。一号线建成以后。我们想，二号线我们上海人自己做吧，一号线做过一遍了，心中有数了，不要德国人了，我们自己做。结果地铁二号线做好以后，在地铁拐弯的地方和楼梯拐弯的接口处老是渗水。就差一口气，这口气就是接不上，这个没有办法。德国人的严谨是丝丝入扣的。什么叫丝丝入扣？他们的严密程度达到了精致。所以我们看到，在市场经济的经济活动中体现着文化的不同特色。

德国人虽然精密仪器做得好，但是到了20世纪90年代，互联网出现了，随着软件业的飞速发展，德国人不行了。因为软件业的开发需要的是一种发散型的思维，不需要严密，严密是出不来的。

我们看看印度。印度没有赶上第一次科技革命，也没有赶上第二次科技革命，第三次科技革命开始的时候也没有赶上，一直到20世纪90年代，印度文化在印度的经济发展上面做出了卓越的贡献。印度南部有13个高新科技园区和软件业的开发园区。世界上软件业的龙头老大——美国微软的比尔·盖茨看到今后世界经济发展的动力会出现在东方，他想把他的软件业的研发中心放在那里。上海浦东曾经做工作想把它留在我们这边，但是最后比尔·盖茨最终把他的研发中心放在了印度。他考虑的是在哪一个环境下面能够更有利于他的新产品的不断研发，他是看到了印度文化里面作为底蕴的某种东西。我们应该承认，比尔·盖茨也是有他的眼光的。

法国的市场经济，同样有它的特色。法国是一个浪漫的国度，法国最有名的企业集团就是欧莱雅集团。我们知道，在世界化妆品行业，欧莱雅集团是一流的。我们买香水一定是要巴黎香水。各位旅行到美国，看到美国的香水会买吗？就是在美国买的香水也是买巴黎香水。所以，法国文化的浪漫，使它在市场经济的活动当中出现的出类拔萃的品牌，是它的消费品品牌，包括巴黎的时装，也是全世界一流的。有谁看时装会跑到美国？当然美国纽约也有时装，但是美国纽约的时装表演一定让位于巴黎的时装表演。法国的葡萄酒、法国的歌剧、法国的大餐都是全世界一流。这些凭借什么？就是法国文化中那种无法超越的浪漫底蕴。

意大利跟法国相类似，意大利也是一个浪漫的民族，但是意大利浪漫得有点儿散漫，有点儿不守纪律。所以意大利的歌剧是很有名的，但意大利浪漫文化下的商品经济，又有其不同于法国的特点。意大利这个国家是以家族企业为主的，意大利几乎没有什么大的国有企业，他们做的是什么？意大利的西装、皮包、皮夹、皮鞋全世界一流，这是意大利的特色。你到美国是买美国的皮鞋还是买意大利的皮鞋？买美国的西装还是买意大利的西装？自然是意大利的，领带照样是意大利的领带，这就是文化的力量。

再来看看日本。日本作为第二次世界大战的战败国，整个国家经济一蹶不振。20世纪50年代初日本的老百姓吃一个白馒头都是梦想，日本人出去走亲访友脚上穿的是木拖鞋，还是旧的，但是和服后面插着一双新的木拖鞋，要走到客人的家门口附近才把这个新鞋换上去。你看，经济窘迫到这个程度！但是，到了20世纪60年代以后，尤其是70—80年代，日本经济开始起飞了。70—80年代日本经济的发展让美国人都惊呆了。美国从20世纪50年代开始，经济直线上升，到了70年代，出现石油危机，美国经济下滑，结果日本经济发展的速度超过了美国。美国哈佛大学的一名教授专门写了一本书叫《日本世界第一》。这位教授是犹太人，我在美国哈佛大学的时候，他正好是我们的班主任。他当时受到各种围攻，但是他说："我说的是真话。虽然日本经济的实力比不过美国，但是发展的速度已经超过了美国。"

日本凭什么能够快速发展？20世纪80年代初美国人总结出来：日本经济的发展是因为日本的企业文化，是日本企业文化中的那种团队精神，是连续工资制，是终身雇佣制。日本公司里的员工，基本上是不会被辞退的，随着年龄的增长，工资就跟着增长，而且每到生日的时候，老板会带着蛋糕送到员工家里，甚至公司还有墓地，员工死了以后可以安葬在公司的墓地里。日本公司的企业文化是一种家族性、团队性的文化。这种企业文化的凝聚力不像美国，美国是典型的、充分的市场经济的环境，企业招人是在市场上招，说解雇员工马上解雇。碰到这次金融危机，美国企业中人人朝不保夕，没有人能够保证自己的位置，也许明天就被辞退了；但是日本的企业让员工的心能够安定下来，基本上能够一直做下去。在这个方面，美国人开始研究日本，发现了这种企业文化，所以美国人提出了这样的理论：经济的发展当中，文化太重要了。

不同的国家我都举一些例子，我们从市场经济的研究当中，看到它存在着某种文化基因。这是我要讲的第一个问题。

中国传统文化与儒、道、佛的关系

对于儒、道、佛，大家可能都已经很了解了，可能专门讲道、讲儒、讲佛的人很多，但是，对于中国文化当中，为什么这三家成为主流？三者之间又是什么关系？这是我今天想跟大家一起交流讨论的。

讲到文化的问题，有很多学者对文化进行了定义，西方文化的英文为 Culture，这个英文单词本身是什么意思？这个英文单词在拉丁语和英语里面的意思是耕种、掘种土地的意思。很奇怪，文化的英文单词原意竟跟经济有关！看来文化跟经济是密不可分的。

而讲到经济又有文化的含义，经济的概念最早是指农业，农业的英文为 Agriculture，原意就是农艺、种花、种园艺。为什么最初的文化的内涵会跟这种种植、耕种有关呢？因为文化是人的行为，人类的基本行为是为了生存，为了生存就要耕种。所以人类最初所表现出来的生存行为就是文化。

所以，衣、食、住、行本身的问题就是一个文化的问题。人们穿不穿衣是文化，怎么穿衣、穿什么衣、什么时候穿都是文化。世界上对文化正式的、公认的定义大概有 290 多种，自以为带有一定影响力的文化定义有好几百种，甚至上千种。但是究竟怎么来认定文化呢？我个人理解，可以用最简单的话来表述，文化是什么？文化是一种有教养的处事方式；文化就是我们的生存方式、生活态度、行为规则，是一种习惯，是我们的一种生存状态。但是这种处事方式，变成一种规则、一种习惯，又要提升为一种修养。

> 文化是一种有教养的处事方式；文化就是我们的生存方式、生活态度、行为规则，是一种习惯，是我们的一种生存状态。但是这种处事方式，变成一种规则、一种习惯，又要提升为一种修养。

讲文化的时候，往往有人会联系到知识，认为北大、清华、复旦这些学校里的人就一定很有文化。当然一般来讲，学校里知识分子多，可能有文化的氛围，但是，我们要注意一种区别，知识不等于文化。有的人蛮有知识的，但是在某种程度上还是会表现出没有文化。比如说，你走到一所大学，哎呀，校园很美丽，你在那里散步，突然看到前面有一个人，这个人可能是博士，甚至是教授，结果那个人，他走着走着，突然喉咙一痒，以为边上没有人,随地吐了一口痰,这就是没有文化的表现。尽管这个人很有知识,但他的行为举止违反规则,就没有修养,没有文化。相反,我不需要太多的知识,但我可以很有文化,比如古代的孟母三迁。孟母没有上过大学,可能她自己的知识没有太多,但是她为了要让自己的儿子受到良好的影响,她三次迁移住地;再比如,岳母为了激励儿子,在他背后刺上"精忠报国"几个字。孟母和岳母,虽然知识都不是很多,但是我们可以说她们是最有文化的母亲。所以,在讲文化的时候我们要把它和知识区别开,不是说知识很多就很有文化,文化跟知识不是一回事。文化的概念很大,但是最简单的,就是你的处事方式、行为方式,这就是文化。

在讲文化的时候我们要把它和知识区别开,不是说知识很多就很有文化,文化跟知识不是一回事。

讲到文化,我们要了解究竟什么是传统文化,因为今天我们谈的就是市场经济与传统文化。

很多人讲,传统文化就是过去的文化、古代的文化或者是先贤的文化。我不赞成这样的认定。有人说,传统文化是从农业社会、农业经济延伸出来,从先秦时候产生出来的。但是,要注意,之所以叫它传统文化,它是传,"传"不是古代,"统"才是古代,是古代产生的,传到今天的,还活着的文化。什么叫传统文化? 是古代产生的,活到今天的,还在出现,还在产生影响的,还要延续下去的文化,这叫传统文化。

讲到传统文化,我们一般都要讲到儒、道、佛三家。我们最近都在讲的国学,实际上就是传统文化当中的一部分;而儒、道、佛又是国学当中的一部分。中国的传统文化对于当今社会的影响特别大。今天的社会,也就是我前面讲的市场经济,它内含着文化的基因,对于今天21世纪的经济,文化的影响力甚至要比以往更大。1996年韩国一位文化部长曾经讲过这样一段话:"19世纪是军事征服世界的世纪;20世纪是经济征服世界的世纪;而21世纪将是文化征服、塑造、主导这个世界的世纪。"我感觉这个概括基本上能够体现这三个世纪的中心和主导:19世纪是军事主导;20世纪是经济主导;21世纪是文化主导。

所有民族矛盾的背后都是宗教的矛盾,宗教的矛盾本质上是一种文化的矛盾,而这种文化的矛盾是深入内心的。在西方,以色列和巴勒斯坦的矛盾很难调和;美国跟伊拉克的矛盾、跟伊朗的矛盾、跟朝鲜的矛盾很难调和;俄罗斯跟格鲁吉亚的矛盾很难调和;甚至伊拉克内部的矛盾也是这样,凡此种种,世界上那么多的矛盾的背后都是宗教的矛盾。

世界的文化之间有那么大的冲突,而偏偏在中国,儒、道、佛三家是可以三者合一的。我们跑到山上去拜佛,可以看到寺庙旁边可以有道教的观,也可以有孔子的牌位,我们的儒、道、佛三家是和谐相处的,它们构成了一个和谐世界。这是中国特有的事情,它们不是对立、冲突、排斥的,而是包容的。去年四川发生大地震,都江堰附近有一座青城山,那座山是道教圣地,青城山不像泰山,泰山在东边,很阳,青城山很阴。夏天青城山很凉快,走进山以后,那是清凉世界。我到青城山后发现,那里虽然是道教圣地,但上面还有禅寺,还有佛教,同时山上也放着孔子的牌位。所以,你看看我们中国人多伟大:儒、道、佛三家能够相安无事,甚至互相包容、互相促进。这其中最根本的东西是什么? 这是我们必须了解的,必须要探讨的,也是可以争论的。

儒、道、佛三家哪一家是核心? 到底是儒家还是道家? 儒家? 好像讲儒家的声音多一点,道家少一点,但是,有的时候真理不一定在多数人的手里,我个人的观点是道家。大家可以讨论,因为我们都是在学习,不是说我的观点就一定正确。

为什么我要讲是道家? 你要研究儒、道、佛三家的真正内涵。道家我们了解的比较多,讲道家的思想,大家经常讲到的就是老子《道德经》里的那句话了:"道可道,非常道……"什么叫"道可道,非常道"? 道不可以道,一道道出来就是常道了。《道德经》最初可能是讲"道可道,非恒道,名可名,非恒名"。"道可道,非恒道"跟"道可道,非常道"有点不同,恒道是长久的道。为什么又说"非恒道"呢? 老子太伟大、太智慧了! 他说道不可以道,老子讲的是恒道,恒道是不可以的。比如今天是春天,是吗? 春天是谁决定的? 你我能够决定春天吗? 我们不能决定春天,春天是谁决定的? 告诉你,是道决定的。道决定了今天是春天,人无能为力,那是自然法则。那么为什么会有春天呢? 是冬天变出来的,春天也要变,变成夏天,然后要变成秋天。《道德经》里讲到那个道,讲到春天是道的产物,但是春天不等于道,不是恒道,春天是非常道、非恒道,

儒、道、佛三家哪一家是核心?
我个人的观点是道家。

道不可以道,一道道出来就是常道了。

"道可道,非恒道,名可名,非恒名。"

所以说春天是道的产物。你要把恒道全部讲出来，你要讲春、夏、秋、冬，要讲全；讲春天不能只讲一年，这个恒道是年复一年。怎么讲？你要春—夏—秋—冬—春—夏—秋—冬……一直讲下去，等到哪天你讲不动了，你人都走掉了，你还没有讲完。人能讲完恒道吗？讲不完。你没有本事把恒道全部讲完，你讲出来的只是局部的道、个别的道、暂时的道，你讲不完恒道。所以老子早就告诫我们不要去讲道，恒道讲不完。

这个恒道后来怎么会变成现在所说的常道呢？当然我也没有很好的考证。据说，古人在传抄"道可道，非恒道"的过程中，抄啊抄，抄到了汉朝，我们都看过电视剧《汉武大帝》吧？汉武大帝的爷爷叫汉文帝，汉武大帝之所以做得好，是因为他的前人奠定了好的基础。汉文帝名字叫刘恒，因为皇帝的名字是要避讳的，所以"恒"字不写了，"道可道，非恒道"不能写了，怎么办呢？就找差不多的字，就改成"非常道"。

东汉的时候，从印度传过来的佛教，原来是叫观世音，结果叫到了唐朝，唐太宗叫李世民，因为皇帝名字中有一个"世"，我们"世"字就不能讲了，观世音就叫观音了，是这么来的。唐朝以后是宋朝，赵匡胤是宋朝开国皇帝，宋是赵家王朝，不管李家的事儿，观世音还可以叫吗？可以。于是，有的人就叫观世音，有的人叫观音，所以现在我们看到佛也是有的叫观世音，有的叫观音。据说古代有一个皇帝叫李虎，因此，人们看到老虎就不能叫老虎了，只能够改叫大虫。

这个老子的道太奥妙！关键是看不到。因为看不到，所以我们不知道；因为我们不知道，所以最想要知道。我们都要问：你知道吗？你知道吗？你碰到人家都要问人家："知道吗？"人们要知道那个道，但是都不知道，所以那个道也讲不清，后来我们只能够说讲道理。什么叫道理？因为道在里面，在里面看不到，所以叫道理。

而且这个理不是一般的理，这个理不得了！是"王"字旁的，中国人这个"王"字太伟大了！什么叫"王"？这个"王"就是三横一竖，上一横代表天，下一横代表地，中间一横代表人，天、地、人三者放在一起，怎么称王？要中间一竖，中间一竖打通天、地、人就为王。你要打通天、地、人，而中间的一竖是什么？就是道，老子的道。这个一竖是由上往下，

这个"王"就是三横一竖，上一横代表天，下一横代表地，中间一横代表人，天、地、人三者放在一起，怎么称王？要中间一竖，中间一竖打通天、地、人就为王。而中间的一竖是什么？就是道，老子的道。

由北向南,坐北朝南,这就叫道。

我们城市里面的路,我们的街道,南北方向的叫道,东西方向的不叫道,只能够叫路,是吧?所以这个道路是什么?南北为道,东西为路。自古以来,老子的道在我们心中,我们始终看南北。我们小时候夏天在户外院子里面,奶奶跟你讲什么?看看天上的北斗星。你仰望天上的北斗星,明显得很;在路上,人行走的时候就拿出指南针看方向,指南针就是管南北的。我们不管东西的,说"不是东西",是骂人的。中国人最重要的是南北。

我们看,老子的道,其中这个"道"字怎么写?"道"就是首加上走。什么是首?首就是头。头是什么?就是方向。因为你一看到头就看到有脸,叫有头有脸。你一个人有几个脸?只有一张脸。只要看到一个头就看到一张脸,看到一个方向,所以这个道,这个首就是明确方向。但是,2008年我看新闻,里面说西方有一个妇女生了一个孩子有两张脸,听到这个人头上有两张脸,心里都有点毛。关于这个"首"字,我有点儿联想,你想想,人一张脸上有两只眼睛,一张嘴巴。为什么两只眼睛,一张嘴巴?要你多看少说。两个耳朵为什么要在两边?兼听则明,不要只听一边。你看我们的五官放的位置都是很聪明的。你说嘴巴为什么不能放在上面呢?不行,天上下雨水要漏进去的。只有两个眼睛放在前面是有缺陷的,如果黑天走在路上,听到后面有声音,你慌不慌?你听到这个声音,就往前面跑,又不敢往后看,只往前跑,充满着危险。所以说,中国古人太智慧、太聪明了。因为考虑到把你两个眼睛都放在前面,如果老天造人的时候,眼睛前后各放一个,那不是安全了?完美无缺了?他故意给你都放在前面,人是有缺陷的。

正因为人有缺陷,所以中国的古人就发明了风水。风水太重要了!什么叫风水?有人问:风水是唯心的,还是唯物的?有人说风水是唯心的,实际上风是自然现象,水是自然资源。气动为风,气凝为水,这就叫风水。一方水土养一方人,我们镇江这一方水土养育了我们这一方镇江人。如果你在内蒙古,那里水土和这里是不一样的,那里的人也和这里有很大不同。什么叫前朱雀、后玄武?前有沼、后有靠。你想想看,你的后面有靠吧?如果给我们每个人一个方凳子,你坐坐看,累啊!后面一靠,你的心就放下来了。为什么后有靠?前有沼,后面有靠山,前面面水,你想人居住的地方有靠山,我后面不长眼睛,后面被堵住了,我就不怕了。我两个眼睛只长在前面,而且前面不是山。如果你前面是山,后面是水就不行了。你鼻子、眼睛前面是一堵山,你试试看!你后面有水,你哪敢住啊?哪一天水扑过来你跑都来不及。而且这个水是低平的,你的眼睛不是往上翻的,你看这个水的时候是一个什么形态?你是什么眼神?那是释迦牟尼的眼神,是观世音的眼神。你看看他们的眼神都是微微下垂,脸上是慈祥、安宁的,心态是平和的。所以,我们要营造后有靠,前有沼这样一个氛围。然后是左青龙、右白虎。所以,我们的椅子有两个扶手,你有了这两个扶手一扶,你就像坐在太师椅上。你想想看,当你坐在太师椅上自己的心态会怎么样?那就叫气定神闲,这个心态太好了!

古人多伟大!他要让你深入在这样一个环境当中。为什么我们要坐北朝南?这是自然现象,是地球跟太阳的关系。太阳在冬天一定照在你的南窗,你屋子里有朝南的窗户的话,接受那个阳光,里面的温度要比天寒地冻的外面的温度要高,因为阳光照在里面,被屋子包围了,气温就高,这是冬暖。夏天的阳光一定照不入南窗,外面炎热,而屋子里照不进阳光,里面就凉快。你如果不相信,你的门窗以后都朝北开试试看,日子一定很难受。所以,我们中国坐北朝南的习惯是符合自然规律的。当然现在我们有一些人到澳大利亚去了,如果你到澳大利亚买房,我告诉你一定要坐南朝北,为什么?因为我们在北半球,而澳大利亚在南半球,位置不一样。这是唯物的,不是唯心的。

所以,你想想看,我是后有靠,两边环抱,气一动就生风,风一进来就是三山一环抱,它就在里面回旋,那叫藏风聚气,这样一来,这个气就是祥和的。而且前面一汪水,风生水起,水面变成气,气上去变成云,云变成雨,雨再掉下来变成水,形成一个自态循环。在这个循环里面,万物生长,空气湿润,充满着阳光,充满着生机,是生生不息的。这样的一个规律是古人所悟出的道理。

我们对于道家应该怎么理解呢?实际上把握道家的思想只要把握3句话。

第一,"一阴一阳之为道"。要注意,并不是说有一个阴一个阳就是道。一阴一阳之为道,指的是一阴生出一阳是道。你一阴不能生出一阳者,就不是道。

第二,"道法自然"。不仅一阴能生出一阳,而且要道法自然。道法自然就是该生的时候一定要生,不该生的时候一定不要生,你要顺着生。我们随便讲一下,一阳一阴之为道,这不对,因为阳不能生,也就构不成道。一阴生一阳是要道法的生那才是为之道。什么东西最道法自然?水。

第三,"上善若水"。什么叫上善若水?这个上下的"上"意思就是高尚的"尚",尚那个善。上善若水,水是最道法自然的,上善若水的善可以是最道法自然的水。水是什么?该倒的一定倒,不该倒的一定不倒。水放在圆的杯子里就圆,放在方的杯子就方,你让它怎样它就怎样;它一定是由高向低,如果由低向高那一定是有外力的作用。所以说,水一定是道法自然。水的内在有一道法则就是水平面是平的,水平面永远是平的,只要它静下来。

我们再来理解道家的这3句话:道是看不到的,是通过气来表现的;气实际上也看不到,气就表现为水。所以这里面是道、气、水,道最终表现出来的是水。另一方面可以通过气的表现来讲:气动生了风,气凝成了水,所以叫风水。

我们再来看命的问题。万物的生长,产生了生命,命是什么? 又是3个字:命、运、气。人的命是不能改变的。你什么时候出生,这是命,你早生50年跟晚生50年不是一个命;你生出来是男还是女这是命;你在家里排行老几这是命;你出生在省长家里,还是贵州山区农村,你出生在上海,还是出生在纽约,这都是命。命是不能改的。

但是,我们讲命运。命是要运的,命怎么运? 看运气。但是这个运气不是名词,而是动名词,要运那个气,这叫运气。这个气你要运,但是不要拼命地运,有的人练气功运气,走火入魔了,有的时候应该用气的时候没有接上,断气了。

把这个气运得恰到好处就叫道法自然。虽然我家里比较穷,但我通过努力奋斗,上了好的学校,找到好的工作,我改变了个人环境。现在的金融危机就是完全不好吗? 所有的不好里面都是有机会的,机会都是在不好的当中存在着;都是好的,就不会有你的机会了。所以这次金融危机是我们中国人最好的机会,关键要学会能够抓住那个机会。

道的核心思想是什么? 道的核心思想是无。有的人讲这个无是什么意思? 无不是没有。老子讲"大象无形,大音希声。"不是没有大的物体,特别大的物体你是看不到的,特别大的声音你也听不到,如果你听得到大的声音,那你的耳朵就会没有了,那还听得见吗? 老子的无不是没有,关键是要无中生有。这是道的核心。

市场经济是做什么的? 市场经济就是无中生有。我们做所有的事情,就看你怎么把握那个无中生有。我们原来都是没有的,我们都是无中生有出来的,万事万物,包括我们的建筑都是无中生有出来的。关于

什么叫上善若水? 这个"上"意思就是高尚的"尚",尚那个善。上善若水,水是最道法自然的,上善若水的善可以是最道法自然的水。

道的核心思想是什么? 道的核心思想是无。

老子的无不是没有,关键是要无中生有。这是道的核心。

它的无有一句话：无招胜有招。很多人想不通，这个无招怎么能够胜有招呢？关键是这个无招不是没有招，没有招就不能胜有招。这里的无招是有招的，就像金庸的武侠小说中所写的，手中有剑的水平最差；比他高一点儿的是：手中无剑，心中有剑；最高层次是：手中无剑，心中无剑。这是什么层次？不打。只要打就输了，只要打水平就差，不要打。不打怎么赢呢？关键是无招胜有招，我无招不是没有招，我的无招是不出招，我是有招的。我有招而不出招，这样就一定胜有招。所以什么叫不战而胜？就是柔弱胜刚强。

讲刚强，小布什多强硬啊！打阿富汗，打伊拉克。打伊拉克的时候全世界人都反对，他还要打。然而你看，他最大的失败就是打伊拉克。美国的金融危机什么时候开始的？我告诉你，就从小布什下令打伊拉克的那一刻开始美国就走下坡路了，是小布什走下坡路，带动了美国经济走下坡路。强硬的东西是表象的东西，柔弱可以胜刚强。你想想我们身上的皮肤、肉、关节都是软的。最软的是小孩子，他的脚一下子就能放到嘴巴里，现在你试试看呢？所以你的生命不如小孩子旺盛，未来是他们的。我们的皮、肉、骨头都是软的，哪一天都硬了，就差不多了。

关于老子这个道，很多人讲是老子的《道德经》。实际上他们还没有真正领会老子的精神。老子写的不是"道"经，老子写的是"道"、"德"经，很多人丢掉了那个德。道是要有德的，而且这个德不仅仅是品德的德，更是得到东西的得，通过那个道要得。所以，有的人认为，老子的思想是虚无的，老子在这个世界上是什么都不占，是无，是没有，是清静。这些都是误解了老子。

老子的积极意义在哪里？他的积极意义是通过道能够得，通过道能够得到；通过无能够生，通过无能够有，要无中生有。所以，老子说的无为关键是什么？他的关键思想是无不为。他追求的不是表面的不争，而是做到最后没有人可以跟你争。老子的道的思想一提出来，后世很多人便在演绎，因此，我自己的理解也不一定正确。

道讲了那么多，道跟儒究竟是什么关系？从老子跟孔子的关系来讲，一个发明了道家；一个发明了儒家。孔子比老子小 20 岁左右。孔

216

最高层次是：手中无剑，心中无剑。

不打怎么赢呢？关键是无招胜有招，我无招不是没有招，我的无招是不出招，我是有招的。

老子写的不是"道"经，老子写的是"道"、"德"经，很多人丢掉了那个德。道是要有德的，而且这个德不仅仅是品德的德，更是得到东西的得，通过那个道要得。

老子的积极意义在哪里？他的积极意义是通过道能够得，通过道能够得到；通过无能够生，通过无能够有，要无中生有。

他的关键思想是无不为。他追求的不是表面的不争，而是做到最后没有人可以跟你争。

子开创了儒家学说，我们说儒家的影响力应该最大，但是，孔子小时候就听说了，老子这个道不得了，所以孔子后来还专门找机会向老子去讨教、请教，甚至想拜老子为师。孔子每一次问老子，老子都是没有正面回答。有一次他看到老子骑在青牛上，就在后面追着问老子："到底什么叫道？"老子回头看看孔子说："道可道，非常道。"骑着青牛过去了。孔子要拜老子为师，老子没有收。

孔子自己有那么多学生，可以说是弟子三千，七十二贤。老子为什么不收学生呢？你们听说过老子有学生吗？他不能收学生的，因为他收了学生不好教。什么叫道？道不可道，怎么教呢？这个道是要靠你悟的，所以，老子不能收学生。

孔子创立了儒家。但是孔子所有的学说，儒家的学说归根到底还是道。你们去看看于丹的《〈论语〉心得》，她每一个标题都是什么什么道。孔子讲过一句话："朝闻道，夕死可矣。"早上闻到这个道，晚上去死都可以的。你说这个道有多重要。孔子跟他的学生讲："我这一生是以道一以贯之。"我的一生就是贯穿学习那个道，因为道不可以道。

儒是什么？是单人旁加个需要的需，是人需要的，是通过儒来传播那个道。所以什么叫儒？儒者就是对有道德者的称谓。什么叫儒？有人说，儒是品学通天、地、人三才者。什么叫大儒呢？能够悟大道者。能够悟那个道，能够悟道之大学者，乃是儒也。

儒家思想的核心就是人与道德。老子的道看不到，而儒是专门去研究人、研究人的行为、研究人所需要的东西的。儒家的核心思想是仁义道德的"仁"，这个"仁"的发音就是"人"的发音。所以说，中国的文化和西方完全不一样，西方的我就是"I"，他是顶天立地，只管自己的；中国人不行，中国人一到世上，上要孝敬父母，下要养育子女，中国人是不强调自己的，"人"这个字，一撇一捺，要互相支撑。所以这一切都在这个人当中，孔子的这个"仁"的发音太重要了！这个名词不能随便叫的。

儒家研究人的行为，要求人的行为要规范，要讲礼，讲义。核心的是什么？核心还是仁。"仁"字是单人旁，一个二，可以理解为两个人关系搞好了就是仁。君臣、夫妻、朋友、邻里、姐妹之间，关系搞好了就是仁，搞不好就是不仁不义。中国人做人要一撇一捺，你要仁义道德，你在家

儒是什么？是单人旁加个需要的需，是人需要的，是通过儒来传播那个道。

儒者就是对有道德者的称谓。

儒是品学通天、地、人三才者。什么叫大儒呢？能够悟大道者。

里面要遵循伦理。"伦"这个字单人旁，大家都讲究这个伦理的伦，社会就和谐了，伦理的伦就能够成为轮子的轮，社会就能够和谐地运转。做到这一点，关键你心里要能够忍，"忍"字心上一把刀。当你能够忍，你就能做到家庭伦理的伦，社会轮子的轮，那你就是一个合格的人；如果你心里不能忍，做不到家庭伦理的伦，做不到社会轮子的轮，那你就不是一个合格的人。这就是儒家最核心的东西以及它里面的内在关系。

要理解孔子所讲的仁义道德的仁，还要讲到义，就是仁义的义。中国人讲义，义的繁体字"羲"，上面是一个羊，下面一个我。羊就是没有，没有我，自己要表现得胜似君子，这就讲义。义是什么？义是中国古代的一种道德行为，所谓"士为知己者死"、"舍生取义"，就是这个意思。义比生命更重要，这是中国古代人的一种行为准则。仁义的义跟仪表的仪也是谐音。什么是义呢？那就是仪表的仪，同时又是适宜的宜。中国古人经常讲到人要讲义、讲义气，甚至《论语》还专门讲到这个"义"字。

在市场经济的关系当中，我们还要回到中国古代的这两个字："义"和"利"。有一些企业为了利丢了义，最后连自己都要丢掉，老命都要丢掉。所以，我们要讲义，不要只讲利，不能见利忘义。人所表现出来那种气就是义，而义表现出来的行为就是礼。怎么做到仁、义、礼？核心就是这个仁义道德的仁。

怎么做到仁？就是要做到中庸。中庸是什么？有人说中庸就是折中，就是对折，那不对，中庸是一种适当。我曾经在哈佛大学做过一个演讲，专门讲中庸。我举了最简单的例子，中庸是什么？中庸不是一个具体的、绝对不变的东西，中庸是一种把握，中庸是一种智慧，当然也是一种义。它是一种相形的意思，比如我们到市场买菜，那个秤就是一个大智慧，是中国的传统文化在日常生活中的表现。你看那个秤，调起来，左边是秤盘，右边一个秤砣，秤盘上放重物，秤砣的这个线要移来移去，移到某一个点上，让秤杆平衡就是可以了。秤盘上的东西可以轻，可以重，什么时候你做到中庸，就是你能够像秤砣一样移来移去，这个秤杆上能够平衡的那个点就叫中庸点。这个点不能是固定的点，它是一个变化的点，但是，它能够保持平衡。你的这种把握，你的这种适当，那就是中庸。这个简单的例子很能够说明中国人的中庸。

儒家经常讲"为天地立心，为生民立命"，儒家还讲到"修身、齐家、治国、平天下"。我们往往抓住的只是修身、齐家、治国、平天下，而把之前的那句话忽略掉了。儒家的思想里面有很多的东西，但是儒家认为儒跟道的关系是：道是阴，儒是阳。孔子在创立儒家时，他的很多方面的思想实际上都是对道的张扬和表现。

除了儒、道以外，还有一个佛。"佛"字单人旁一个弗，看不见人，不强调人的作用。光讲佛字，可能有的时候讲不清楚。与佛相对应的字，单人旁一个为什么的为，这个读什么？伪。什么叫伪？伪就是假的。什么叫假的？人故意去为，那就是伪。而人不顾一切地去为，那就成佛。从这个层面来讲，佛的本意就是顺其自然。中国为什么儒、道、佛三家能够三者合一？道是讲顺其自然，道法自然；儒讲人，讲中庸，也需要顺应自然；而佛也是讲顺其自然的，所以说三者的基点是相同的。

佛教的核心是讲什么？佛教的核心是讲一个空。有人讲，这个空最没有意思了，四大皆空。实际上佛教的"空"字是一种哲学。佛教怎么会讲空呢？佛教认为人自身跟万事万物都是一种因缘，地、水、火、风这4种元素的偶然聚合形成了现在这种状况，而这种状况还在变化之中，还会不断地变。所以，我们看到的东西实际上是要变掉的东西，用这样的一种哲学观念来看待世界，佛教的空是一种智慧。

没有这个空也就没有这个世界，今天我们能够上课也是一种空，首先，我们这个礼堂空了，这个礼堂不空你能进来吗？课都上不了。今天，我能够讲话、能够作这个报告，也是空。嘴巴空，嘴巴不空讲不出来声音；耳朵空，耳朵不空听不见我讲话；你的眼睛、鼻子都要空；当然3个小时，你的肚子也有点空，你要吃饭，肚子不空吃不下饭，口袋不空放不进钱……

实际上佛教的这个"空"字是一个包容。这个包容太重要了！空是一种包容的智慧，心能够虚空，包容一切。有的人也曾经问过我：怎么能够包容下去？你说道是讲无，佛是讲空，两者是什么关系？两者有交叉，但是又是不同。道是讲无，讲无不强调有。而我们要注意的是，无以后能够生出有；而佛是讲空，空的前提是本身已经有。为什么这么说呢？因为已经有了有，所以才有那个空，而那个空又能够不断地生出有，能够不断地生出妙有，所以佛家的智慧另有它的道理。

关于儒、道、佛三家，我再概括一下：它们三家强调的都是顺应自然，所以三家能够融合。三家的核心都是道法自然，就是这一点使得三者能够融合。道讲无，因为它讲无，所以能无中生有，由道而德，所以道是讲道德经；而儒是讲仁，仁义道德的"仁"，仁而有义，中庸得礼。这个仁义道德的"仁"和"人"字有关系，这个"人"字一撇一捺，左边是阳，右边是阴。秦始皇筑长城，那个长城都是砖瓦，都是硬的，长城是东西向

实际上佛教的这个"空"字是一个包容。这个包容太重要了！空是一种包容的智慧，心能够虚空，包容一切。

道是讲无，无以后能够生出有；而佛是讲空，空的前提是本身已经有。因为已经有了有，所以才有那个空，而那个空又能够不断地生出有，能够不断地生出妙有，所以佛家的智慧另有它的道理。

儒、道、佛。三家的核心都是道法自然，就是这一点使得三者能够融合。

的，就是左边的一撇阳刚。隋炀帝开大运河，那是水，水就是阴，那是"人"字右边的一捺。秦始皇的长城跟隋炀帝的大运河正好构成中国的"人"字。当初秦始皇筑长城的时候也没有跟隋炀帝打过招呼，太巧了。

2008 年奥运会的运动场，一个鸟巢，一个水立方，为什么这么做？有人说鸟巢像一个丛，水立方像一个大草甸，但是你看看它们都是在北边，鸟巢是圆的，水立方是方的，是中国的方圆。水立方是水，在北京的北边，我们东南西北的北方是有水的，整个北边是被滋润的。而为什么又是鸟巢啊？北京原来叫燕京，古代历史上，文化上有燕归巢的说法。原来我们的紫禁城，我们的故宫里面的中轴线，只有 8 公里，我们这次在北边建了奥林匹克运动场，那是位于安定门外，那里建了一个运动场，从北边一直拉到南边的南五环。有人说这是把龙脉延长，国运昌盛。当然这只是一种流传的说法。

当然有些话说起来不算数，就是随口说说。就像 2008 年我们碰到三次灾害，就是那么巧，三次灾害，有人说正好遇到的都是 8。125,314,512，这个 8 是阴，正好碰到阳（单月是阳，双月是阴）。一月是天灾——雪灾；三月是人祸；五月是地震，天、地、人。但是这个灾害的问题，你看老天都出问题，雪应该下在北方的，偏偏下在南方；这个地震这么大，8 级大地震，但是老天有眼，这些灾害都不是对中国致命的。这 3 次灾害，又正巧发生在我们改革开放 30 年。有的时候，我国的市场经济发展得很快，隐藏着的恶气、脏气可能要得到一些挥发。地震是怎么回事？是地壳里面的恶气不知道往哪里跑，要释放掉了，如果不释放掉可能就没有经济的更大发展，结果跑到汶川释放出来了。正是因为这个释放，才有我们 8 月份出现在中国大地上的奥运会的举国欢腾，才有 9 月份我们神州 7 号上天的圆满成功。

中国文化的儒、道、佛的核心在哪里？虽然儒、道、佛都遵循道法自然，真正来讲，根源还是在《周易》。《周易》之道是万物之道，儒、道、佛是《周易》智慧的具体表现。老子讲，道生一，一生二，二生三，三生万物。中国人强调的是生，我们要自强不息，我们要生生不息。而道能够生长万物，德能够繁殖万物，它能够生长万物却不据为己有，这种大德是幽深玄远的德，叫玄德，有这个德不要张扬，要悠远、幽深。《西游记》中唐僧的 3 个徒弟中最没有水平的是猪八戒，猪八戒叫悟能，要悟那个有，悟那个能，他除了悟到的那个能，其他都不能，所以，他的水平最差；沙和尚叫悟净，能够看透世界，悟净，水平高一点；水平最高的叫悟空，悟空不得了，因为他能够悟空，才能一个筋斗翻出十万八千里，他领悟不到那个空，怎么能够翻那个筋斗？到哪里翻？没有地方翻。这就是我们传统的中国文化，是我们古人的智慧。

小时候大家都在看四大名著，我喜欢看的是《封神演义》。我喜欢那个土行孙，他刚刚跟你说话，突然往地下一钻就不见了。我小时候就神往这个土行孙，后来才发现没有什么了不起的，就是今天在上海坐地铁的感觉。

《封神榜》里面讲的千里眼、顺风耳，我曾想：要是能够做到千里眼、顺风耳多好啊！现在各位都是顺风耳、千里眼，手机，美国都可以打来；"神七"上天，那么远的距离都能够看得到。因为我们古人有嫦娥飞天这样的想象，才有我们后来这样的壮举。我们中国的传统文化应该怎么应用？这不是空谈的。

中国传统文化在市场经济中的运用价值

我们前面讲到的儒、道、佛，实际上是中国传统文化的代表。在市场经济的运作当中，因为我们儒家的思想是很多的理念，它在实践中应用是最广泛的，这些理念对我们今天发展市场经济，都是有指导意义的。比如我们古代的儒家强调以民为先，生财有道。这些应该作为我们市场经济的指导思想。

道家讲什么？道家它是讲无所为而无所不为，无所得而无所不得，无所求而无所不求。道家的这种无为而无不为的思想，在某种程度上可以理解为，我们在发展经济的过程当中，并不是什么都要抢着发展，我们有些要发展，有一些则是要限制，这就是我们今天市场定位的问题。

儒家讲随心所欲，不逾距。内心有那个道，有那个战略，根据这个战略你可以尽情去发挥。

李嘉诚的成功之道很多方面也都是应用了老子的思想，比如老子谦卑、自制的思想。谦卑的思想是指他做事总能包容，他在分配利益的时候总能够多给人家一点，让人家多拿一点，这样人家就更愿意跟他合作。而且他知道做到适可而止，恰当、适当，这就是儒家的中庸。这些我们在发展市场经济的时候都是可以应用的。包括我前面讲到的儒家要求人要见利思义。什么叫义亦生益？有了义就能够生出益来。比如我们 1998 年抗洪救灾的时候，有一家大商场因为捐献的不多，人们都不去买那里的东西。这都是因为中国人讲义，你只有讲义，你才会得到回报。

佛家的核心的思想是与人方便。在今天的市场经济当中,你做任何事情,你企业的发展,你要做优质产品,你要做优质服务,你在做什么? 我们为什么要做优质的产品、优质的服务给消费者? 我们提供了我们的产品,提供了我们的品牌,我们实际上是让消费者在生活当中方便,在工作当中方便,你就是在做与人方便的事,你与人方便了,就会与己方便。很多企业不知道,在做企业的时候实际上就是在做善事。

一个企业能够做大靠谁? 不是自己本事大,你赚了好多钱,不是你本事大,而是你的员工努力,你要知道感恩,要回报员工,要保住员工的饭碗,让员工一家老小能够维持生存,得以生活。你能够成功也离不开政府,政府不给你修好道路你货怎么运? 包括政策、法规等方面都要依赖政府的支援。你要回报政府的是什么? 自觉纳税。你纳税是应该的,不是你多给的,是在你的赢利里面政府所作的贡献,甚至包括社会给你提供的各种资源。所以你要回馈社会,你要有社会责任。

我们儒、道、佛三家的很多东西对于我们今天市场经济的发展,同样有它存在的价值,这些传统文化中的精华可以为企业、为经济、为我们地方政府、为社会、为我们国家市场经济的发展作出应有的贡献。

我一直在想:为什么中国传统文化我们通常只讲儒、道、佛三家? "三"对于我们中国人来讲很重要,这是中国人的一种思维方式,是中国文化的一种基因。你看,我们中国的领袖人物基本上都讲"三",讲主义都是讲"三个代表",我对此专门研究,研究下来发现大有奥妙。

"三"不是从江泽民主席开始讲的,是从毛主席开始讲的。中国共产党当时的重大使命就是带领中国人民推翻三座大山,他一个人不行,所以他要参与组建共产党,通过共产党组织全国人民推翻三座大山。为什么会推翻三座大山? 因为我们有三大法宝:党的领导、统一战线、枪杆子里面出政权。我们要有自己的军队,军队要贯彻三大作风。党支部为什么要建在连上呢? 班、排、连,正好是三级;三个人才能够成立党支部。4,5,6,7可以吗? 都可以,因为其中包含了"三",有"三"就可以。没有"三"就不可以。解放战争通过三大战役,解放三座大山,一次解放一座大山。毛主席也没有想到解放战争这么快,原来考虑要7~8年,但一碰到三就快了。后来搞"三反"、"五反"。后来因为我们违背了历史规律,没有做中庸,就遇到了三年自然灾害。搞"文化大革命"也要有基层组织来配合,要成立革命委员会。怎么搞呢? 要老中青三结合,还要有女代表,阴阳协调。要先读老三篇。毛主席写了那么多文章,就读这么三篇。"文化大革命"搞、搞、搞,搞出来老三届。后面还有好多届呢,但后面就不管了,关键是前面的三届。我就是老三届搞出来的,搞到大学都不能上。毛泽东自己培养出来的接班人结果背叛自己,他很痛苦啊。国内这么乱糟糟的,毛主席他老人家自己也看不下去了,他老人家放眼一看,世界已经分成三大世界。

毛主席以后就是邓小平,邓小平更搞"三",他的一生就是三起三落。邓小平一出山就是三中全会,中国的改革从三中全会开始,十一届三中全会决定农村改革;十二届三中全会是决定城市改革;十三届三中全会对于历史事件从政治上作了调整;十五届三中全会对市场决定作了补充;十七届三中全会又回到农村,再进行新一轮的改革,宅基地的流转,都放在三字上。这是我随意想的:不上不下,邓小平都是在搞三。他一定要搞三。开始跟着刘少奇搞,后来被批判了。再后来周恩来病重,毛泽东又让邓小平出山。直到粉碎了"四人帮",邓小平真正出山,就开始大搞三。先是搞了一个中心,两个基本点,加起来是三点。之后是提出改革分三步走,都讲"三"。

江泽民本身是第三代领导人,而且党、政、军三个领导权在手,后来又到处讲"三"。江泽民以后是我们胡锦涛总书记,他更讲"三",他一上台讲立党为公,执政为民,权为民所用,情为民所系,利为民所谋。为什么讲三呢?我们孙中山也讲三,讲三民主义。

领袖人物为什么讲"三"?因为中国这个国家,我们搞市场经济也好,搞计划经济也好,我们跟西方的国家不同,因为我们是人口大国,这个国家第一要稳定,只有稳定才有发展。什么叫稳定?三足鼎立叫稳定。我们领导人说:中国是一要稳定,二要发展。三就是稳定,三足鼎立,稳步发展。

一不生万物,二不生万物,三才生万物。所以数字里面重点是"三"。我们中国的历史是从三皇五帝开始的;我们的孔老夫子说"三人行必有我师";做事情要"三思而后行";喝酒叫酒过三巡;我们都读过《三字经》;做学生要做"三好学生";我们复旦大学的博士、硕士都要做"三好";我们为了表达情谊要三鞠躬;向天地拜、向父母拜、还要夫妻对拜;呼皇帝也要三呼万岁;《西游记》要三打白骨精……

好的有"三",不好也有"三"。有人是狡兔三窟;小偷叫三只手;我们说这个人不干好事,干的事是下三流;还有此地无银三百两;外面的小姐叫三陪;中央是三令五申;当然了,我们有时候讲课是三句话不离本行;有时候我们火气很大,火冒三丈;中国人做事要约法三章;今天我能够到镇江来跟大家来交流,认识大家是三生有幸……

今天讲市场经济,市场经济就是三个要素:企业、政府、市场。三个要素搞好了企业就搞好了,企业要搞三个层次:员工、中层和决策层。我们要做一个好的领导者,我们必须把握三条:第一,为人之道,做事先做人;第二,用人之道,要会用人;第三,经营之道,管理之道。当你真正具备了这三条,你一定是一个好的领导者,一定是一个成功的企业家。

今天的交流就到这里。谢谢大家!

司法与民意

主讲人：孙笑侠　时间：2009年4月23日

◇ 孙笑侠

　　浙江温州人，1963 年 8 月出生。浙江大学光华法学院院长、教授、博士生导师。中国社会科学院法学博士，哈佛大学高级访问学者。全国十大杰出中青年法学家，享受国务院特殊津贴，入选教育部新世纪优秀人才支持计划，国家"百千万工程"入选人员。现任中国法理学研究会副会长、教育部法学教育指导委员会委员、全国法律硕士专业学位教育指导委员会委员、国际法律哲学与社会科学协会（IVR）会员及其中国分会副会长、浙江省法学会副会长、浙江省法理学与法史学研究会会长、浙江省法制研究所所长。

核心导读

司法的本质是实现民意。

从词源上解释，民意即人民意愿。民意又分一般意义上的民意和司法领域的民意。无论是立法领域中的民意，还是司法领域中的民意，最终均是通过其代表得以表达。

要让民众相信法官，法官首先要职业化。职业化是指必须按照程序来办事情，不要过多的考虑人情世故。

——孙笑侠

今天我觉得非常高兴,镇江市委宣传部组织了这么一场跟法制有关的讲座,而这样一个非常严肃的话题居然引起这么多市民的关注,我的高兴是发自内心的。

现在法制离我们的日常生活越来越近。今年正好是新中国成立60周年,从1949到2009这个时间段来看,如果在这60年里面取一个中间点的话,正好是1978年。1978年是我国改革开放的开始,也是我国法制建设的开始。以这个中间点来划分这60年的话,前30年基本上没有法制,没有法;后30年,我们基本上做到了有法律,所以说,应了一句中国古老的俗语叫作"30年河东,30年河西"。前30年无法,也就是无法无天;后30年,我们的法制建设发展很快,法律的制定、出台速度也非常快。对此,在座的各位最有发言权。

我们再来观察一下现实生活。今天对我们来说,最大的变化是民意对法律的需求,其中,一个是对法制的需求,一个是对民权的呼唤。民权是法律意义上公民的权利。今天,民意关注的两个细分点,一个是法律,一个是民权或者说是人民的权利。今天这个社会,我们的民意表达增加了一个威力无比的渠道,这个渠道就是互联网。大家知道,网络是一个非常活跃的世界,这个活跃的世界每天都在关注我们的民意,反映我们的民意,有时候民意会起到推动法制的作用。

民意对司法的积极作用

我们一起回顾一下,2003年有一件事情非常典型地说明了民意对法制的促进作用。

大约在2003年4月份,广州的街头有一位20多岁的艺术家,大家知道艺术家的打扮都是跟我们普通人不太一样,通常艺术家头发比较长,脸比较黑,衣着比较有个性。这位年轻的艺术家因为有这些特征,在马路上走的时候被民警叫住了。民警问:"都已经快12点了,你为什么还在马路上游荡?"这个小伙子说不出道理。这个民警就上前:"你身上有没有身份证?"没带身份证?对不起了,这位民警就把他扣住了。这么晚了,没有身份证,再加上一个人蓬头垢面的在马路上游荡,没有目标,一定是个危险分子。民警这样的怀疑是有法律依据的,我们有一部法律,我等一下再讲。小伙子很恼火:"凭什么要怀疑我呢?"民警最后还是把他带走了。

小伙子被民警带到派出所,民警盘问之后确定他是无业游民,理由有三:没有带身份证;半夜三更在马路上游荡;没有工作单位。民警是这样推理的:没有工作就有危险。实际上这个小伙子刚刚大学毕业正在找工作，他是武汉某个大学艺术系的毕业生，到广州找工作。民警将他拿下后交给收容所。管理人员把他和有过劣迹的人关押在一起。3 天之后，这个被无端怀疑的名字叫孙志刚的小伙子被活活打死了。

对这个事情，公安系统起先准备要进行内部处理。所谓内部处理，就是不是严格依照法律程序处理。但是最后这个案件通过互联网，在所有民众的关注下，所有网民的关注下，通过很多的帖子终于把这个事实调查清楚了。

大家知道，现在网络中有一个说法叫"人肉搜索"，就是所有人通过互联网发表言论，把事实调查清楚，看看事实究竟是怎样的。在这样的一个民意浪潮当中，孙志刚案件真相大白。最后责任人，包括几个公安民警被绳之以法。

这个案件虽然告了一个小段落，但是更大的问题出现了。大家都在网络上面发表自己的看法——民意，我们说民意就是人民的意见、人民的意志。人民在网络上进一步发表看法之后，开始思考这样一个问题：公安人员怀疑一个人没有带身份证就可以把他关押起来，这到底是什么法律？ 它怎么这么差劲儿呢？ 最后发现，这个法律是1982 年国务院制订的《流浪乞讨人员收容办法》。这个法律里面确实规定，一个人没带身份证又没有办法证明自己的身份的话，是可以被怀疑的，也是可以被带到收容所进行关押的。虽然经过改革开放 30 多年的发展，我们的法制进步了，但是这部法律还是很落后，所以，网络里面的民意不断地批驳、批判这部法律。大家呼声很大，要求废止这部法律。孙志刚案件事发两个月之后的 2003 年 6 月，国务院主动撤销了这部法规，并用一部新的行政法规取代了 1982 年的这个法规。

新的法规叫《流浪乞讨人员救助办法》。名称改变了，里面的内容当然也发生了变化，公民的权利得到了保障。从这件事情来看，国务院为什么会发现一个法律的落后之处，同时紧跟着又制定了一个新的保障民权的法规？ 这靠的是什么？ 靠的是网络里面的民意。所以民意在促进法制的发展，促进社会的进步方面起到了重要的作用。被无端打死的这个公民——孙志刚的父亲最后老泪纵横地说了一句话："用我儿子年轻的生命换来法制的进步也是值得的。"这句话里面包含了很多辛酸啊！

民意对司法的消极作用

我们今天的话题是民意和司法的关系。根据我的观察发现，民意促进了法制和司法建设；但有的时候，民意对司法也有一种副作用。

对此,今天我想和大家交流三个方面的问题:

第一,民意的复杂性特点。民意和司法的关系表现得很复杂。

第二,民意和司法之间有一种紧张关系。这两者之间并不一定是一种很和谐的关系,它们的关系有时则表现得很和谐,有时则表现得比较紧张。司法机关的活动和老百姓的民意表达,有时候表现为一种矛盾甚至冲突的关系。我们等一下会具体分析。

第三,怎样通过制度让民意和司法这两者的关系协调起来?我们的司法机关怎样吸收民意、尊重民意?

因为考虑到这是一个人文讲堂,所以我尽量把这个法律问题转变成文化和社会问题来和大家交流。

刚才说到民意对司法有一种副作用,我们先来看一个案例。

2005 年,辽宁省有一个案件,这个案件的主要事实是这样的:有一个黑社会组织,这个组织当然干了很多坏事,这个组织的头子刘涌被抓起来之后,网民了解到他这个人实在是十恶不赦,太坏了,大家都认为不杀不足以平民愤。在 20 世纪 80 年代以前,一般法院的刑事判决书里面总是有这样一句话:不杀不足以平民愤。这种情况到 90 年代就没有。什么叫民愤呢?民愤就是老百姓对这个人恨之入骨,因此要求政法机关对这个人处以极刑。

辽宁省高院对此做出一审判决,判处死刑,立即执行。网络里面一片叫好。民意都赞成:应该判死刑,判得好极了。可是律师以及一些法学专家,包括北京大学、中国政法大学的专家和教授发表意见,认为通过刑讯逼供取得的证据材料不能作为定罪量刑的根据,因此刘涌这个案件判死刑立即执行是不合理的。

原来,在这个案件的侦查过程中,有一个很关键的证据是非法取得的。公安人员在办案的时候,对刘涌实施了刑讯逼供。我们国家的法律规定,这个人再坏,你也不能打他。刑讯逼供取得的证据,是不能作为定罪依据的。

这种情况下,网民一下子就把矛盾对准了这几个教授,北京大学的陈新良教授被当做众矢之的。网络里面几乎是一个声音:你还堂堂的北大教授,竟然为死刑犯说好话!北大的学生也恼火了。北大的本科生一起罢这个陈新良教授的课,你这个教授课堂上说得头头是道,到了关键时刻,和民意相抵触,不听我们民众的,还为死刑犯叫冤。

对这个案子,辽宁省高院虽然一审是宣判"死刑,立即执行",但二审时辽宁省高院听取了法学专家和律师的意见，认为这个案件不能这样判，因此，改判了"死刑，缓期执行"。这样一来，网民就闹翻天了，闹了将近一年的时间，大家一致认为这个案子改判是不对的。这导致了这个案件又被最高法院重新审查，最后还是维持了二审判决——"死刑，缓期执行"。这个案子说明，网络里的民意对司法的影响是非常大的。幸亏在二审的时候，还是把住关了，没有受民意的影响。

但是在网络民意的压力之下，办错案的例子也有。

南京有这样一个案件。公交车到站了，车门打开的时候，一个叫彭宇的小伙子准备下车，后面的人推他，他一步跨出去的时候，可能跟一个刚要上车的老太太有一定的身体接触（但是没有人看见），老太太站不住倒在了地上，彭宇伸手拉她，老太太说自己的腿断掉了，彭宇就把她扶起来，背到出租车上，自己掏钱把老太太送到了医院。一到医院，老太太的家属就到了，盯着他不放，说："你不能走，必须要把我老妈的病治好了才能走，你要交所有的医疗费，还要赔偿损失。"彭宇最后还因此被告到了法院。

这里涉及一个法律的原则，这类案件我们叫做侵权案件，原告要负这样一个责任：你既然把我彭宇告到法院了，你要负举证的责任，你要证明我彭宇是致你妈妈受伤的主体，你要证明我有侵权责任。但是法院受理了这个案件之后，一审的法官是个糊涂官，他对彭宇说："小伙子，为了搞清事实，你还不如赶紧去贴一个公告，找找有没有证人，有证人就能证明你的清白。"法官居然叫彭宇证明自己，就是叫被告来举证，这是跟法律规定相违背的。法律规定谁主张谁举证，即原告要举证。

彭宇不了解法律规定，既然法官叫我去找证人，我就去找。他东找西找，贴了很多告示，在网络上也贴了很多寻找证人的帖子。这时候，街头巷尾的老百姓和网络里面的民意就开始发表意见了。这个案件在网络里也很有影响，网络里面有两种截然相反的观点。一种观点认为，彭宇必须要赔偿。哪有这么好的事情啊？推倒了人家不赔，还想溜，还假装自己是学雷锋做好事！这是一种声音。另一种观点认为，这个社会上有些人简直一点儿道德也没有了，人家在学雷锋做好事，把你老妈送到医院去救治，你还把人家告到法院，太不像话了！这样一来还有谁来做好事啊！网络里吵啊，吵啊，全中国的媒体都开始报道这件事情。

这件事情为什么会引起关注呢？因为这是一个公案。年纪大一点的人知道，公案就是全社会公众都关注的案子。

北京也出了这样一个案子，北京动物园和木樨地之间有一个站，路上有一个年纪大的人倒在地上，一个年轻的妈妈带着小孩从公交车下来，心里就思想斗争：我要不要扶他？我不扶他良心上过不去，我扶他的话会不会变成"彭宇"？于是，她拉住旁边的行人说："你看啊，不是我推他的，我是拉他起来，你们做个证人吧。"大家看，这就是彭宇案件的副作用，彭宇案件导致了一个社会公共道德的问题。社会公德跟法律发生了这样的冲突，甚至导致上了法庭。

我们来分析一下，民意里面有两种观点，一种是支持彭宇，一种是反对彭宇。这两种观点发生了矛盾，但是，它们之间又有一个共同点。什么共同点呢？虽然这是两种截然相反的观点，但是它们的思维方式是一样的。它们的思维方式是什么呢？它们通常先不考虑法律的程序问题，而是先考虑实体的结论问题。两种民意的共同点是都在考虑一个实体的结论：你有没有责任，要不要赔？一个说要赔，一个说不要赔，这些都是关于实体的问题，而不是关于程序的问题。

一个合格的法律人，一个合格的法官，他的思维跟民意的思维应该是有些不同的。合格的法律人、法官是怎么思考呢？法官会想，谁先起诉？谁主张就应该叫谁举证。谁主张谁举证，这是一个程序问题。法官是从程序入手，是要把证据规则搞清楚，证据规则是程序问题。但是当网络里的民意在打架的时候，法官也晕了头了，跟着民意走了。法官以为，要么站在民意的左边，要么站在民意的右边。其实他不应该受这两种民意左右，不应该受这两种民意影响，他应该有独立的思考。最后这个案件一审居然做出了一个错误的判决，要彭宇承担责任。后来二审的时候，对这个判决又做了非常"技术性的处理"。

所谓技术性的处理，就是指既没有按照法律谁主张谁举证的规定做，也没有按照网民的意见来判决，而是进行了调解。先跟原告谈一通，再跟被告谈一通，最后到底赔了没有？赔多少？这个问题到现在还在保密。我的一位同行在江苏省高院当领导，我们有一次在一起吃饭，我问他，他说："实在不好意思，不好讲，我们现在所有的人都不知道，只有办案的法官和他的领导知道。"这个案件就这样调解结案了，彭宇到底赔了多少钱大家搞不清楚。这个案子里面说明了很多很多问题，在这里我们不展开分析，但至少一点是肯定的，民意对司法的影响是很大的，同时也是会产生一定副作用的。

还有一个案子就更惨了。

有一个公安局的副局长酒后驾车，把一个人的衣服勾住了，拖了两三里地以后，有人叫起来了,说不能再往前开了,这才停了下来,最后送到医院以后发现那个被拖的年轻女性已经死掉了。这是典型的交通肇事案。

网民们非常愤慨:这个人太坏了! 自己是公安局局长,执法者还喝酒,喝酒了还开车,开车还撞人,撞人还拖两里地,拖死了,而且被拖死的还是一个女的,还是一个女教师。网络里愤怒的火焰就这样一下被煽起来了。我们的网络民意在表达的时候,有时候会情绪化,而且情绪化的程度会越来越高。媒体喜欢炒作,网络又是全世界沟通互联的,这一下完蛋了,判案的法官手都发抖了。为什么手会发抖? 这个法官想:交通肇事罪最重才判7年,但是网络里的民意要求我们判死刑,不杀不足以平民愤,那怎么办? 后来他找了另外一个叫间接故意杀人罪的条文作依据,这个案子一审判了死刑。总而言之,民意对司法影响很大,有积极的一面,也有消极的一面。这个就是民意的复杂性。今天的社会,民意越来越复杂,而且复杂程度越来越深。

从1978年到现在,这30年间民意的变化里面有一个最最核心的内容,这样东西我们要把它找出来,这样东西我们不能不尊重它。这样东西是什么? 我们大家一起来思考。我们平时都在观察,我们发现,表达民意的时候,背后一定有一样东西,这样东西在法律上叫做权利,就是公民的权利,包括财产权、人身权等各种权利。公民的这种权利在现在社会也发生了变化,变得非常多样化、复杂化。我先举几个例子和大家分享一下。

近30年变化最大的就是老百姓的权利意识在不断增强、不断升级。增强到什么程度呢? 增强到了当一个个体的权利被公布了以后,所有的人都会关注,大家都有这个权利的时候,这个权利就成为一个社会现象。

重庆有一个钉子户,叫王平,不知道大家有没有看到过一张获得联合国新闻摄影大赛一等奖的图片,图片上是一个叫王平的女士,她穿着红色的连衣裙,接受记者采访,她的背后是一个像一个金字塔一样高耸的房子,房子的下面已经被挖得差不多了,开发商正在这一带开发,因为王平坚决不同意拆迁,所以,这个房子孤零零地,像孤岛一样竖在那儿。

王平这个案子在网络里面成为一个公案,王平被称为最牛的钉子户。王平很有法律意识,每次接受记者采访的时候,她手里都拿着一本从新华书店买来的《中华人民共和国宪法》,然后穿上红色的衣服,这样就非常引人注目。最后在来自网民的压力之下,政府和开发商一起把这个事情处理了。王平得到了补偿。她本来不同意拆,后来没有办法,拆了,但得到了比较高额的补偿。这说明老百姓的物权意识在增长。

说到物权,我讲给大家听。北京的街头,常有卖羊肉串的小摊儿,城管人员一过来,这些人就赶紧跑。有一次,正好我也经过,城管人员一过来,这些人东西都来不及拎就赶紧跑了,锅碗瓢盆都丢在马路上。城管人员上来后就用脚踩、用手砸,把锅碗瓢盆全部砸碎,之后扬长而去。旁边有几个出租车司机就在那里议论,有人说:"前两天刚刚公布了一个《物权法》,执法人员一点物权意识都没有,人家的锅碗瓢盆是人家的合法财产,怎么想砸就砸? 要履行没收手续之后才可以砸呢。"你看,出租车司机都有这样的法律意识和权利意识。在我们今天这个社会里,民众的权利意识越来越强,民意瞄准了权利这个核心部位,人民群众的权利意识在增长。

现在各类案件越来越多,而且五花八门,什么稀奇古怪的案件都有。每一种案件都有一个权利。你们家房子造的那么高,把我家的太阳挡住了,我的阳光权受到侵犯了,告到法院。有人开车不小心把一个年轻女性的人中给撞裂了,好了,被害人起诉到法院,理由是亲吻权受到损害。有一家哥哥在外地工作,弟弟在家里,父亲去世的时候弟弟来不及通知哥哥就办理了丧事。哥哥过年回家的时候问:"爸爸呢?""真抱歉,爸爸已经去世了,我把他葬了。"于是,哥哥告弟弟,悼念权被侵犯了。所有的案子都涉及权利问题,权利多样化出现了。

民意的复杂性是一个很复杂的社会现象。看起来只是一个普通的民事案件,有时候竟会上升到宪法的高度。大家知道,宪法已经是到顶了。到法院去告,一般都是民事案件。一个民事案件最后上升为宪法案件,上升到宪法的权利,这是矛盾升级的表现。为什么这样说? 我们都讲升级就是慢慢往上上升,矛盾也会升级的,民事庭里解决不了的案件就会变成宪法案件。

我说一个事情。陕西延安有一对年轻的夫妇,他们白天买来了几张"黄碟",晚上没有事干了就在家里放,有人举报给民警说他们家在放黄片。这事发生在 2004 年,民警接到报案以后,急匆匆地带着两个人跑到他们家,一脚踹开门:"不许放!"法律规定是不允许在公开场合放黄片,人家在自己家里放,只是两夫妻在看,又没有公开,民警居然一脚踹进去。这个案子在网络里又成了公案。大家认为民警是私闯民宅,是侵犯住宅权。你们家如果放黄片民警也可以一脚踹进来,民警家放黄片我也可以踹进来,那大家就可以互相踹别人家的家门了,一点法律意识都没有了,一点基本权利意识都没有了。

公民的住宅是私人领地,有一句话叫做:住宅是一个人的城堡。我们的家是个人的城堡。英国有一句法律谚语:私人住宅风可进、雨可进,国王不可以进。你权利再大,也不能随便到我家里来。你怎么可以一脚把我家门踹开进来了呢?关于这个案件网络里面吵得很厉害,大家认为这对夫妇的权利受到了侵犯。网民通过民意的发表,最后,迫使当地公安机关对这几个民警进行了内部处分。这对夫妇当时在派出所就说了一句话,这句话非常意味深长,也很有意思:"我们是夫妻,夫妻在家里演黄碟都可以,为什么放黄碟就不行啊?"

这个案子本来只是一个普通的侵权案件,但人们认为,宪法规定了住宅不可侵犯的权利,你怎么可以侵犯呢?所以这个关于权利的问题在升级,最后升级成为宪法问题。宪法问题通常就是老百姓跟公家、跟政府之间,私人权利跟公共权利之间发生矛盾时,这个权利问题升级了。有的案件甚至会升级成为刑事案件。

我们也曾看到过,有的人在求助无门的情况下,只好以身试法。上海发生了一个杨佳案,这也是网络里面的公案。因为杨佳的权利得不到保障,老是受到侵害,他想找"说法",找公安,找了很多次都没有用,最后,他以身试法,带着凶器去了那个派出所,而且那个派出所跟他没有一点关系。他的行为已经构成了犯罪,最后因此被判死刑。老百姓跟人民政府之间的矛盾冲突本来可以得到很好的处理,但是因为没有及时得到处理,导致事情升级到了极点,最后杨佳把6个警察给杀掉了。这个案子就成为一个公案。

我们在分析今天现实的权利和民意问题的时候会发现,其实民意背后一个核心的问题就是:权利意识在增长。权利成为我们社会的一个被关注的焦点和核心问题。民意很复杂,我们刚才已经说了一些复杂的情况。另外民意当中又有一些,它的表现形式会经常发生变化,一会儿是这样,一会儿是那样。民意不可能是一个人的意志,而是多种多样的。

我们看一下2008年这一年,上半年上海有1个人杀了6个警察;下半年在哈尔滨又有6个警察杀了1个人。这个人是体育学院的学生,这个案子发生后,在网络上受到了关注,全国的网络媒体也在关注。民意非常非常重视,大家都在发表意见,认为警察把这个人杀掉太不应该了,警察怎么可以随便把一个人打死呢?事发第二天,网络里面传出一条假消息,假消息也是通过民意的形式来表达的,说被打的人是这个省某位高官的儿子。这一下,网络里的民意跟第一天就截然相反了:该死,这个人是该死。

司法与民意的关系

所以我们归纳出来一句话：民意有积极的一面，也有消极的一面。

在司法过程当中，民意和司法之间到底是一个怎么样的关系呢？我们怎么样来处理呢？我们镇江市图书馆的隔壁再过去一点，就是中级法院，我想这样的问题在中级法院是非常多见的。一个案件正在处理，法庭正在开庭，案件当事人所在村的全村村民按手印、写血书送到法院，说法院如果不按照我们的意见办的话，我们全村的人就自杀。中级法院如此，基层法院有时候情况更严重，他们常常是到乡村现场开庭，全村的人拿着锄头、扁担包围法庭："你不按照我们民意办的话，你看看我们的厉害！"这种情况下，法官怎么办？

我们的司法是要为人民服务的，最高法院要求法官办案要尊重民意，要让人民满意。但法官办案的时候，原告和被告都是人民，我让哪个人民满意比较好呢？让两个人都满意是不可能的，我让他满意了，另一个人就不满意了。当然有的案件，是可以做到真正实现了公正的，这是有可能的，但是大多数的民事案件，是很难做到胜败皆服的。刚才我们说的是宏观的民意，但是落实到某一个具体案件的时候，民意和司法之间的这种紧张关系，这种矛盾冲突就会十分明显。

关于司法的职业化

这样的话，我们首先要讲一个原则，这个原则就是：司法活动是一种专业性很高的职业行动，它是专业性、职业性的活动。在法制越成熟的条件下，它的职业性就越高。高到什么程度呢？高到法官和律师在法庭上的对话、发表的看法有时候很难被听得懂，因为它专业性太强，这个就是职业化。

司法越职业化，法官办案就越公正。最可怕的是法官懂一点法律但又不职业化，这时候最容易做手脚。

法官职业化是法制的要求，我们称它为职业主义。

职业主义的对立面是民族主义。

司法要不要职业化呢？事实上，司法越职业化，法官办案就越公正。最可怕的是法官懂一点法律但又不职业化，这时候最容易做手脚。从理论上讲，法官越职业化越好，越可靠，老百姓越信得过，所以，法官职业化是法制的要求，我们称它为职业主义。但是，另一个方面，政治要求是为人民服务，要民主，要尊重民意。职业主义的对立面是民族主义。这个太抽象了，我们就放一下，我们说一些具体一点儿的。

在座的可能有人大代表,镇江市人代会要做出一个决定:镇江要再造一座桥。这个决定要人民代表来表态,人民代表表达人民的意愿和意志,决定要不要造一座新的大桥。人代会讨论这个问题的时候应该坚持民主的原则。民主就是让老百姓能够表态,决定要不要造这座桥。

法院则是职业主义的。张三和李四之间发生纠纷了,案子要送到法院,对不对? 两个人的案子不送到法院,送到人民代表大会行不行? 让全体人大代表来表决行不行? 那是不行的。因为人民代表是民主原则的体现,人民代表不是学法律的,他们来自各行各业,只是进行民主的事务的,所以案子还是要送到法院。送到法院的好处在哪里? 法院的审判人员是受过专业训练的。而法律的要求是,案子再复杂也应该交给法官来审理。所以一个法制的国家,它的法官数量是很少的。

有一次开会时碰到一位美国人,那个美国人问我:"你们最高法院有多少人?"我告诉他:"我们中国最高法院一共有300多人。"他听了以后大吃一惊:"这么多人! 比我们国会的人还多呢。"我告诉他说:"两国的情况不一样,中国有13亿人口啊,我们的中国的'国会'是3 000多人,所以最高法院300多人也不算多。"其实,这个说法有点儿诡辩。美国的联邦最高法院相当于我们的最高人民法院,我们是300多人,他们是几个? 9个! 就这么9个人就把全国所有的案件都管起来了,甚至如果有一些案件是一个人独任审判官的话,他也可以独立作出判决。这就是不同,美国是职业化的,而我们则是民主化的。职业化和民主化是两种不同的思维方式,考虑问题的方式是不一样的。

我们刚才说到一些案件是有争论的,比方说南京的彭宇案,案子送到法院,法院吃不消民意,就想到:能不能请我们的人民代表加上街头巷尾的民众一起来投票表决究竟彭宇要不要赔? 按照这个方式执行的话,会有两个非常严重的后果。

第一,民意有时候表现出来的是一种难以统一的意见,真相难以澄清。因为大家都不知道真相,都凭感觉,看人的相貌,相貌好一点的就投票给他算了。你看,奥巴马和麦凯恩两个人,一个很帅,一个人很难看,所以美国人投给奥巴马。马英九很帅,所以大家投票给他。超级女生李宇春,唱歌五音不全,为什么得票很高? 因为很多网民拿着手机,这个人怎么看起来像我的孙子又像我的孙女,于是就喜欢她,就投给她了。所以,像这样由网络里面的网民和街头巷尾的民众来解决纠纷的话,是很难澄清事实真相的,这是很危险的。

再一个后果是它有可能导致冤假错案的出现。出现个别冤假错案也属正常,法官也会判错,问题的关键在哪里? 问题的关键在于冤假错案出现之后找不到追究责任的对象。所有的人都有权表决,你去追究谁呢? 因为会这样的严重后果所以不能让民众来决定一个纠纷的解决方法。

司法的过程当中,对司法人员有特殊的职业技术和职业技能的要求。法官、律师、检察官这三种人坐在一起开庭的时候,他们就会进行辩论和对抗。我们大家可能都曾参加过一些法庭审理的旁听,法庭的司法活动是很有程序性、仪式性的。法庭上法官坐在正中间,法官为什么坐在最中间? 法官为什么手里拿着一个法锤? 为什么穿着法袍? 为什么国徽挂在他的身上? 为什么他的桌子比别人的桌子高? 为什么公诉人和辩护人的桌子那样放? 公诉人也是代表国家机关啊,他头上也有一个国徽,为什么让公诉人在旁边,低20公分呢? 这都是有意思的。

我先用一个插曲说明一下司法活动的特殊性。1993年,中国开始了司法改革,关于庭审改革的问题最高法院和最高人民检察院事先没有通气。所谓庭审改革,就是对开庭审理形式的改革。改革之前,法官坐这里,检察官坐这里,辩护人坐那里,大家一目了然。看过审判"四人帮"的特别法庭吗? 最高人民法院的院长江华在这里,最高人民检察院的检察长在这里,辩护人在那儿,被告人在那儿,被告人和辩护人是这样坐的,这个摆法在全世界是独一无二的。

到了1993年要对此进行改革,怎么改呢? 最高人民检察院不知道。最高法院先起草了关于改革建议的文件,这个文件最重要的内容有两点:第一点,当法官从这个门走出来的时候,全体公诉人、律师、旁听人员都要起立向法官行注目礼,表示尊敬。理由是在西方的一些国家也是这样的。第二点,法庭上法官的桌子摆在最中间,检察官的桌子摆在左边,辩护人摆在右边。参照世界各国法院的法庭,法官的桌子和检察官、辩护人的桌子不一样高,他们的桌子比法官的桌子要低20公分。图也画出来了,送到了最高人民检察院,最高人民检察院一看,非常恼火,马上质问: 为什么我们检察官要向你们法官行注目礼? 为什么我们的桌子比你们低20公分? 为什么我们要摆在左边,不能摆正中间?

这十几年的变化太大了,我们的法制建设步伐非常快了,十几年前的1993年,连最高人民检察院对自己的身份和角色定位都是模糊的。最后,法院、检察院的两院之争要找个娘舅,宪法规定的娘舅是谁? 是全国人大常委会,还有一个更权威的娘舅是中央政法委员会。中央政法委就把两个司法机关叫到一起协商,最后,由中央政法委发了一个文件。这是至今为止中央政法委发出的唯一一份图文并茂的文件。这个文件中连桌子怎么摆都画出图来。文件同时采纳了最高人民检察院和最高人民法院的意见。首先，法官进入审判席的时候，大家就不要行注目礼了，因为不符合中国人的习惯。第二，法官和律师分别代表原告和被告，桌子应该是一样高的，这是很关键的，中央政法委作为娘舅判决如下：两者的桌子一样高，你是 60 公分，我也是 60 公分，但是，法官的桌子底下可以垫高 20 公分。这样子就把这个矛盾解决掉了。1993 年以后一直到现在我们就是按照这样的位置来摆的。

这说明什么问题啊？说明法院的司法活动是职业化的，我们不能用政治上的思维，说法院和检察院在政治上都是平等的，都是国家机关啊，应该怎样怎样，不能用政治思维，政治思维也是一种大众思维。

到了 2000 年，这个职业化的活动又发生一个变化：法官脱掉了像军警一样的制服，穿起了法袍，手里拿起了法锤，就是老百姓说的那个木头榔头，它在西方审判活动当中叫法锤。从法锤和法袍的变化我们看到，司法活动的职业化在发展，在进步。就是说不能用政治化的思维，也不能用大众化的思维，而是应该用职业化的思维。穿法袍意味着它是一种职业，而不是军警，手里拿着法锤，意味着什么？我这里再说一个小插曲。

2001 年，中央电视台采访江苏省高级人民法院装备处处长："请问 × 处长，你能不能谈一谈法官手里为什么拿一个木制的榔头？"记者为什么以这个问题问江苏省高院呢？因为中国的法锤生产基地在江苏。这个高院的处长回答说："法锤是很有用，我们敲下去后下面就鸦雀无声了。以前我们到农村开庭，法官扯破嗓子喊'安静！安静！'，下面还是安静不下来。现在好了，有了这个东西，'咣！咣！'两下，下面就安静了。我们的法官不用扯破嗓子喊就可以维持法庭的秩序了。"大家想想，法锤仅仅是这个作用吗？如果仅仅只有这样一个作用的话，那用个别的东西也可以啊，用个惊堂木，"啪！"一下，也可以维持法庭的秩序。为什么要用这个法锤呢？法锤的功能和惊堂木的功能有一个重要的区别：惊堂木仅仅是维持法庭的秩序；而法锤除了维持秩序之外，还有一个维护司法权的特征。

司法的重要特征——终极性

司法权有 10 个特征，我们今天没有时间逐一讲了，我就讲其中的一个特征。司法权有一个重要的特征就是它的终极性。它是终极裁判，它敲下去以后，没有人可以改。如果判决了，判决书宣布完了，就拉下去了。在审理过程当中，如果原告说："法官我抗议,那个被告的律师在诱供。"这种情况下,法官坐在那里沉默不语是不行的,他必须要应答这个抗议有没有效。这个时候法官说抗议无效,敲一下。他不能随便拿个东西在桌上乱敲,那就变惊堂木了。只能敲一下,话音刚落,法锤敲下去,敲下去发出的这个声音就意味着法官说的这句话就是一个判断。这就是法锤的使用规则。当然现在我们有很多人是不太会使用的。

它是终极裁判,它敲下去以后,没有人可以改。

只能敲一下,话音刚落,法锤敲下去,敲下去发出的这个声音就意味着法官说的这句话就是一个判断。这就是法锤的使用规则。

河北省有一个法院,一个法官开庭前做好了准备,但就一样东西——法锤忘了带了。"现在开庭!"说完之后伸手去拿,那个东西没有在那儿,没有办法敲下来。人大代表正好来视察看到了,就把这件事告诉了他们院领导,他因此受到批评。还有开庭开到一半,手机铃声响了,响也可以,你按掉就可以了,但是有的法官还接起来,"喂?"这些都是不太好的表现。

法官的审判活动职业化,就要求他能符合司法的特点。司法权有很多特点,它是终极的审判、终极的判断。为什么说它是终极?它做出一个判决以后,只有上一级法院可以改判,除此之外,别人是不能更改的。张三在电影院里面放鞭炮,行政机关做出一个处罚:拘留5天。张三分辨:"啊?在电影院里面放鞭炮也要罚我5天?太重了吧?我这个鞭炮是电子的,没有火焰的,看电影的时候不小心按了一下,就噼里啪啦响了,你这个处罚也太严重了。"张三于是就告到法院。行政法里有一个规定,公安机关对你进行处罚,把你先关起来,这是可以的,你不服的话可以告到法院。如果法院最后判决认为5天太重了,那么,公安机关就要赔偿,这叫行政赔偿。法院是在政府后面监督政府的。所以说法院是公正的最后一道防线。

我们经常讲司法是最后一道防线,就是这个道理。司法活动具有终极性,因此它的判断是职业化的,它考虑问题的时候,跟大众的思考是不一样的。

司法与民间调解的区别

在这里我顺便和大家再说一下,司法机关在处理案件的时候,跟居委会处理街头巷尾的纠纷是不一样的。居委会主任看起来也像法官,但他们是作为中间人调解处理邻里纠纷,而法官则是在主持正义,在审理。

两者除了处理问题的程序和方法不同外,思维方法也不一样,两者思考问题的逻辑是不一样的。我说几个不同。

首先,法院在处理案件和纠纷的时候首先考虑的是程序,即所谓"程序优先"的思考。程序优先好处很多,程序优先就是使事情按部就班地分阶段进行。

我举一个案例说明法官最重要的一个思维特点。2000 年,足球界发生了一个丑闻,一个足球裁判吹了黑哨。黑哨是什么? 就是私底下收受贿赂,之后就帮这支球队。对方球队踢进了球,他说是越位,犯规,裁判罚点球,后来终于搞清楚了,确实是因为受贿了才吹黑哨的。全中国的球迷都闹翻天了,甚至不是球迷的人也觉得很气愤:足球这么一项纯粹的竞技活动里面竟然也有腐败的肮脏交易。

记者采访球迷,马路上随机采访:"你认为吹黑哨的那个裁判构成犯罪吗? 构成什么罪啊?"所有人的回答都是同样的:"构成犯罪,受贿罪。"街头巷尾的民众考虑问题的时候,考虑的是实体问题,考虑的是结论,考虑构不构成犯罪这个结论。这很正常,不奇怪,因为我们民众关心的是结果。记者去采访人代会的代表,那两天北京正好在开人代会。"代表同志,请你谈谈足球黑哨构不构成犯罪? 构成什么罪?"人大代表也回答:"我认为是构成犯罪的,太可恶了,应该制裁。"他的这个回答就是从实体出发,考虑结果,他是不考虑程序的,因为人大代表也不是法官。法官就不一样了,法官就不应该这样回答。检察官和律师也不应该这样回答。他们不会从结果上、从实体上去回答这个问题。

记者去采访人大代表的时候,有两个人大代表就说了:"我们都是外行,你们不要来问我,这个问题我回答不了,你去问那边的两个人。"他顺手一指,那边坐着两个人——最高人民法院院长肖扬和最高人民检察院检察长韩杼冰,他们在列席人代会。"请问肖院长,你有没有看足球? 足球黑哨你知道吗?""知道。""你认为足球黑哨构不构成犯罪啊?"肖扬学过法律,他说:"这个事情还没有到法院,你最好问问检察长。"记者转而问检察长:"韩检察长,你认为足球黑哨事件中的那个裁判构不构成犯罪啊?"韩检察长没有学过法律,他原是铁道部部长,后来到检察院当检察长,但他非常有经验,他说:"这个问题,我倒确实不知道,我没有想到足球还跟我们检察院有关系啊! 我回去先研究一下,过

法院在处理案件和纠纷的时候首先考虑的是程序,即所谓"程序优先"的思考。程序优先好处很多,程序优先就是使事情按部就班地分阶段进行。

一阵子我们会给你答复。"他说话算数，真的做到了。回去以后，最高人民检察院研究，在半个月左右的时间，出台了一个文件。它属于最高人民检察院的司法解释，但是它里面有两个意见，其中一个我认为是正确的，还有一个是值得商榷的。

一个意见是说：经最高人民检察院研究决定，足球黑哨事件中收受他人钱财的那个裁判，我们认为他是构成犯罪的。因此，事件发生地的人民检察院有义务，有责任，也有职权介入调查，启动程序。我觉得他这句话里面讲到了一个正确的概念。就是先调查，启动这个程序，这就是程序优先。

后面的第二条，我觉得就有问题了。第二条是说，经最高人民检察院研究决定，足球黑哨事件中裁判的受贿行为构成商业受贿罪。我觉得这是值得商榷的。到底是商业受贿，还是公务受贿呢？这时还没有法院的判决，事实还没有调查，检察院怎么就做出决定了呢？没有调查就没有发言权，程序还没有开始，你就做出了判断，这是不是违反程序啊？这不符合法律人的思维规律，万一法院判决结果说构成的是公务受贿罪，不是商业受贿罪，那你检察院的话说得太早了，说得太早了就被动了，就晾在台上了，所以一般法官、检察官思考问题都应该是程序优先。

我们日常生活中也经常碰到一些纠纷，爸爸、妈妈、哥哥、姐姐，一家5口人商量五一节到哪里去度假，5个人有5种观点，5种观点都站得住脚。妈妈说："到南京去玩吧，近一点，坐火车也方便。"爸爸说："去远一点吧，到哈尔滨去玩。"哥哥说："我公司里忙得不得了，就不去了。"姐姐说："要到北京去玩。"你自己说："到苏州去玩。"5个人5种观点，这是一个微型纠纷。日常生活当中发生纠纷的时候，我们普通当事人总是会从实体出发考虑问题。妈妈说："哎呀，到外面去旅游人山人海的，五一节太拥挤了，再说，受经济危机影响，家庭经济也不景气，算了，走近一点的吧。"你说她有没有道理？有道理，从实体上来说她是有充分论证的。每个人都有理由。我们暂且称之为纠纷的话，你说这样的纠纷怎么解决？我想这个家庭如果从程序上考虑的话，解决这个问题就很简单了。5个人把手伸出来，石头、剪刀、布，谁赢了听谁的。到哪里玩这样的小事情，也是可以通过程序解决的。"石头、剪刀、布"就是程序，就是生活中的程序。

那好，"石头、剪刀、布"输掉的人即败诉方，他一定要认可，要服从。你自己已经认可了"石头、剪刀、布"这个程序，你同意用这个程序解决了。OK，这就是我们讲的程序优先的思考，法院在思考的时候就是通过程序。所以说它是职业化的。

法官在解决案件的时候，他的思考还有一些特殊的，跟大众民意的思考不太一样的地方。民众考虑问题的时候，一般会有一个思维习惯，就是向前看、向未来看，展望未来。而法官的思维很有特点，法官不是展望未来，法官的眼睛看哪里呢？最多就看到眼前，甚至还有可能是看过去，看过去的法律是怎么规定的，看这个案件发生的时候的历史背景怎么样，要看历史背景。

昨天我到镇江街上转了一下，碰巧看到了一个牌楼，是"唐老一正"药店，在中山路上，这个药店过去曾经打过几百年的官司，因为市场上出现了假药。谁家是真的，谁家是假的？法官是不是要调查啊？调查的话，是不是要调查到祖宗那里去？法官是不是要把审理这个案子的眼睛定位在过去啊？清朝的时候谁家在制作"唐老一正"这个品牌的膏药啊？所以说，法官调查就是要调查过去，法官不能掌握未来，不能说："你们想开一点吧，唐先生你想开一点吧，往未来看吧。"案子在法官手里只能够往过去看，所以法官显得比较保守。中国法官这样，外国法官也是这样，没有向未来看的。

如何处理尊重司法与尊重习惯之间的矛盾？

我们所有的活动都说明一点，司法活动有特殊性，法官的思考很特殊，很职业化，大众的意见——民意又不可违，两者之间有矛盾了怎么处理？这是我们接下来要讲的问题：如何处理尊重司法与尊重民意之间的矛盾？有没有什么好一点的办法？

中国古代有一种办法，古代的法官，基本上是平民化的，他们没有在法学院经过训练，学而优则仕，当上了县令。这样一个人兼任法官，他的思维方法和大众是一致，为了让司法和民意能够协调起来不要太冲突，很多案件都是通过调解的办法来解决的。调解的办法利弊参半。利在哪里？民意可以被吸收；但是，搞得不好的话，法律就会被扭曲。

我们再来看看，外国有什么好的做法。在美国的报纸上常可以看到什么案件开庭了，陪审团做出一个什么样的决定。大家有没有听说过美国的陪审团制度？这个陪审团是什么东西呢？陪审团就是法院在审理案件的时候，请了一些人民代表，我们叫人民代表，实际上就民间的代表。开庭的时候，法院一旦通知这些民间代表们，他们就必须要到庭,陪审团的权利很大,陪审团可能是9个人、11个人、13个人,陪审团坐在席位上,法官开庭审理,把整个案件的事实讲清楚,然后让陪审团做出一个决定,陪审团说构成犯罪,犯罪指控成立。那好,法官就做出判决;陪审团说不构成犯罪,法官就不适用法律,宣布无罪释放。

20世纪90年代初,美国有一个著名的电影演员,他也是美国橄榄球运动员,这个人很有名,叫辛普森。有一天辛普森带着手套在自己家里把老婆杀死了,并以杀妻之罪被提起诉讼,公诉人指控其行为构成一级谋杀罪。没有想到的是,这个案件的辩护人,辩护团、律师团非常厉害。第一辩护人是一位黑人,辛普森也是黑人,他首先是打种族的牌,经历了长达7个月的诉讼。美国历史一共200多年,这个案件在最有影响的案件中排名第20位,根据时间顺序,成为20个最有影响的公案之一。

辛普森有没有杀死妻子呢?辛普森在法庭上一直不承认。公诉人最后拿到了一个关键的证据,在法庭上抖出来:"尊敬的法官,尊敬的陪审团,女士们,先生们,大家看这只手套,这只手套上面有血,经过血型鉴定,这个血就是辛普森本人的,是他杀妻的时候,不小心把自己的手弄破了。请把这只手套在法庭上再戴一下。"公诉人就把它拿出来。辛普森把手套拿起来:"我手这么大,我是橄榄球运动员,这么小的手套怎么会是我的?"其实,每个人都会这样,手在很热的时候,手套是戴不进去的,皮的手套更是戴不进去的。辛普森当庭抵赖。

这时候辩护人说话了:"女士们,先生们,我要问一下公诉人,这只手套是怎样取得的?"公诉人被这句话问倒了,不得不承认是美国负责侦查案件的警察拿到的,有记录,法庭上就读出来了:这只手套,这双手套是我们警察爬窗户,进入辛普森的卧室拿到的证据。于是,庭审现场一片哗然,所有后来看录像的人都觉得非常气愤,警察居然可以爬人家的窗户?你没有经过当事人的同意,就进入他的卧室,说明你的搜查证据的程序不对,是违法的。当时美国不允许录像,但是这个案件有录像。美国是不允许在法庭里录像的,这也是为了不让民意影响司法的目的。我刚才已经说了,一脚踹进去,把人家的家门踢破了进去,也是同样的问题。调查取证必须要经过当事人即被搜查人的同意,要他签字画押,你才可以进去。你怎么可以把人家的窗户打开,破窗而入呢?法庭宣告证据无效。这一下,这个案子就定不了案了。所以,尽管全美国的人都认为辛普森杀妻是构成杀人罪的,但是法官最后做出了无罪释放的判决。法官做出的判决是有根据的,因为13个人组成的陪审团当庭做出了一个判断:警察破窗而入,这是非法取证,这个证据无效,所以辛普森的杀妻之罪证明不了。所有的美国的媒体,所有美国的街头巷尾的民众都认为是构成犯罪的,陪审团的人居然说不构成犯罪。

民众一听陪审团说无罪就服了。没办法,陪审团都是我们的代表,是民意的代表。你看,陪审团起到的作用是在职业化的法官和民意之间架起一座桥梁。这陪审团的 13 个人是晕头了吗?为什么明摆着的一个杀人犯,却说他无罪呢?其实陪审团也是代表民意的。当时一个律师就说:"陪审团的女士们,先生们,今天警察可以爬窗户进入辛普森的家里,明天他就可以怀疑你家里有什么问题,爬到你们家的窗户里面去,你们都同意吗?"这 13 个人都摇头。不同意,当然不同意啊!你动不动就以犯罪嫌疑为由爬进我家窗户,怎么可以啊?所以当时这个案件的审判结果是宣告辛普森无罪释放。

这个案件已经过去十几年了,上个月,辛普森因为别的犯罪行为被起诉了。宗教里面是讲恶有恶报的,这家伙有了恶报,虽然当时没有判他有罪,但是现在又发现他有别的犯罪事实了。

在西方的司法经验当中有一种制度可以让民意和司法的紧张关系得到调和,那就是陪审制度;除了这个,美国还有"法庭之友"制度,即法院请一些权威人士参与案件的讨论;在法国司法当中除了陪审制度之外,还有一种制度叫混合制度。什么是混合制度呢?就是由职业化的法官和普通民众的代表共同组成一个合议庭。

这个混合制度在我国也有,我们叫人民陪审员制度。但是我国的人民陪审员制度施行得不太好。这个制度延安红色政权时期就有,后来到了 20 世纪 50 年代,董必武同志担任最高人民法院院长,他说:"陪审员制度很好,要好好地执行。"可是我们看现在的法院,人民陪审员陪而不审,我把他称为"人民陪衬员",他坐在那儿只是陪衬,没有很好地发挥作用。我们应该好好地完善这个制度,完善以后要有一套严密的程序,这样陪审才能够落到实处,民意和司法的关系才能够处理好。

在德国有一种制度叫混合审判,对一些公案,由大家选出代表和法官一起来开庭。在日本和英国还有平民法官。英国的平民法官历史很长,有 600 多年的历史。

未来的司法改革过程当中还可以推动建立一些收集民意的机构,比如我们一个省或者一个县的法院,应该设立收集民意的机构。民意

在西方的司法经验当中有一种制度可以让民意和司法的紧张关系得到调和,那就是陪审制度;美国还有"法庭之友"制度。

什么是混合制度呢?就是由职业化的法官和普通民众的代表共同组成一个合议庭。

现在的法院,人民陪审员陪而不审,我把他称为"人民陪衬员",他坐在那儿只是陪衬,没有很好地发挥作用。

收集之后让这个机构进行分析,分析之后提供给法官参考。我们现在有没有民意机构呢? 有。我们有信访制度,但现在来信来访并没有真正发挥民意收集的作用,反而在有一定的程度上起到了上级官员对下级官员的监督作用。它不能解决实际问题,甚至还有副作用,对司法机关的工作形成一定干扰,所以说这个现行的制度是存在一些问题的。那么,我们怎么样让信访制度变成司法机关及时得到民意资料和信息的一个渠道呢? 这也是可以通过改革来实现的。

在快要结束这个演讲的时候,我想归纳这样三句话: 第一句,要用法制的方式来尊重民意,民意是要尊重的;第二句,要用法制的方式来尊重司法;第三句,用法制的方式来尊重民权。这就是我今天讲的全部内容。

[现场互动]

听众:孙教授,我有几个问题要请教。

第一个问题,我看到《南方周末》上有一则报道,说河南省高院的张院长主张法官应该脱掉法袍,走进民间地头进行司法审判活动。您认为这是否与现在进行的司法职业化改革有冲突? 您是怎么看待这一现象的?

第二个问题,目前吴保全案件在网上受到关注,吴保全因为在网上发帖反映非法占用土地的问题,被判了两年徒刑,罪名是诽谤政府。但是,从法律上讲政府是没有名誉权的。我想问一下您对此类问题的看法。

第三个问题,中国的司法改革进行了 30 年的时间,您对司法改革的成败得失有没有自己的看法,中国司法改革的方向是怎样的?

孙笑侠:刚才这位女士提的 3 个问题,我觉得都非常好,非常专业,也非常深入,说明她很关注我们的法制建设。我试着回答。对否请大家一起讨论。

首先回答第一个问题,河南省高院的张院长主张司法应该脱掉法袍,不要高高在上,要贴近民间,贴近民众,不要搞职业化。这个问题我也关注到了,在网上也有一些评论。目前是司法改革的低谷期,在这个低谷时期,出现了一些回潮现象。这个张院长认为司法人员应该关注民意,关注民权,这是他正确的地方。我们的执政党要求我们执政为民,司法为民。

另一方面,他的误区在哪里呢? 他认为职业化和司法为民会矛盾,我不认为是这样。司法为民是我们政治的原则，是要坚持的。而职业化仍然可以为人民服务，而且司法是以特殊的方式为人民服务的，不能要求司法机关跟政府一样，那干脆把我们中级法院合并到人民政府，那两家合并就好了，为什么还要分开两个门呢？司法为人民服务的方式、方法、思维是有特殊性的，司法是以职业化的方式为人民服务。所以，我是反对河南的张院长的看法的。他把民主性和职业性对立起来，说明他在这个问题上还没有思考得很成熟。

第二个问题，最近网络上大家比较关注一个案子，我也听说过，但是没有仔细看。大致是说一个公民告自己的政府，骂自己的政府，骂政府骂到很难听，所以政府官员把他抓起来，说他是诽谤政府。我想这个问题是非常简单的，关键在哪里？诽谤罪和民事案件中的诽谤行为的构成里面都不包括政府这个对象，政府是不能作为诽谤罪成立的被害对象的。就是说刑法规定的诽谤罪里面只有公民可以作为行为主体，普通公民我诽谤你，你诽谤我，我诽谤那个公司，我说那个公司造的产品里面有老鼠药，有剧毒，你们不能买它，某家生产的矿泉水是有毒物质，不能喝，公民散布谣言来诽谤这个公司，也可以算有这样的嫌疑。诽谤罪的构成对象里面不包括政府，没有一个国家把骂政府的行为当成诽谤罪，包括我们中国。我国法律明确规定，诽谤罪只发生在平等主体之间。所以，政府官员把那个人抓起来是错误的行为。

我们再来看民事方面，如果我骂政府而损害了政府的某一个领导，我在大庭广众之下或者在互联网上骂他，我对他的这种诽谤是民事侵权，也不能用刑事手段限制我的人身自由，把我抓起来。民事纠纷是我和这位领导之间的法律关系。骂政府并不能构成犯罪，这个案子里的政府官员混淆了犯罪构成和侵权构成的要件。这个案子最后肯定是要按照相关法律条款来处理的。

第三个问题是关于司法改革的前景，对此我还是很看好的。我们还从来没有一个中共中央的政治局能够坐下来一整天开会研究司法改革的问题，从来没有过。中央政治局常委认认真真坐下来研究司法改革的下一步的工作，以前有过吗？没有过。所以我相信，现在暂时的低谷是因为我们对于一些司法改革理论准备不够，社会条件还不够成熟，我们的法官、检察官队伍以及律师队伍的职业化程度还不够。所以，尽管司法改革暂时处在比较低潮的时期。但是再怎么回潮也不会再退回到 30 年前。我们仍然是可以看好司法改革的前景的，司法职业化是一定要实现的。没有职业化，中国就没有法制。谢谢！

听众：我有一个关于国有资产流失的问题。曾经有人向市检察院举报，反映某个国有企业的资产流失了。但是检察机关却把它推向政府，理由是这个企业是政府管理的。检察院的答复中认为，正式将原国有公司变成自然人公司是在特定的历史条件下可采用的特殊措施，当时得到了市政府有关领导的认可。由于有市领导的认可，将大量的国有资产转移给个人，这是合法的吗？

孙笑侠：我相信这位先生刚才讲的这个案件肯定是一个真实案件，因为不知道事实真相，真实材料没有看过，所以我只能够抽象地讲。确实，现在我们国有资产流失的问题非常严重，特别是在前面的十多年当中，国有资产的流失过程中有时候会带上一个非常巧妙的面具——改革。通过改革这样一个途径和方式，把国有资产的财产权转移到个人身上，而且根据你刚才提供的这么一些简要的线索来看，当时那个政府做出这样的决策，似乎有其原因。是出于不得已的原因把国有资产的产权转移给个体、个人。这里面暴露出来的问题在哪里呢？我觉得暴露出来的问题还是一个实体跟程序的问题。

政府做出这个决定，事后被纠缠，正面的说法是被关注。我要问一个问题：政府做出这个决策，经过正当程序了吗？我们一切都要从程序说话，领导，县长不能仅凭个人批示就将国有资产转移出去，还要经过党委常委会、县长办公会议这样的决策程序。如果程序上没有经过，你的理由再充分也不行，也得承担这个责任，这个让国有资产流失的"黑锅"就要让他背了。即使当时有充分的理由要转移国有资产，你也要经过程序。

我们现在反思这个案件，可以得到一个经验教训：所有的领导人，所有手中有权力的人，千万要运用这个非常重要的法律赋予你的权利，这也是你的工作方法，这个武器很重要。手里有权利，你必须要配一样保险的东西，这个保险的东西就是程序，要让程序保证你不犯错误。你事后被人家追究，有理也说不清。所以这个程序很重要，我们的政府官员，所有手里有权力的人一定要关注法律上的程序。法律没有规定的话，还有行政程序、办事程序。你说的那个国有资产流失问题，事实我不清楚，我不谈了。但是，里面的程序一定是有问题的。谢谢！

听众：孙教授，我们都知道法律是程序优先，你刚才也谈到了民意对于程序的副作用。但是这还是显性的，在我们中国，权力对程序的干扰往往是隐性的，而且程度更严重。今天产生的一些引起民愤的案件都是懂法、执法的人犯的，不懂法的人一般犯的都是小的案件。在中国的法制建设当中，如果不能解决权力和法律的关系，那么法制的建设前途就会是坎坷的。

中国一直讲依法治国，但是和西方不同的是，中国不是一个纯粹的法律国家，法律不能完善所有的一切，我们怎样根据中国的特色，把理跟法两条路同时走下去，以理弥补法的不足？这方面我想听听您的见解。谢谢！

孙笑侠：这位先生提的两个问题都是非常宏观的问题。我觉得他在思考的这两个问题，我们大家都应该关注，包括搞法律、研究法律的人也要关注这是两个很重要的问题。

前面一个问题谈的是法律和权力的关系，这个权力是公权。第二个问题谈的是法律与道德的问题，理就是道德。前面是法律与权力，后面是法律与道德，这确实是中国法制化建设中的两大问题。从民间所有听到看到的现象来看，我国法制推行的过程当中，民意也好，司法也好，最后确实都被公权控制了，似乎公权是最最核心的部位。在一个法制的国家，公权力是受制于法律的，就是要通过法律来控制公权力。1996年我出了一本书叫《法律对行政的控制》，我想阐明如果公权力在保护公民权利的时候是一个符合法律的，这是一个非常好的现象。大多数的案件是出现在这样的情况下。常态下，公权力是为了实现公民的私权利，保障公民权利。但是，公民的权利受到公权力侵犯的情况也占有一定的比例。当公权力对公民的权利造成侵犯的情况下，就需要找一个中立的机关，既不站在私人角度，又不站在国家公权力的角度。这个机关是什么？只能够是法院。

我们的宪法，中华人民共和国的第一部宪法是由毛主席起草的，他在1953年起草，1954年获得通过。第一部宪法里面就规定，人民法院依法独立行使职权。所谓依法独立行使职权，是说它是独立的，不是政府的某一个部门。新中国的政治体制在开始的时候就设立了这样一个司法机构，让它中立于原告和被告之间、中立于民间力量和政府力量之间、中立于私人和公家之间。因此，公权力的干预可以通过人大这个环节进行，比方说可以对人大制定法律进行干预，提出正确的意见，都可以。在立法阶段进行干预，这是很正常的，哪个国家都可以这样。

公权力可以干预立法，但是公权力不能干预司法，这两个阶段要分得清楚。立法就是立法，公权力可以对其进行干预，但是司法你就不能干预了。从原理上来讲是这样。我国目前这方面的状况和30年之前相比，确实发生了很大变化。

现在我们的政府，已经成为行政诉讼案件的被告，这是从1990年开始的。依照90年代出台的一个法律，老百姓可以把政府告到法院，让法院来审理他们之间的纠纷这叫民告官制度。这个制度对中国来说是有划时代意义的。这个制度到现在已经执行19个年头，尽管施行得还不是特别完善，但是已经在做了。所以现在政府有时候叹苦经，特别是公安等部门，他们意识到现在搞法制了，要注意了，一不小心就要被告到法院了。这是一个好现象，政府越小心，公民权利就能更多地得到保障。

这位先生的第二个问题更复杂了。中国的社会演变尽管经过了几千年,但是至今为止,在中国人的观念当中,礼仍然还是很重要的。这个礼在现代社会当中,就变成为一种道德观念。人与人之间的情理、情感、情面,我和你之间是邻居、同事、朋友、生意伙伴,这时候,我们相互之间的关系要通过一种礼的道德范畴来处理。中国人办任何一件事情都要找一个熟人打打招呼,这是一种情理、情感、情面。问中国人,什么叫面子?这肯定知道,即使幼儿园的小朋友也不例外。但是你问一个外国人什么是面子,他会回答"Face"。所以中国人在处理人际关系过程当中,情理、情感、情面这些东西是起很大作用的。但司法里面又强调不要考虑这些。这怎么办?你说是不是很复杂?

在制度设计的时候,法院的司法活动被有意识地设计成一种程序,这种程序,让我们的案件当事人,不能过多地考虑情理、情面、情感,所以说,程序是排斥情理、情感、情面这些东西的。

我举一个形象的例子。不知道大家以前有没有看到过,在西方国家,法院总是有一个女神,一个女的,穿着白色的袍子,一只手拿宝剑、一只手拿着一个天平。这个女神叫正义女神。在古希腊传说当中有四大女神,正义女神是其中之一。为什么要把她放在法院呢?象征着正义。为什么她象征着正义啊?一个年纪轻轻的女性可以象征正义,为什么我胡子都白了,我不能象征正义呢?而且还让她戴了一个面具,不是面具,是蒙眼布。正义女神为什么戴一个蒙眼布啊?为什么用一条黑色的布把自己的眼睛蒙起来?我把她的形象再描述一下:白袍、女性、金冠、一手持宝剑、一手托天平,脚下踩着一条蛇、一只狗,还有一本书和一个人的骷髅头。这个形象中最重要的特征是她的蒙眼布。蒙眼布、白袍象征着纯洁无瑕;王冠则象征着正义至高无上。这个女神是有来历的,传说天庭里面的众神失和,宙斯旁边站出一个女性要求来解决他们的纠纷。大家一看,是一个女的,还把自己的眼睛蒙起来,大家就想,如果是年轻的小伙子的话,会受仙女的勾引;如果是一个年长又老于世故的人,一定不敢跟权势抗争;而由这个女性来调停和解决众神之间的纠纷是最合适的。她手里的宝剑象征着制裁严厉;天平象征着公平、正义;那脚下的蛇和狗呢?蛇代表仇恨,狗代表友情。也就是说,蛇与狗,仇恨与友情都不得影响裁判;脚下的那本书呢?那是法典,是她的立身之本,她站在法典之上;骷髅头象征着人生短暂,而正义永恒;最后我们再看蒙眼布,它起什么作用?蒙上眼睛以后,我拒绝看到一些不该看的东西,我拒绝去思考不该思考的东西,我要排除法律之外的其他因素来考虑问题,排除过早地对结果进行把握。所以,归纳起来,正义女神的蒙眼布指的就是法律程序。"程序就是自我约束。

它不是盲目的,而是一种自我约束。"我刚才说的这句话是 16 世纪意大利的一位法学家所讲的。

这就是说明,我们中国要施行法制,要让我们的民众能够相信法官的话,那法官首先必须要职业化,而职业化就是必须要按照程序来办事情。不要过多地考虑人情世故,当然这件事情很复杂,这位先生提的问题在现实当中很复杂,我想我只能够谈到这里。谢谢!